高等职业教育创新型人才培养系列教材

电子商务物流与供应链管理

主 编 高 燕 陈丽玉
副主编 刘 琛 万 兵

北京航空航天大学出版社

内 容 简 介

本书从电子商务与物流关系入手,系统介绍电子商务环境下物流的工作内容,并参考课程教学大纲和课程标准,设置了11个项目,包括电子商务物流概述、电子商务物流系统、电子商务物流模式、电子商务环境下采购与供应商管理、电子商务物流运输管理、电子商务仓储与库存管理、电子商务物流配送管理、电子商务供应链管理、电子商务物流信息技术、电子商务物流服务与成本管理、电子商务物流发展方向。

本书内容丰富,含有大量的案例和实践任务,可作为高职院校电子商务、物流管理等专业的教材,满足学生学习电子商务物流相关理论知识,掌握基础技能的需求。

图书在版编目(CIP)数据

电子商务物流与供应链管理 / 高燕,陈丽玉主编. --北京:北京航空航天大学出版社,2023.6
ISBN 978 - 7 - 5124 - 4000 - 5

Ⅰ. ①电… Ⅱ. ①高… ②陈… Ⅲ. ①电子商务—物流管理②电子商务—供应链管理 Ⅳ. ①F713.36②F252

中国国家版本馆CIP数据核字(2023)第016233号

版权所有,侵权必究。

电子商务物流与供应链管理
主　编　高　燕　陈丽玉
副主编　刘　琛　万　兵
策划编辑　冯　颖　责任编辑　冯　颖

＊

北京航空航天大学出版社出版发行

北京市海淀区学院路37号(邮编100191)　http://www.buaapress.com.cn
发行部电话:(010)82317024　传真:(010)82328026
读者信箱:goodtextbook@126.com　邮购电话:(010)82316936
北京时代华都印刷有限公司印装　各地书店经销

———
开本:787×1 092　1/16　印张:12.25　字数:321千字
2023年7月第1版　2023年7月第1次印刷　印数:2 000册
ISBN 978 - 7 - 5124 - 4000 - 5　定价:42.00元

若本书有倒页、脱页、缺页等印装质量问题,请与本社发行部联系调换。联系电话:(010)82317024

前　　言

随着电子商务行业的快速发展,电子商务物流应运而生。在互联网时代背景下,电子商务物流与传统物流有诸多不同,呈现出智能化、自动化、信息化等特征,强调物流服务的高效、准时。物流与电子商务二者关系十分密切,物流需要电子商务行业推动发展,电子商务需要物流行业来支撑发展,物流是电子商务发展的重要瓶颈,如何使物流能够更好服务电子商务行业是当前的热点和难点,也是电子商务行业发展必须解决的问题。

本书以电子商务物流环节为依托,呈现各环节重要内容,并以企业实际技能为基础,分解不同任务,最终形成完整的电子商务物流体系。本书为帮助电子商务与物流管理专业学生了解电子商务物流理论和实际工作内容而撰写。作者在撰写本书过程中参考了电子商务物流课程标准以及课程大纲,共设置了11个项目,包括电子商务物流概述、电子商务物流系统、电子商务物流模式、电子商务环境下采购与供应商管理、电子商务物流运输管理、电子商务仓储与库存管理、电子商务物流配送管理、电子商务供应链管理、电子商务物流信息技术、电子商务物流服务与成本管理、电子商务物流发展方向。

本书特点如下:

1. 教学内容完整。以高职院校学生所需知识和技能为依托,按照电子商务物流课程大纲逐步呈现教学内容,理论知识和实践训练相结合,使学生能够掌握该课程的全部内容和技能。

2. 案例时效性强。全部案例均摘自电子商务和物流行业最新真实事件,具有较强的时效性和针对性,能够辅助学生理解相关知识,做到理论知识与最新实际紧密结合。

3. 注重实践。所有章节均设置了相关实训实践内容,帮助学生提升实训实践能力,掌握电子商务物流的实践工作内容,避免理论与实践脱节。

4. 内容难度适宜。为满足不同专业学生学习,所呈现的内容简单易懂,注重基础知识和技能的学习。

本书的编写工作由四川华新现代职业学院的高燕、陈丽玉、刘琛、万兵完成。其中,高燕负责项目1~3、项目7、项目9的编写工作,以及全书的统稿工作;陈丽玉负责项目8和项目11的编写工作;刘琛负责项目6和项目10的编写工作;万兵负责项目4和项目5的编写工作。西南交通大学章雪岩教授任本书主审。

在本书编写过程中,编者参考了大量书籍和文献,在此向所参考资料的作者表示感谢;另外本书的出版工作也得到了学校相关领导、同事的大力支持和帮助,在此一并致谢。

限于编者水平,本书难免存在不足,请各位读者提出宝贵意见。

编　者

2022年9月

目 录

项目1 电子商务物流概述 ……………………………………………………………… 1

  任务1.1 现代物流概述 ………………………………………………………………… 2
    1.1.1 现代物流的概念 …………………………………………………………… 2
    1.1.2 现代物流的基本特征 ……………………………………………………… 2
  任务1.2 电子商务物流概述 …………………………………………………………… 3
    1.2.1 电子商务概述 ……………………………………………………………… 3
    1.2.2 电子商务物流的概念及特点 ……………………………………………… 6
    1.2.3 电子商务物流的发展趋势 ………………………………………………… 6
    1.2.4 电子商务与现代物流的关系 ……………………………………………… 7
  课后练习 ……………………………………………………………………………… 11

项目2 电子商务物流系统 ……………………………………………………………… 13

  任务2.1 物流运输系统 ………………………………………………………………… 14
  任务2.2 仓储系统 ……………………………………………………………………… 16
    2.2.1 仓储概述 …………………………………………………………………… 16
    2.2.2 仓储的价值 ………………………………………………………………… 16
    2.2.3 仓储的功能 ………………………………………………………………… 17
    2.2.4 电子商务仓储系统的常用工具 …………………………………………… 17
  任务2.3 装卸搬运系统 ………………………………………………………………… 19
    2.3.1 装卸搬运概述 ……………………………………………………………… 19
    2.3.2 装卸搬运的作业形式 ……………………………………………………… 20
    2.3.3 电子商务环境下装卸搬运的常用设备 …………………………………… 20
  任务2.4 包装系统 ……………………………………………………………………… 21
    2.4.1 包装概述 …………………………………………………………………… 21
    2.4.2 包装的分类 ………………………………………………………………… 22
    2.4.3 电子商务环境下常见包装标识 …………………………………………… 24
  任务2.5 流通加工系统 ………………………………………………………………… 25
    2.5.1 流通加工概述 ……………………………………………………………… 25
    2.5.2 流通加工在物流中的作用 ………………………………………………… 25
    2.5.3 流通加工的分类 …………………………………………………………… 25
  任务2.6 配送系统 ……………………………………………………………………… 27
    2.6.1 配送概述 …………………………………………………………………… 27
    2.6.2 配送业务模式 ……………………………………………………………… 27
  任务2.7 物流信息系统 ………………………………………………………………… 28

2.7.1 物流信息的概念及分类 ·· 28
　　2.7.2 电子商务环境下物流信息的要求 ·· 28
　课后练习 ·· 29

项目 3　电子商务物流模式 ·· 31

　任务 3.1　电子商务物流模式 ·· 32
　　3.1.1 自营物流 ··· 32
　　3.1.2 第三方物流 ··· 33
　　3.1.3 物流联盟 ··· 39
　　3.1.4 第四方物流 ··· 41
　任务 3.2　电子商务物流模式的比较与选择 ·· 43
　　3.2.1 电子商务物流模式的比较 ·· 43
　　3.2.2 电子商务物流模式的选择 ·· 44
　课后练习 ·· 46

项目 4　电子商务环境下采购与供应商管理 ·· 48

　任务 4.1　采购管理的相关概念和主要过程 ·· 50
　　4.1.1 采购概述 ··· 50
　　4.1.2 采购管理的主要过程和内容 ·· 52
　任务 4.2　采购计划 ·· 54
　　4.2.1 采购计划的目的 ··· 54
　　4.2.2 采购计划编制的内容 ·· 54
　　4.2.3 采购计划编制的要求 ·· 54
　任务 4.3　电子采购 ·· 55
　　4.3.1 电子采购概述 ··· 55
　　4.3.2 电子采购模式 ··· 55
　任务 4.4　供应商管理 ·· 57
　　4.4.1 供应商管理概述 ··· 57
　　4.4.2 供应商评价与选择 ··· 57
　　4.4.3 供应商管理策略 ··· 57
　课后练习 ·· 59

项目 5　电子商务物流运输管理 ·· 62

　任务 5.1　物流运输概述 ·· 63
　　5.1.1 运输的概念 ··· 63
　　5.1.2 运输的功能 ··· 63
　任务 5.2　物流运输市场 ·· 64
　　5.2.1 运输市场的概念及特征 ·· 64
　　5.2.2 物流运输市场的分类及构成 ·· 65
　　5.2.3 货物运输价格 ··· 66

任务 5.3　电子商务物流运输方式的选择 ……………………………………… 68
　　　　5.3.1　电子商务物流运输的基本方式 ……………………………………… 68
　　　　5.3.2　物流运输的合理化 …………………………………………………… 72
　　课后练习 …………………………………………………………………………… 74

项目 6　电子商务仓储与库存管理 …………………………………………………… 76

　　任务 6.1　电子商务仓储概述 …………………………………………………… 77
　　　　6.1.1　仓储与仓储管理 ……………………………………………………… 77
　　　　6.1.2　仓库概述 ……………………………………………………………… 77
　　任务 6.2　电子商务仓储作业管理 ……………………………………………… 78
　　　　6.2.1　物品入库管理 ………………………………………………………… 78
　　　　6.2.2　物品出库管理 ………………………………………………………… 81
　　任务 6.3　库存概述 ……………………………………………………………… 82
　　　　6.3.1　库存的定义和分类 …………………………………………………… 82
　　　　6.3.2　库存的作用 …………………………………………………………… 83
　　任务 6.4　电子商务库存管理与控制 …………………………………………… 84
　　　　6.4.1　订货点订货法 ………………………………………………………… 84
　　　　6.4.2　ABC 分类管理 ………………………………………………………… 87
　　　　6.4.3　零库存管理 …………………………………………………………… 89
　　课后练习 …………………………………………………………………………… 92

项目 7　电子商务物流配送管理 ……………………………………………………… 95

　　任务 7.1　配送概述 ……………………………………………………………… 95
　　　　7.1.1　配送的概念及特征 …………………………………………………… 95
　　　　7.1.2　配送的分类 …………………………………………………………… 96
　　　　7.1.3　配送的要素 …………………………………………………………… 98
　　　　7.1.4　常见的电子商务物流配送模式 ……………………………………… 99
　　任务 7.2　配送合理化 …………………………………………………………… 100
　　　　7.2.1　配送合理化概述 ……………………………………………………… 100
　　　　7.2.2　配送合理化策略 ……………………………………………………… 101
　　任务 7.3　配送中心 ……………………………………………………………… 103
　　　　7.3.1　配送中心的含义 ……………………………………………………… 103
　　　　7.3.2　配送中心分类 ………………………………………………………… 103
　　　　7.3.3　配送中心的功能 ……………………………………………………… 104
　　　　7.3.4　电子商务物流配送中心的作业流程 ………………………………… 105
　　课后练习 …………………………………………………………………………… 108

项目 8　电子商务供应链管理 ………………………………………………………… 110

　　任务 8.1　供应链与供应链管理 ………………………………………………… 112
　　　　8.1.1　供应链 ………………………………………………………………… 112

  8.1.2 供应链管理 ··· 113
 任务 8.2 电子商务供应链管理方法 ··· 116
  8.2.1 快速反应 ··· 116
  8.2.2 准时化管理 ··· 117
  8.2.3 供应链系统的同步运作 ·· 118
 课后练习 ··· 121

项目 9 电子商务物流信息技术 ··· 125

 任务 9.1 认识物流信息技术 ··· 126
  9.1.1 物流信息的概念及特点 ·· 126
  9.1.2 物流信息技术的概念 ··· 127
  9.1.3 物流信息技术的内容 ··· 127
  9.1.4 物流信息系统 ·· 128
 任务 9.2 条码技术 ·· 131
  9.2.1 条码的概念及特点 ·· 131
  9.2.2 物流条码的概念及特征 ·· 132
  9.2.3 物流条码的识读 ··· 137
 任务 9.3 射频识别技术 ·· 139
  9.3.1 射频识别技术概述 ·· 139
  9.3.2 射频识别技术的原理 ··· 140
 任务 9.4 其他物流信息技术 ·· 141
  9.4.1 电子数据交换 ·· 141
  9.4.2 地理信息系统 ·· 145
  9.4.3 全球卫星定位系统 ·· 147
 课后练习 ··· 151

项目 10 电子商务物流服务与成本管理 ·································· 153

 任务 10.1 物流服务概述 ·· 154
  10.1.1 物流服务的概念 ·· 154
  10.1.2 物流服务的特征 ·· 154
  10.1.3 物流服务的内容 ·· 155
 任务 10.2 物流成本管理的概念及意义 ··· 156
  10.2.1 物流成本管理的概念 ·· 156
  10.2.2 物流成本管理的发展历程 ··· 156
  10.2.3 物流成本管理的意义 ·· 156
 任务 10.3 物流成本管理的内容 ·· 156
  10.3.1 物流成本核算 ·· 156
  10.3.2 物流成本控制 ·· 157
 任务 10.4 物流成本的构成及分类 ·· 158
  10.4.1 物流成本的构成 ·· 158

10.4.2　物流成本的分类 ·· 159
　任务 10.5　电子商务物流成本的核算 ·· 160
　　10.5.1　品种法 ·· 160
　　10.5.2　分批法 ·· 161
　　10.5.3　作业成本法 ··· 162
　任务 10.6　电子商务物流成本管理的方法 ··· 165
　　10.6.1　建立标准化物流体系 ··· 165
　　10.6.2　建立合理的供应链管理体系 ·· 166
　　10.6.3　利用现代信息技术进行管理 ·· 166
　　10.6.4　建立高效的配送体系 ··· 167
　课后练习 ··· 167

项目 11　电子商务物流发展方向 ··· 169

　任务 11.1　绿色物流 ··· 169
　　11.1.1　绿色物流的概念 ·· 169
　　11.1.2　绿色物流的特点 ·· 171
　　11.1.3　绿色物流发展的意义 ··· 173
　任务 11.2　冷链物流 ··· 174
　　11.2.1　冷链物流的概念 ·· 175
　　11.2.2　冷链物流的运输方式 ··· 175
　　11.2.3　冷链物流发展的瓶颈 ··· 176
　　11.2.4　冷链物流发展的意义 ··· 177
　任务 11.3　智慧物流 ··· 178
　　11.3.1　智慧物流的概念 ·· 178
　　11.3.2　智慧物流的特点 ·· 179
　　11.3.3　智慧物流的功能 ·· 179
　　11.3.4　智慧物流发展的意义 ··· 180
　任务 11.4　国际物流 ··· 180
　　11.4.1　国际物流的概念 ·· 181
　　11.4.2　国际物流的特点 ·· 182
　　11.4.3　国际物流发展的策略 ··· 182
　课后练习 ··· 184

参考文献 ·· 186

项目1 电子商务物流概述

☞ **学习目标**

通过本项目的学习,应熟悉并掌握以下基本知识:现代物流的概念及特征,电子商务物流的概念及特征,电子商务物流的发展趋势,电子商务与现代物流的关系。

☞ **重点和难点**

电子商务物流的概念及特征,电子商务与现代物流的关系。

☞ **导入案例**

【案例1.1】

"互联网+物流"成经济转型升级务实之举

2016年召开国务院常务会议的重要内容之一就是部署推进"互联网+物流",降低企业成本、便利群众生活。

在"互联网+制造""互联网+消费"加速推进的近两年,决策层当下对"互联网+物流"的高度重视,可谓是恰逢其时、至关重要。

从产业经济学的角度来看,物流业是传统制造业和传统消费者转型升级必不可少的核心支撑,物流业紧密衔接着生产与消费、原料与加工、进口与出口等诸多环节。可以说,如果没有物流业的转型升级,制造业和消费业的转型升级必将沦为空谈。

一直以来,我国物流业的低效率和高成本,不仅吞噬了制造业的大量利润,制约了制造业的转型升级步伐,而且也深度影响了广大消费者的消费体验,间接抑制了消费动力。有数据显示,虽然最近几年我国物流成本占GDP比例有所降低,但是,整体降幅依然不明显。当下我国物流成本占GDP的比例依然高达16%,高出同期美国7.5个百分点,也高出同期全球平均水平4.5个百分点。

推进"互联网+物流",通过互联网、大数据、云计算等与物流的深度融合,大幅提高物流效率、降低物流成本,在我国实体经济大幅下行、民间投资增速急速下滑之际,不仅是适时之举,更是务实之举。

此次会议部署推进"互联网+物流",目的就是解决物流业成本过高的痛点,只有解决了这一问题,我国实体经济才能获得实质性的减负,更大程度地扩大消费占比也才具备可能。

通过"互联网+"降低成本、提高效率,在传统制造业领域已经取得验证,在传统物流业也注定具有极大的潜力。此外,国内率先发起"互联网+物流"实践的菜鸟网络(阿里巴巴发起),短短的三年里,已经用事实证明"互联网+物流"对于物流业降本提效的重要性。比如"菜鸟鹰眼"在2015年9月投入运营,三个月之后,菜鸟平台上的超时异常件率下降了32%;再比如,2015年,菜鸟网络平台上平均每个包裹的配送时效比2014年提升了整整半个工作日。

物流业要提升效率,做好开路、修桥的基础网络建设是关键,"互联网+物流"能够做到的事情,不仅是通过互联网建设一个智能化的信息网络,而且还需要将"互联网+"的共享合作思维发挥到极致。物流业不仅是电子商务的重要配套,而且还是传统制造业和消费业能否顺利转型升级的必要前提。

当下,我们必须认识到全面推进"互联网+物流"的重要性,其对物流业的"降本提效",本质上是对我国实体经济运行的"降本提效",更是经济整体转型升级必不可少的核心支撑力量。故而,当下我们不仅有必要呼吁更多互联网公司,以大数据赋能行业,能够如菜鸟网络一样深度实践"互联网+物流",我们更希望国内传统分段式的行政管理模式,能够尽快进行全方位的改革,降低行政成本,落实政策支持,从而为推进"互联网+物流"提供一个更为匹配的制度环境。

资料来源:物流技术装备行业网

【案例思考】

1. 什么是现代物流?
2. 现代物流的特征是什么?

任务 1.1 现代物流概述

1.1.1 现代物流的概念

物流活动广泛存在于各类经济与非经济组织,除了工业、商业、交通运输、建设等企业外,政府、军队、宗教、体育等组织也存在大量物流活动。物流管理就是以最低的物流成本,对物流活动进行计划、组织、协调与控制,达到用户所满意的物流服务水平。

现代物流起源于 20 世纪三四十年代,由于计算机技术及电子商务的发展和应用,国际贸易和跨国公司的兴起,现代物流得以在世界范围推广。现代物流对促进我国经济发展,推进电子商务的发展,提高企业的管理水平和竞争力具有重要作用。

现代物流是将原本分散的运输、储存、搬运、包装、流通加工、配送、信息处理等要素有机结合的产物,又称为综合物流或一体化物流,注重信息技术的应用。

【知识链接】

物流的定义

美国物流管理协会对物流的定义:为满足顾客需要,对商品、服务及相关信息从产生地到消费地,高效、低成本地流动和储存而进行的规划、实施与控制过程。

1.1.2 现代物流的基本特征

1. 现代物流以顾客满意为第一目标

满足顾客需要是市场经济条件下一切企业经营活动的出发点。在现代物流企业中,顾客满意目标的设定优先于其他各项活动。在物流体系的基本建设上,要求物流网络、信息系统、作业系统和组织结构等的设立必须围绕"使顾客服务能有效开展"这一基本出发点。具体来说,物流体系必须做到以下 4 点:

第一,物流网络的优化,即要求车站、码头、仓库、配送中心、加工中心等物流结点的建设(规模、地理分布等)既符合分散化原则(接近顾客),又符合集约化原则(达到规模经济的要求);

第二,信息系统的优化,即能够及时、有效地反映物流信息的流动和顾客对物流的期望;

第三,物流作业的优化,即在运输、仓储、加工等过程中应当运用什么方法、手段使企业能最有效地保存商品价值并使商品增值;

第四,物流组织的优化,即把原来基于专业化分工的物流组织,按顾客导向进行业务流程的重新设计,建立一个扁平化的、富有弹性的新型组织。

2. 现代物流的范围包括整个社会再生产过程

过去,人们认为物流仅存在于企业生产阶段和产品销售阶段,物流管理的主要对象是分销物流和企业内物流;而现代物流管理的范围不仅包括生产和流通过程,还包括消费过程。例如,从零售商到消费者家庭的末端物流,已成为部分物流企业的目标市场。现代物流不仅关注资源开采商、制造商、分销商、用户的正向物流,也关注退货物流、废弃品物流、回收物流等逆向物流。

3. 现代物流的对象除了物品还包括服务和信息

之前人们认为物流只有实物流动,如原材料、零配件、商品等物品的流动;而现代物流的对象,早已超越了实物商品,已经扩大到物流相关服务,以及伴随的物流信息交流和传递。

4. 现代物流是效率和效果的统一

在经济学和管理学上,有效率指的是能够低成本地达成目标,而有效果指的是达到目标的程度。就物流而言,有效率是指以最低的物流费用满足顾客的要求,而有效果指物流服务能力的提升,如物流的速度提升,物流服务的可获得性、准时性优化。通常效率与效果二者是相互矛盾的,如运输速度与运输费用、服务水平与库存水平等。解决矛盾的办法是战略匹配和差异化管理,即针对顾客的不同偏好或优先顺序,提供不同的物流战略,以求得效率与效果的统一。

5. 现代物流管理是对商品、服务及相关信息的一体化管理

现代物流管理不是运输、储存、搬运、包装、流通加工、配送、物流信息等要素的简单集合,而是从供应方开始到最终消费者整个流通过程发生的商品实物运动及相关服务和物流信息的一体化管理。实践中,人们发现许多问题无法从单一功能的改进得到解决,而必须将包装、运输、储存、搬运等相关要素结合起来进行整体设计和处理。局部问题仅从局部考虑是无法得到根本解决的,必须从物流全过程出发,进行一体化管理和设计,才能得到彻底的解决。现代物流管理就是系统管理思想与物流实践和理论相结合的产物。

中国邮政亮出服务乡村振兴战略年度成绩单

任务1.2 电子商务物流概述

1.2.1 电子商务概述

1. 电子商务的概念

20世纪90年代,随着互联网技术的突飞猛进,电子商务蓬勃发展。进入21世纪后,电子商务将生产企业、流通企业、消费者和政府等都带入了数字化空间,影响和改变了人们生产和生活的方方面面。随着国家"互联网+"计划的实施,电子商务迎来了重要的发展机遇,呈现出不同于以往的新内涵、新特征和新趋势,成为推动经济增长的新动力。以互联网技术应用为主要特征的新经济,已成为推动经济全球化的重要手段。

电子商务是一个不断发展的概念。IBM 公司于 1996 年提出了 Electronic Commerce(E-Commerce)的概念;1997 年,该公司又提出了 Electronic Business(E-Business)的概念。1997 年 7 月,美国政府发表了电子商务白皮书,从此"电子商务"一词被正式使用。

【知识链接】

电子商务的定义

商务部于 2009 年颁布的《电子商务模式规范》中对电子商务的定义如下:依托网络进行货物贸易和服务交易,并提供相关服务的商业网形态。

事实上,电子商务至今还没有一个全面、权威,能够为大多数人所接受的定义。国内外不同的著作、机构等对电子商务的定义都有差异;各国政府、学者、企业界人士根据自己的理解和对电子商务的参与程度,给出了许多不同的定义。编者认为电子商务是指利用互联网及现代通信技术进行的任何形式的商务运作、管理或信息交换活动,即线上商务活动。它包括企业内部的协调与沟通、企业之间的合作以及网上交易等内容。

狭义的电子商务是指人们在互联网上开展的交易或与交易有关的商务活动。广义的电子商务是指人们利用信息技术使整个商务活动实现电子化的所有相关活动,不仅包括企业商务活动中面向外部的业务流程,如网络营销、电子支付、物流配送等,还包括面向企业内部的业务流程,如企业资源计划(Enterprise Resource Planning,ERP)、管理信息系统(Management Information System,MIS)、客户关系管理(Customer Relationship Management,CRM)、供应链管理(Supply Chain Management,SCM)、人力资源管理(Human Resource Management,HRM)、战略管理(Strategy Management,SM)、市场管理、生产管理、研发管理及财务管理等。

2. 电子商务模式概述

电子商务的模式是指在互联网环境中利用一定技术手段开展商务活动的基本方式。在电子商务活动中,产品、服务、信息、资金以及各利益主体在交易运作过程中形成各种电子商务模式,电子商模式体现了电子商务活动的赢利方式。

目前,按照交易主体进行电子商务模式分类是比较常见的方式。

(1) 企业与企业之间的电子商务(B2B 模式)

企业与企业之间的电子商务(Business to Business,B2B)是一种企业与企业之间通过互联网开展商务活动的电子商务模式。进行电子数据交换(Electronic Data Interchange,EDI)是 B2B 电子商务产生、发展的基础,B2B 电子商务主要通过网络交换信息、传递各类电子单证(如订单、合同、付款通知等),从而使交易全过程实现电子化和无纸化。

B2B 是目前应用最广泛的一种电子商务模式。一是,生产企业与上游原材料和零配件供应商、下游经销商、物流运输商、产品服务商等之间利用各种网络商务平台开展电子商务活动。二是,商家通过电商平台采购商品等。B2B 网站的典型代表有阿里巴巴、中国制造网等。

(2) 企业与个人消费者之间的电子商务(B2C 模式)

企业与个人消费者之间的电子商务(Business to Consumer,B2C)是一种企业与个人消费者之间进行商品或服务交易的电子商务模式。B2C 模式是我国最早产生的电子商务模式。B2C 模式中的企业通常建有自己的网站,用来宣传或销售商品,或者为其他企业提供交易平台,它们销售的商品几乎包括所有的消费品,同时还可提供各类在线服务,如远程教育、在线医疗等。目前典型的 B2C 网站有亚马逊、当当网、京东商城、唯品会、天猫商城等。

(3) 个人消费者与企业之间的电子商务(C2B 模式)

① 个人消费者与企业之间的电子商务模式(Consumer to Business,C2B)是一种先由消费者提出需求,然后由生产或商贸企业按需求组织生产或货源的电子商务模式。消费者群体主导的 C2B 流程是提前交定金抢占优惠价名额,然后在交易当天交尾款,即通过聚合客户的需求,组织商家批量生产或组织货源,让利消费者。团购也属于一种由消费者群体主导的 C2B 模式。团购是将零散的消费者的购买需求聚合起来,形成较大批量的购买订单,从而得到商家的优惠价格,商家也可从大批量的订单中享受到"薄利多销"的好处,这对消费者与商家而言是双赢的。

② 消费者个体参与定制的 C2B 模式。在这种模式下,消费者能参与定制的全流程,企业可以完全满足消费者的个性化需求。目前,应用这种模式最成熟的行业有服装类、鞋类、家具类等。可以把 C2B 看成 B2C 的反向过程,也可以看成 B2C 的补充。未来消费模式是用户改变企业行为,制造商必须满足消费者的个性化需求,否则将很难发展。以定制家具为例,每位消费者都可以根据户型、尺寸、风格和功能进行个性化定制,从而最大限度地利用空间。

(4) 个人消费者与个人消费者之间的电子商务(C2C 模式)

个人消费者与个人消费者之间的电子商务模式(Consumer to Consumer,C2C)是一种个人消费者之间通过网络商务平台实现交易的电子商务模式。该模式能够让消费者出售所持有的闲置物品,让社会资源得到充分利用。如物品持有者可通过闲鱼平台发布物品信息,物品需求者可在闲鱼平台购买或出价拍下所需要的物品。

(5) B2B2C 电子商务模式

B2B2C(Business to Business to Consumer)电子商务模式主要包括两种形式,第一种形式是生产厂商对商家、商家对消费者的交易链条,如出版社将图书出版后,直接将出版的图书交给销售商,销售商在网上销售,消费者可以在网上购买这一商品;第二种形式是生产厂商同时面对供应商和消费者,如海尔通过海尔招标网采购原材料(B2B),通过海尔商城销售海尔系列产品(B2C)。

(6) O2O 电子商务模式

O2O(Online to Offline)电子商务模式是指将线下商务与互联网结合在一起,让互联网成为销售前台的一种模式。在这种模式下,商家可以线上揽客,线下提供商品或服务;消费者可以在线上搜索商品或服务,然后到线下完成交易。O2O 模式和 B2C、C2C 团购既有联系,又有区别。B2C 和 C2C 模式下,在线支付购买的商品会通过物流公司送到消费者手中;O2O 模式下,消费者在线支付购买线下的商品和服务,然后到线下去自提商品或享受服务;团购与 O2O 相比,O2O 是线上、线下结合的常态化销售模式,而团购是低折扣的临时性促销模式。

实训任务

调查生活中常用的电子商务平台,如天猫、京东、拼多多、闲鱼、当当网等,分析它们属于哪种电子商务模式。

1.2.2 电子商务物流的概念及特点

电子商务物流是在电子商务条件下,依靠计算机技术、互联网技术、电子商务技术以及信息技术等所进行的物流活动。电子商务物流是电子化、网络化和自动化的物流,它所实现的是物流组织方式、交易方式、管理方式和服务方式的电子化。

电子商务物流是电子商务环境下物流新的表现形式,和传统物流相比,电子商务物流具有以下几方面特点。

① 信息化。电子商务时代,物流信息化是电子商务的必然要求。物流信息化表现为物流信息的商品化、物流信息收集的数据化和代码化、物流信息处理的电子化和计算机化、物流信息传递的标准化和实时化、物流信息存储的数字化等。物流信息化是物流现代化的基础,因此,条码技术、数据库技术、电子订货系统、电子数据交换、快速反应及有效的客户反应、企业资源计划等技术在我国现代物流发展中得到普遍应用。

② 自动化。自动化的基础是信息化,自动化的核心是机电一体化,自动化的外在表现是无人化,自动化的效果是省力化;另外自动化还可以扩大物流作业能力、提高劳动生产率、减少物流作业的差错等。物流自动化的设施非常多,如条码/语音/射频自动识别系统、自动分拣系统、自动存取系统、自动导向车、货物自动跟踪系统等。这些设施在发达国家已普遍用于物流作业流程中,而我国由于物流业起步晚、发展水平低,自动化技术的普及还需要相当长的时间。

③ 网络化。物流领域网络化的基础也是信息化,这里指的网络化有两层含义:一是物流配送系统的计算机通信网络,借助网上的电子订货系统和电子数据交换技术自动实现物流配送中心与供应商或制造商以及与下游顾客之间的通信联系;二是组织的网络化,即所谓的内联网,物流的网络化是物流信息化的必然,是电子商务物流活动的主要特征之一。Internet 的全球网络资源的可用性及网络技术的普及为物流的网络化提供了良好的外部环境。

④ 智能化。智能化是物流自动化、信息化的一种高层次应用。物流作业过程中大量的运筹和决策,如库存水平的确定、运输(搬运)路径的选择、自动导向车的运行轨迹和作业控制、自动分拣机的运行以及物流配送中心经营管理的决策支持等问题都需要借助于大量的知识才能解决。在物流自动化的进程中,物流智能化是不可回避的技术难题,需要通过专家系统、机器人等相关技术来解决。

⑤ 柔性化。柔性化本来是为实现"以顾客为中心"理念而在生产领域提出的,但要真正做到柔性化,即真正地根据消费者需求的变化来灵活调节生产工艺,就需要有配套的柔性化的物流系统。因此,柔性化的物流正是适应生产、流通与消费的需求而发展起来的一种新型物流服务方式,要求物流配送中心根据多品种、小批量、多批次、短周期的全新消费需求,灵活组织和实施物流作业。

1.2.3 电子商务物流的发展趋势

由于电子商务时代的企业销售方式及最终消费者购买方式发生转变,使得送货上门等业务成为一项重要的服务业务,因此促进了物流行业的兴起。物流企业,主要包括仓储企业、运输企业、装卸搬运企业、配送企业、流通加工业等,其信息化、全球化、多功能化和一流服务,已成为电子商务环境下物流企业追求的目标。

1. 信息化是现代物流业的必由之路

在电子商务时代,要提供最佳的服务,物流系统必须要有良好的信息处理系统和信息传输系统。例如，美国洛杉矶西海报关公司与码头、机场、海关都有信息联网。当货物从世界各地起运时，客户便可以从该公司获得货物到达的时间、到岸的准确位置，收货人与各仓储、运输公司等可提前做好准备，使商品可在几乎不停留的情况下，快速流动，直达目的地。

良好的信息系统能提供及时的信息服务，帮助企业了解客户在想什么，需要什么，以赢得客户的信赖。在大型的配送公司里，一般都建立了ECR(Efficient Customer Responses，高效消费者回应)和JIT(Just in Time，准时化生产)系统。有了ECR和JIT系统，就可做到客户要什么就生产什么，避免了盲目生产。仓库商品的周转次数一般每年达20次左右，若利用客户信息反馈这种有效手段，可增加到24次。通过JIT系统，可从零售商店很快得到销售反馈信息。配送不仅实现了内部的信息网络化，而且增加了配送货物的跟踪信息，大大提高了物流企业的服务水平，且降低了成本。

商品与生产要素在全球范围内以空前的速度自由流动。EDI与Internet的应用，使物流效率的提高更多地取决于信息管理技术；电子计算机的普遍应用提供了更多的需求和库存信息，提高了信息管理科学化水平，使产品流动更加容易和迅速。可以说，没有现代化的信息管理，就没有现代化的物流。

2. 全球化是物流企业竞争的趋势

电子商务的出现，加速了全球经济的一体化。全球化战略的发展趋势使物流企业和生产企业更紧密地联系在一起，社会分工更加明确。电子商务的全球化趋势，促进了物流企业的国际化。生产企业集中精力制造产品、降低成本、创造价值；物流企业则花费大量时间、精力从事物流服务。

3. 多功能化是物流业发展的方向

在电子商务时代，物流发展到集约化阶段，一体化的配送中心不单单提供仓储和运输服务，还必须开展配货、配送和各种提高附加值的流通加工服务项目，也可按客户的需要提供其他服务。电子商务使物流业的经营理念得到了全面更新，它使未来的产业分工更加精细，产销分工日趋专业化，大大提高了社会的整体生产力和经济效益，使现代物流业成为整个国民经济活动的中心。

4. 一流服务是物流企业追求的目标

在电子商务时代，物流业是介于供货方和购货方之间的第三方，以服务作为第一宗旨。从当前物流的现状来看，物流企业不仅要为该地区服务，还要进行长距离的服务。因为客户不但希望得到很好的服务，而且希望服务点不是一处，而是多处。因此，如何提供高质量的服务便成了物流企业管理的中心课题。首先，在概念上变革，由"推"到"拉"。配送中心应更多地考虑"客户要我提供哪些服务"，而不是仅仅考虑"我能为客户提供哪些服务"。其次，要考虑如何按照客户的需要把货物送到客户手中。为此，物流企业要与货主企业结成双赢的战略伙伴关系，这样一方面有助于货主企业的产品迅速进入市场，提高竞争力，另一方面则使物流企业有稳定的资源和效益。对物流企业而言，服务质量和服务水平正逐渐成为比价格更为重要的选择因素，美国、日本等国物流企业成功的要诀，就在于它们都十分重视对客户服务的研究。

1.2.4　电子商务与现代物流的关系

电子商务是20世纪信息化、网络化的产物。近年来，电子商务随着环境的改善以及所具备的巨大优势，受到了政府、企业界的高度重视。电子商务的发展为物流发展提供了新的契机,把物流业提升到了前所未有的高度。与此同时,现代物流的发展又进一步促进了电子商务的发展与应用。两者相互影响、相互促进、共同发展。

1. 电子商务对现代物流的影响与作用

电子商务改变物流,电子商务交易方式和电子商务技术都会对物流产生影响。这种影响是多方面的,也是深层次的。电子商务影响物流理念,影响物流系统结构,影响物流的客户服务,影响物流服务空间的拓展,影响物料采购,影响物流环节,也促进物流技术水平的提高。

(1) 对物流理念的影响

电子商务对物流理念的影响有以下几方面。

一、信息与供应链运营关系方面。物流系统中的信息变成了整个供应链运营的环境基础。网络是平台,供应链是主体,电子商务是手段。信息环境对供应链的一体化起着控制及主导的作用。

二、企业运作方面。企业的市场竞争将更多地表现为基于互联网的企业联盟的竞争。换句话说,网上竞争的直接参与者将逐步减少,更多的企业将以其商品或服务的专业化优势,参加到以有品牌优势或有知识管理优势的核心企业为龙头的分工协作的物流体系中去,在更大的范围内建设一体化的供应链,并且作为核心企业组织机构虚拟化的实体支持系统。供应链体系纵向和横向的无限扩张,要求企业不是更广泛的联盟化,就是更深度的专业化。

三、市场竞争优势方面。市场竞争的优势将不再是企业拥有物质资源的多少,而在于它能调动、协调、整合多少社会资源来增强自己的市场竞争力。因此,企业的竞争将是以物流系统为依托的信息联盟或知识联盟的竞争。物流系统的管理也从对有形资产(存货)的管理转为对无形资产(信息或知识)的管理。

四、技术经济问题方面。物流系统面临的基本技术经济问题是如何在供应链成员企业之间有效地分配信息资源,使全系统的客户服务水平达到最高,即追求物流总成本最低的同时为客户提供个性化的服务。

五、物流系统各环节方面。物流系统由供给推动变为需求拉动,当物流系统内所有方面都得到网络技术的支持时,客户对产品的可得性将极大地提高。同时,将在物流系统的各个功能环节上极大地降低成本,如降低采购成本,减少库存成本,降低销售和营销成本,缩短产品开发周期,为客户提供有效的服务等。

(2) 对物流系统结构的影响

电子商务对物流系统结构的影响主要表现在以下几方面。

一、渠道方面。由于网上客户可以直接面对制造商并可获得个性化的服务,因而传统物流渠道中的批发商和零售商等中介机构将逐步淡出,但是区域销售代理将作为制造商产品营销和服务功能的直接延伸,逐步加强其在渠道和地区性市场中的地位。

二、设施的布局、结构及任务方面。由于网上时空的"零距离"特点与现实世界的反差增大,客户对产品可得性的心理预期加大,以致企业准时交货的压力增大,因此物流系统中的港、站、库、配送中心、运输线路等设施的布局、结构及任务都将面临较大的调整,仓库的总数也将减少。随着运管政策的逐步放宽,更多的独立承运人将为企业提供更加专业化的配送服务,并且配送的服务半径也将加大。

三、组织结构方面。信息共享的即时性使制造商在全球范围内进行资源配置成为可能,故其组织结构将趋于分散并逐步虚拟化。特别是那些拥有品牌产品、在技术上已经实现功能模块化和质量标准化的企业。

四、物流系统表现形式方面。大规模的电信基础设施建设将使那些能够在网上直接传输的有形产品的物流系统隐形化。这类产品主要包括报刊、音乐、软件等。已经数字化的产品的物流系统将逐步与网络系统重合，并最终被网络系统取代。

（3）对客户服务的影响

电子商务对客户服务的影响主要表现在以下几方面。

一、电子商务要求在客户咨询服务的界面上，能保证企业与客户间的即时互动。

二、要求客户服务的个性化。只有当企业对客户需求的响应实现了某种程度的个性化对称时，企业才能获得更多的商机。为此，要求企业网站的主页设计个性化、企业经营的产品或服务个性化、企业对客户追踪服务个性化。

三、物流服务的多功能化和社会化。电子商务下的物流要求能为企业提供全方位、多功能物流服务，即能提供仓储、运输、配货、分发和各种客户需要的配套服务，更好地满足客户的需求。同时，随着电子商务的发展，物流服务的社会化趋势也越来越明显。物流的社会化有助于解决目前小企业自营物流成本高、效率低的问题。

（4）物流服务空间的拓展

电子商务需要的物流服务不仅是传统的运输与仓储服务，而是更加完备的增值性物流服务，具体主要体现在以下几方面。

一、增加便利性的服务。物流服务可以简化手续、简化操作。简化是相对消费者而言的，让以前需要消费者自己做的一些事情由商品或服务提供商以各种方式代替来完成，从而增加了商品或者服务的价值。比如在提供电子商务的物流服务时，推行门到门服务、提供完备的操作或作业提示、物流全过程追踪、代办业务、自动订货、24小时营业、传递信息和转账、省力化设计或安装等都是有效的增值性服务。

二、加快反应速度的服务。快速反应已经成为物流发展的动力之一。要使流通过程变快可通过提高运输基础设施和设备的效率，如修建高速公路、铁路提速、制定新的交通管理办法、提高汽车的行驶速度等，这是一种速度的保障；也可通过增值性物流服务方案，即优化电子商务的配送中心、物流中心网络，重新设计适合电子商务的流通渠道，以此来减少物流环节，简化物流过程，提高物流系统的快速反应能力。

三、降低成本的服务。要发展电子商务，一开始就要寻找能够降低物流成本的物流方案。企业可以考虑的方案包括①采用第三方物流；②电子商务经营者之间或电子商务经营者与普通商务经营者联合，采取物流共同化计划等。

四、延伸服务。在电子商务环境下，物流服务除了传统的运输、仓储、包装、流通加工等服务外，向上可以延伸到市场调查与预测、采购及订单处理，向下可以延伸到配送、物流方案的选择与规划、物流咨询、库存控制决策建议、货款回收与结算、教育与培训、物流系统设计与规范方案的制作等。

（5）对物料采购的影响

企业在网上寻找合适的供应商，从理论上讲可以无限选择。这种无限选择的可能性将导致市场竞争的加剧和供货价格的降低。但是，频繁地更换供应商将增加企业资质认证的成本支出，并面临较大的采购风险。因此，从供应商的立场来看，作为应对竞争的必然对策，是积极地与制造商建成稳定的渠道关系，并在技术、管理及服务等方面与制造商结成更深度的战略联盟。同样，制造商也会从物流的理念出发，寻求与合格的供应商建立一体化供应链。作为利益交换条件,制造商和供应商之间将在更大的范围内和更深的层次上实现信息资源共享。电子商务除了影响供应商与制造商关系外,还可降低物料采购成本,这主要体现在缩短订货周期、减少文案和单证、减少差错和降低价格等方面。

(6) 对物流环节的影响

一、电子商务可实现物流网络的实时控制。传统物流的运作以商流为中心,而电子商务物流的运作是以信息为中心的,信息不仅决定了物流的运动方向,还决定着物流的运作方式。在实际运作过程中,通过网络上的信息传递,可以有效地实现对物流的控制,实现物流的合理化。

二、电子商务环境下,网络对物流的实时控制是以整体物流来进行的。传统的物流活动虽然也依靠计算机来对物流进行实时控制,但这种控制是以单个企业的运作方式来进行的。在电子商务时代,通过网络的全球化可使物流在全球范围内实施整体的实时控制。

(7) 促进物流技术水平提高

物流技术是指与物流要素活动有关的、实现物流系统目标的所有专业技术的总称。传统的物流技术主要是指物资运输技术或物资流通技术。而现代物流技术包括各种操作方法、管理技能等,比如流通加工技术、物品包装技术、物品标识技术、物品实时跟踪技术等,也包括物流规划、物流评价、物流设计、物流策略等。随着计算机网络技术的应用与普及,尤其是电子商务的飞速发展,物流技术中又综合了许多现代技术,如地理信息系统、全球卫星定位系统、电子数据交换系统、条码技术等。

2. 现代物流在电子商务中的地位与作用

随着电子商务的快速发展,物流的重要性越来越显现,物流在电子商务中的地位与作用主要表现在以下几个方面。

(1) 物流是电子商务的重要组成部分

电子商务中的任何一笔交易都包含信息流、商流、资金流和物流。物流是电子商务的重要组成部分,缺少了现代化的物流过程,电子商务过程就会不完整。信息流、商流、资金流可以通过计算机和网络通信设备实现,但物流是物质实体的转移,只有少数商品和服务可以直接通过网络传输的方式进行配送,如各种电子出版物、信息咨询服务、有价信息软件等。对于大多数商品和服务来说,物流仍须由物理方式传输。

(2) 物流现代化是电子商务的基础

电子商务通过快捷、高效的信息处理手段可以比较容易地解决信息流、商流和资金流的问题,只有将商品及时地配送到用户手中才标志着电子商务过程结束,因此物流系统的效率高低是电子商务成功与否的关键,而物流效率的高低在很大程度上取决于物流现代化的水平。物流现代化包括物流技术和物流管理两个方面的现代化,其中最重要的部分是物流信息化,物流信息化是电子商务物流的基本要求。物流信息化能更好地协调生产与销售、运输、储存等环节的关系,对优化供货程序、缩短物流时间及降低库存都具有十分重要的意义。

(3) 现代物流是实施电子商务的保障

现代物流作为电子商务的重要组成部分是实施电子商务的根本保障,主要体现在以下几方面。

一、现代物流可保障生产。无论是在传统的贸易方式下,还是在电子商务下,生产都是商品流通之本,而生产的顺利进行需要各类物流活动的支持。生产的全过程从原材料的采购开始,便要求有相应的供应物流活动将所采购的材料送到位,否则生产就难以进行;在生产的各工艺流程之间,也需要原材料、半成品的物流过程,即生产物流,以实现生产的流动性;产品销售过程中的物流,即销售物流;部分余料、可重复利用物资的回收,即回收物流;废弃物的处理则需要废弃物物流。可见,整个生产过程实际上就是系列化的物流活动。合理化、现代化的物流能够降低成本、优化库存结构、减少资金占压、缩短生产周期,从而保障了现代化生产的高效进行。

二、现代物流服务于商流。在商流活动中,商品所有权在购销合同签订那一刻起,便由供方转移到了需方,而商品实体并没有因此而移动。在电子商务环境下,消费者通过上网购物完成商品所有权的交割过程,但电子商务的活动并未结束,只有商品和服务真正转移到消费者手中后,商务活动才算完成。在整个电子商务的交易过程中,物流实际上是以商流的后续者和服务者的姿态出现的。没有现代化物流,电子商务的商流活动就不能正常实现。

(4)现代物流是实现"以顾客为中心"理念的根本保证

"以顾客为中心"是电子商务的核心观念之一。电子商务的出现,最大限度地方便了最终消费者。消费者不必再跑到拥挤的商业街,一家换一家地挑选自己所需的商品,而只须坐在家里,在网上搜索、查看、挑选,就可以完成自己的购物过程。在购物过程中,消费者最关心的问题是他们所购买的商品能否安全、快速地送到自己手中,这就需要解决物流及配送的问题。因此,电子商务的发展需要物流作基础,物流是实现"以顾客为中心"理念的根本保证。缺少了现代化的物流技术与管理,电子商务给消费者带来的购物便捷就等于零。传统的企业利润来源日益枯竭,而被视为第三利润源的物流成为企业界、学术界和政府关注的焦点。现代物流管理的应用,对于促进我国国际和国内贸易的发展,推进电子商务的发展,提高企业的管理水平和竞争力,都将起到重要作用。

【知识链接】

主动服务意识

主动服务意识是指人与人之间在交往的过程中,所体现的个人为别人提供热情、周到、主动的服务欲望和意识。企业主动服务意识则表现在企业全体员工在与一切企业利益相关的人或企业的交往中。服务意识是发自内心的,是服务人员的一种本能和习惯,可以通过培养、训练形成。

课后练习

一、思考题

1. 现代物流的概念及特征是什么?
2. 电子商务模式按交易主体可以分为哪几种?
3. 电子商务物流的概念及特点是什么?
4. 电子商务与现代物流的关系是怎样的?
5. 现代物流对电子商务发展有什么作用?

二、实训任务题

请在不同类型的电子商务网站上进行交易,结合电子商务内外部环节,理解电子商务交易流程。

1. 画出电子商务交易流程图。
2. 比较这些电子商务交易平台的异同点。

三、案例分析题

德邦快递的"黑科技"

作为大件快递领域的领军企业,德邦快递一直以来响应国家号召,致力于发掘智慧物流体系对于企业提质增效乃至促进社会经济快速发展的重要价值。

虽然德邦快递从事于传统大件运输行业,但其自我定位却始终是一家"拥有卡车的科技公司",为了不断提高物流管理体系、持续优化配送体验,近些年更是主动尝试了不少"黑科技"。

尽管商户对运输时效要求不高,德邦快递依然在提升整体运输效率上做了充分准备,针对丝网特殊形状开发了专门的装卸工具,固定车辆多频发车转货,大大节省了时间,增加了中转时效,广受客户好评。

在收货环节,如今德邦快递员们都配备有"AR量方"设备,只须用PDA对准货物即可一键测量体积信息并完成开单,全程仅需2秒,准确率高达97%。

在转运环节,德邦快递通过托盘搬运机器人代替人力,减少了80%现场作业人员,降低了35%劳动强度,提升了整整3倍时效。与此同时,小件自动分拣设备——蓝精灵AGV、中件自动分拣设备——摆轮的广泛应用,也大大提高了货物的分拣效率。

在运输环节,德邦快递早早便开始启用无人机和无人货车进行辅助配送,在5G技术、数字孪生技术等一系列硬核科技加持之下,极大保障了整个物流运转过程张弛有度,显著提升了快递高峰期的配送效率。

在派件环节,外骨骼机器人更是成为德邦快递员们健步如飞的秘密武器。2020年"618"期间,北京通州的一名女快递员小秦便通过穿戴外骨骼机器人,轻松实现单人配送重达50千克的冰箱到客户家中。

德邦快递正在加速推进全国"地网+天网"战略布局,落户成都市双流区的西南总部基地作为德邦快递在全国的首个智慧化产业园区,力争通过一整套完善的现代物流供应链体系,全面助力中国经济高质量发展再上新台阶。

资料来源:德邦网站

思　考:
1. 德邦快递对哪些物流环节进行了升级?
2. 现代物流与传统物流二者之间有什么区别?

项目 2　电子商务物流系统

☞ 学习目标

通过本项目的学习,应熟悉掌握以下基本知识:电子商务物流系统的概念,电子商务物流系统的功能要素。

☞ 重点和难点

电子商务物流系统的功能要素。

☞ 导入案例

【案例 2.1】

新华联合:"全渠道＋全链路",多类型物流一体化服务满足多样需求

新华联合发行有限公司(以下简称"新华联合")作为出版业物流中央企业,以现代化的设备、信息化的系统和数字化的思维,为客户提供图书物流一体化服务,包含:①多类型物流一体化服务,囊括 B 端、C 端、社群等全渠道,涵盖从收、发、存、拣、包、退和门到门配送等全链路,一站式满足图书行业物流需求;②数据分析应用服务,利用供应链管理系统助力客户整理数据、使用数据。此外,新华联合研发了一套专门适配出版业货主的承运商与运输管理平台,建立数据服务中心提供信息技术服务。

"客户只须转入单据和提出需求,其他涉及货品出入库及库存管理等繁杂和重复的事情均由新华联合完成,新华联合帮助客户将运营中的复杂问题简单化。"新华联合通过建设图书物流托管服务、To C、新媒体等协同产品矩阵,构建产品生态链系统。

新华联合以综合物流服务为核心,已为 21 家出版单位提供仓配一体化托管服务。其以多种运输方式无缝链接,辐射全国,实现了运输门到门。如同人体系统自有一套复杂却缜密的运行逻辑,新华联合物流中心也在精益管理方式下跳动起充满活力的脉搏。新华联合的物流托管作为主营业务,服务一直处于行业领先水平,从建立多元化生产模式推进智能生产到配送的专线覆盖,可满足图书日常发货需求,保障仓配一体化业务高效、智能化运行。

在此基础上,新华联合打造电商前置仓,与主流电商平台之间建立绿色通道,无须预约,即可实现"出库即入库";提供专人客服和定制化服务与保障,通过仓配一体化、精准分析、节点把控、系统支撑等手段,高标准落实重点图书发货任务。

新华联合运用自主研发的信息服务系统、物流支持系统、运输管理系统实现仓配全流程信息化、可视化管理。通过信息系统的集成与实时交互,作业人员保证订单处理效率,管理人员快速定位问题节点并改进优化,出版社随时查询订单进度和回单信息,物流服务水平全面提升。

资料来源:腾讯新闻

【案例思考】

1. 什么是物流系统？
2. 电子商务物流系统涉及哪些环节？

物流系统是指在一定的空间和时间里，对物流涉及的全过程作为一个整体处理，以系统的观点、系统工程的理论和方法进行分析研究，以实现空间和时间的经济效益。电子商务下的物流系统是指在实现电子商务特定过程的时间和空间范围内，由所需位移的商品或物质、包装设备、装卸搬运机械、运输工具、仓储设备、人员和通信设备等若干相互制约的动态要素所构成的具有特定功能的有机整体。

电子商务下的物流系统是信息化、现代化、社会化和多层次的物流系统。电子商务物流系统与传统物流系统相比并无本质的区别。不同之处在于电子商务物流系统强调一系列电子化、自动化工具的应用，以及准确、及时的物流信息对物流过程的监督，更强调物流的速度、物流系统信息的通畅和整个物流系统的合理化。电子商务物流系统为电子商务客户提供服务，按照用户订货要求，进行理货并将配好的货物送交收货人的一种物流方式。这种体系要求物流系统提高服务质量、降低物流成本及优化资源配置。

统筹有序、系统科学推进碳达峰碳中和

物流的功能要素包含运输、储存、包装、装卸搬运、流通加工、信息处理等。物流系统是各要素的有机结合。因此，电子商务物流系统包括运输子系统、仓储子系统、装卸搬运子系统、包装子系统、流通加工子系统、配送子系统及物流信息管理子系统。

任务 2.1　物流运输系统

1. 物流运输的定义

物流运输系统是在一定的时间和空间内，由运输过程所需的基础设施、运输工具和运输参与者等若干动态要素相互作用、相互依赖和相互制约所构成的具有特定运输功能的有机整体。

【案例 2.2】

畅通运输大动脉，防疫发展两不误

公路交通承担着全社会 70% 以上的货运量，是支撑经济社会发展的"大动脉"。在抗击疫情中，保货运畅通，是保障民生、保障防疫的重要一环，也是保障经济社会持续稳定发展的重要一环。

国务院联防联控机制印发通知，要求全力畅通交通运输通道，切实维护人民群众正常生产生活秩序。交通运输部要求，坚决防止疫情通过运输环节传播扩散，切实保障国内物流供应链畅通。

2022 年 4 月 18 日，全国保障物流畅通促进产业链、供应链稳定电视电话会议在北京召开，部署十项重要举措。会议要求要足量发放使用全国统一通行证，核酸检测结果 48 小时内全国互认，实行"即采即走即追"闭环管理，不得以等待核酸结果为由限制通行。

物流系统本就是全国一盘棋，各自为政只会满盘皆输。各地区各部门要进一步提高政治站位，统一思想认识，坚定不移把党中央、国务院各项决策部署落到实处，将保通保畅的工作落细、落实,及时纠偏,优化防疫通行管控措施,确保货车跑起来,货运通起来。

要统筹好疫情防控和社会经济发展工作,要最大限度减少疫情对经济社会发展的影响,确保交通运输这条大动脉持续"供血"。产业链、供应链是经济的命脉,针对疫情对部分产业链、供应链上下游企业造成的影响,疏通大动脉、畅通产业链、供应链,方能稳住基本盘。

资料来源:中国物流与采购网

【案例思考】

1. "运输系统"在国民经济中处于何种地位?
2. "运输系统"在物流系统中有什么作用?

2. 物流运输的要素

物流运输的要素主要有基础设施、运输工具和运输参与者。

（1）基础设施

基础设施包括运输线路、运输节点两个要素。

运输线路是供运输工具定向移动的通道,也是运输赖以运行的基础设施之一,是构成运输系统的重要因素。在现代运输系统中,主要的运输线路有公路、铁路、航线和管道。

运输节点是指以连接不同运输方式为主要职能,处于运输线路上的承担货物集散、运输业务办理、运输工具保养和维修的基地与场所。运输节点是物流节点中的一种类型,属于转运型节点。

（2）运输工具

运输工具是指在运输线路上用于载重货物并使其发生位移的各种设备和装置,它们是运输能够进行的基础设备,也是运输得以完成的主要手段。根据从事运送活动的独立程度运输工具可以分为以下三类。

① 仅提供动力,不具有装载货物容器的运输工具,如铁路机车、牵引车(见图2.1)、拖船等;

② 没有动力,但具有装载货物容器的从动运输工具,如车皮、挂车、驳船、集装箱(见图2.2)等;

③ 既提供动力,又具有装载货物容器的独立运输工具,如轮船、汽车、飞机等。

图 2.1 牵引车

图 2.2 集装箱

（3）运输参与者

运输活动的主体是运输参与者,运输活动作用的对象(运输活动的客体)是货物。货物的所有者是物主或货主。运输必须由物主和运输参与者共同参与才能进行。

① 物主包括托运人（或称委托人）和收货人，有时托运人与收货人是同一主体，有时不是同一主体。

② 承运人是运输活动的承担者，可能是铁路货运公司、航运的公司、民航货运公司、储运公司、物流公司或个体运输业者等。

③ 货运代理人是指根据用户的指示，为获得代理费用而招揽货物、组织运输的人员，其本人不是承运人。他们负责把来自各用户的小批量货物合理组织起来，以大批量装载，然后交由承运人进行运输。待货物到达目的地后，货运代理人再把该大批量装载拆分成原先较小的装运量，送往收货人。

"十四五"规划提出
加快建设交通强国

④ 运输经纪人是替托运人、收货人和承运人协调运输安排的中间商，其协调的内容包括装运装载、费率谈判、结账和货物跟踪管理等。经纪人也属于非作业中间商。

任务 2.2 仓储系统

2.2.1 仓储概述

仓储是通过仓库对商品、物品的储存与保管。"仓"即仓库，为存放、保管、储存物品的建筑物和场地的总称，具有存放和保护物品的功能；"储"即储存、储备，表示收存以备使用，具有收存、保管、交付使用的意思。在物流系统中，仓储十分重要，仓储的作用主要是保证货物完好或为货物提供加工场所。

仓储系统是指产品分拣或储存接收中使用的设备和运作策略的组合。仓储系统是物流系统的子系统，作为供应和消费的中间环节，能起到缓冲和平衡供需矛盾的作用。仓储系统的作业一般包括收货、存货、取货和发货等环节。

2.2.2 仓储的价值

仓储包括对货物进行堆存、管理、保管、保养、维护等活动。从整个物流过程看，仓储是保证企业正常运转的基础环节之一。仓储的价值主要体现在其具有的基本价值、增值和社会价值三个方面。

1. 基本价值

仓储的基本价值是满足基本储存需求，具体包括储存、保管、拼装、分类等基础作业。其中，储存和保管是仓储的基础功能。通过基础作业，货物得到合理的仓储处理，为进入物流过程中的下一个物流环节做准备。

2. 增 值

仓储的增值是指通过仓储服务，获取额外的经济利益。

增值功能的表现方式包括以下两方面：

① 提高客户的满意度。当客户下达订单时，物流中心能够迅速组织货物，并按要求及时送达，提高了客户对服务的满意度，从而增加了潜在的销售量。

② 信息的传递。在仓库管理的各项事务中，经营方和供需方都需要及时而准确的仓库信息。例如，仓库利用水平、进出货频率、仓库的地理位置、仓库的运输情况、客户需求状况、仓库人员的配置等信息为用户或经营方进行正确的商业决策提供了可靠的依据，提高了用户对市

场的响应速度,提高了经营效率,降低了经营成本,从而带来了额外的经济利益。

3. 社会价值

仓储的社会价值给高效的仓储作业与管理带来积极的影响,可从以下三个方面理解。

(1) 时间调整

一般情况下,生产与消费之间有时间差,通过储存可以克服货物产销在时间上的隔离。

(2) 价格调整

生产和消费之间也会产生价格差,供过于求、供不应求都会对价格产生影响,因此通过仓储可以克服货物在产销量上的不平衡,达到调控价格的效果。

(3) 衔接商品流通

商品仓储是商品流通的必要条件,为保证商品流通过程连续进行,必须要有仓储活动。通过仓储,可以防范突发事件,保证商品顺利流通。例如,运输被延误,卖主缺货。对供货仓库而言,这项功能是非常重要的,因为原材料供应的延迟会导致产品生产流程的延迟。

2.2.3 仓储的功能

仓储的功能主要有以下几方面。

1. 储存保管功能

仓储的储存保管功能是最基本的功能。储存保管是对物品进行合理安置,使物品能够维持原来的性状,不受环境的侵害。储存保管的基本任务既包括保证物品数量,还要保证物品的质量。物品在仓库中得到妥善保管,可为后续加工或出售提供中转场所。

2. 流通加工功能

物品在仓储过程中,可进行相应的流通加工,为物流后续环节提供便利。在仓储过程中对物品进行流通加工可节约流转时间,提高流通效率。

3. 调节供需功能

仓储可利用自身特殊性为企业调节供需。如销售旺季即将到来时,可多储备物品,以应对未来商品供不应求的情况,避免错失交易机会。遇到物品价格即将上涨的情况时,也可在价格降低时期储备更多的物品,以力求物品采购成本最低化。因此,仓储具有调节供需的功能。

4. 传递信息的功能

仓储管理过程中,信息化手段必不可少。仓储数据能够及时上报并传递可为企业前端和后端精细化管理提供便捷。如电商企业在商品销售过程中,需要及时了解库存情况,如果仓储中心能够快速提供库存信息,就能保证销售正常进行,避免无库存销售的情况。

5. 提升企业形象功能

高效的仓储管理可为企业整体形象提升提供基础。如京东物流高效的仓储系统,为京东在各大电商平台竞争中脱颖而出,贡献关键力量,其对京东整个企业形象的提升具有不可忽视的作用。反之,低效的仓储管理会给企业带来负面影响。

2.2.4 电子商务仓储系统的常用工具

1. 托 盘

托盘是用于集装、堆放、搬运和运输、并以放置作为单元负荷的货物和制品的水平平台装置。托盘现已广泛应用于生产、运输、仓储和流通等领域。托盘作为物流运作过程中重要的装卸、储存和运输设备,与叉车配套使用在现代物流中发挥着巨大的作用。根据形状,托盘可分为平托盘(见图2.3)、柱式托盘、箱式托盘(见图2.4)、轮式托盘、滑板托盘、特种托盘,其中最常用的是平托盘。根据材质,托盘可分为木质托盘、纸质托盘、塑料托盘、玻璃托盘、钢制托盘、复合材料托盘等。

图2.3　平托盘　　　　　　　　　　　　图2.4　箱式托盘

2. 货　架

货架是现代化仓库提高效率的重要工具,专门用于堆放企业货物。企业仓储库房所用到的货架种类越来越趋向于自动化、智能化。仓储货架主要有轻型仓储货架、中型仓储货架、重型仓储货架、阁楼货架等。另外还有一些新型货架,如横梁式货架(见图2.5)、装配式货架(见图2.6)、穿梭车货架、旋转式货架等。

图2.5　重型横梁式货架　　　　　　　　图2.6　装配式货架

3. 传送带

传送带是在仓库中用于传送货物的一种专用设备。传送带一般按有无牵引件来进行分类,可分为有牵引件的传送带设备和没有牵引件的传送带设备。

有牵引件的传送带设备种类繁多,主要有带式输送机(见图2.7)、板式输送机、小车式输送机、自动扶梯、自动人行道、刮板输送机、埋刮板输送机、斗式输送机、斗式提升机、悬挂输送机及架空索道等。

没有牵引件的传送带设备常见的有螺旋输送机(见图2.8)等。

图 2.7 带式输送机

图 2.8 螺旋输送机

4. 叉　车

叉车是指对成件托盘货物进行装卸、堆垛和短距离运输作业的各种轮式搬运车辆,广泛应用于港口、车站、机场、货场、工厂车间、仓库、流通中心和配送中心等,在船舱、车厢和集装箱内进行托盘货物的装卸、搬运作业,是托盘运输、集装箱运输中必不可少的设备。

叉车通常可以分为内燃叉车、电动叉车和仓储叉车三大类。其中,仓储叉车主要是为搬运货物而设计的叉车。除了少数仓储叉车(如手动托盘叉车)是采用人力驱动的,其他都是以电动机驱动的,因其车体紧凑、移动灵活、自重轻和环保性能好而在仓储业得到普遍应用。重式内燃叉车与前移式叉车分别见图 2.9 和图 2.10。

图 2.9 重式内燃叉车

图 2.10 前移式叉车

任务 2.3　装卸搬运系统

2.3.1　装卸搬运概述

装卸搬运是物流的重要活动,也是物流重要的中间环节,涉及货物的装上卸下、移送、拣选、分类等。装卸是指物品在指定地点以人力或机械装入或卸下运输设备。搬运是指在同一场所内,对物品进行移动的物流作业。装卸是改变"物"的存放、支撑状态的活动,主要指物体上下方向的移动。搬运是改变"物"的空间位置的活动,主要指物体横向或斜向的移动。通常装卸搬运是连续作业。

在装卸搬运作业过程中,根据物品的种类、性质、形状、重量的不同来确定不同的装卸作业方式。装卸机械设备有吊车、叉车、传送带和各种台车等。

2.3.2 装卸搬运的作业形式

装卸搬运的作业形式可按作业场所、作业方式、作业对象划分。

（1）按作业场所划分

① 车间装卸搬运：在车间内部工序间进行的各种装卸搬运活动。

② 站台装卸搬运：在企业车间或仓库外的站台上进行的各种装卸搬运活动。

③ 仓库装卸搬运：在仓库、堆场、物流中心等处的装卸搬运活动。

（2）按作业方式划分

① 吊装吊卸法（垂直装卸法）：使用各种起重机械，以改变货物的铅垂方向的位置为主要特征的方法，这种方法应用面最广。

② 滚装滚卸法（水平装卸法）：以改变货物水平方向的位置为主要特征的方法。

（3）按作业对象划分

① 单件作业法：对物品进行单件、逐件装卸搬运的方法。一般来说，长、大、重的货物、不宜集装的危险货物等宜采用单件作业法。

② 集装作业法：对货物先进行集装，再对集装件进行装卸搬运的方法。集装作业法一次装卸搬运量大，作业速度快，仅对集装体进行作业，因而货损、货差小。集装作业法的作业范围较广，一般货物都可进行集装。集装作业广泛应用于装卸搬运作业中。

2.3.3 电子商务环境下装卸搬运的常用设备

1. 吊　车

吊车是一种广泛用于港口、车间、电力、工地等地方的起吊搬运机械，是起重机械统一的统称。小型吊车见图2.11。

2. 搬运车

搬运车又叫托盘车，是用于搬运各种物品的物流设备。搬运车有手动搬运车、半电动搬运车、全电动搬运车、防爆手动液压搬运车等，常用于仓储大型物件的运输。搬运车见图2.12。

图 2.11　小型吊车

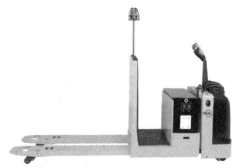

图 2.12　搬运车

3. 台　车

物流台车是指载货台车或笼车，是一种安装有四只脚轮的运送与储存物料的单元移动集装设备，常用于大型电商物流配送或工厂工序间的物流周转。物流台车见图2.13。

物流台车是物流业、生产业的搬运利器,可使生产线空间尽其运作。物流台车装卸十分省力,轮子通常设计为两只定向轮、两只方向轮,方便人工推行。物流台车机动性能高,折叠后节省空间,承载量较大。

4. 升降平台

升降平台是一种垂直运送物品的起重机械,也是一种常在工厂、自动仓库等物流系统中进行垂直输送的设备。升降平台除作为不同高度的货物输送外,也广泛应用于高空的安装、维修等作业。

升降平台可分为固定式和移动式。移动式升降平台有直臂式、曲臂式、剪叉式、桅柱式、套缸式。固定式升降平台有导轨式、链条式等,此外装卸平台、附着式电动施工平台也属于固定式。小型升降平台见图2.14。

图2.13 物流台车

图2.14 小型升降台

5. 叉 车

叉车在装卸、搬运过程中具有重要作用,能够提高工作效率。常用的叉车有手动叉车、电动叉车等。

任务2.4 包装系统

2.4.1 包装概述

包装是指在流通过程中为物品方便储运,选择相关材料进行保护的过程。

物流环节包装的功能有以下两个方面:

① 保护商品,免受日晒、雨淋、灰尘污染等自然因素的侵袭,防止挥发、渗漏、溶化、污染、碰撞、挤压、散失以及盗窃等损失;

② 给流通环节贮、运、调、销带来方便,如装卸、盘点、码垛、发货、收货、转运、销售计数等。

【知识链接】

商品包装

根据国家标准《包装通用术语》定义,商品包装是指在流通过程中保护商品,方便运输,促进销售,按一定的技术方法而采用的容器、材料及辅助等的总体名称,也指为了上述目的而在采用容器材料和辅助物的过程中施加一定技术方法的操作活动。

2.4.2 包装的分类

1. 按包装在流通过程中的作用分

① 单件包装。单件包装是最古老的、也是最普遍的包装形式,是零售中最小的单位。单件包装也称基本包装,是指与产品直接接触的包装。单件包装的主要功能是保护内装物及方便产品的使用,正确传达信息,提高商品的附加价值等。

② 中包装。所谓中包装,是指介于外包装(大包装)和内包装(小包装)之间的一种包装形态。中包装一般是为了运输或销售方便而进行的包装。中包装可以是独立销售的单位,如5连包的方便面、手帕纸巾等;也可以是仅为运输安全而非单独销售的单位,比较常见的是玻璃器皿、陶瓷器皿等。

③ 外包装。产品的外部包装,也称运输包装,在流通过程中主要起保护产品、方便运输的作用。

2. 按包装使用次数分

① 一次用包装。一次用包装指只能一次使用而不能够通过简单的回收清洁消毒的方式再次使用的包装。

② 多次用包装。多次用包装是指回收后经适当地加工整理,仍可重复使用的包装。多次用包装主要是商品的外包装和一部分中包装。

③ 周转包装。周转包装就是用周转箱对物件进行包装,用于周转、防盗、分类等的包装。

3. 按包装制品材料分

① 纸制品包装。纸制品包装是指以纸或纸板为原料制成的商品包装,包括纸箱、纸盒、纸袋、纸管等。纸质包装具有易加工、成本低、适于印刷、重量轻可折叠、无毒、无味、无污染等优点,但耐水性差,在潮湿时强度差。纸质包装材料可分为包装纸和纸板两大类。纸制品包装见图2.15。

② 塑料制品包装。塑料包装指以塑料为原材料制成的包装。塑料包装材料具有透明度好、重量轻、易成型、防水防潮性能好,可以保证包装物的卫生等优点。但是,塑料包装容易带静电、透气性能差、耐热性差、回收成本高、废弃物处理困难、对环境容易造成污染,有的塑料还含有毒助剂,应用时应该采取必要措施降低或避免其造成的伤害。塑料制品包装见图2.16。

③ 金属包装。金属包装是指用黑铁皮、白铁皮等钢材与钢板,以及铝箔、铝合金等制成的各种包装容器,如金属桶、金属盒等。金属包装牢固结实、耐碰撞、不破碎、能有效地保护内装物、密封性能优良、阻隔性好、不透气、防潮、耐光,适用于食品、饮料、药品、化学品等的包装。金属材料具有特殊的金属光泽,易于印刷装饰,便于对商品的外表进行装潢设计。但金属材料的化学稳定性差,易生锈,甚至少量的金属材料还有可能影响食品的质量。金属包装见

图 2.17。

图 2.15　纸制品包装

图 2.16　塑料制品包装

④ 竹制品包装。竹制品包装是近年来兴起的代替木材、纸、金属、塑料的新型材料包装。竹制品包装绿色环保、经济实用,是现代社会缓解资源紧缺不可替代的包装。竹制品包装见图 2.18。

图 2.17　金属包装

图 2.18　竹制品包装

⑤ 玻璃容器包装。玻璃容器包装是以玻璃为材料制作而成的包装容器。玻璃制品包装的优点是可以保证物品的卫生和安全,有多彩晶莹的视觉效果;缺点是易碎、抗压性差。玻璃容器包装见图 2.19。

⑥ 陶瓷容器包装。陶瓷容器包装是以陶瓷、陶器和瓷器为容器的包装。陶瓷容器略有透气性但又不渗漏,对食品起高阻隔作用。但陶瓷容器易碎、抗压性较差。陶瓷容器包装见图 2.20。

图 2.19　玻璃容器包装

图 2.20　陶瓷容器包装

4. 按包装功能分

① 运输包装。运输包装又称"外包装""大包装",是为保证商品数量、品质和便于运输、储存而进行的外层包装,主要有单件(运输)包装和集合(运输)包装两类。

② 贮藏包装。贮藏包装是为方便物品保管而采用的包装,如以防潮、保鲜为目的进行的物品包装。

③ 销售包装。销售包装是在产品包装上刊有商标及其产品形象的画面,是一种促销性质的装饰包装。企业生产的各种产品,在包装外形上采用相同的图案、近似的色彩、共同的特征;在包装设计上,通常采用鲜艳夺目的色彩、式样等。

绿色包装成为趋势

2.4.3 电子商务环境下常见包装标识

电子商务环境下常见的包装标识有怕雨、防晒、易碎物品、向上、由此夹起、堆码层数极限及其他标识,见图 2.21～图 2.27。

图 2.21 怕 雨

图 2.22 防 晒

图 2.23 易碎物品

图 2.24 向 上

图 2.25 由此夹起

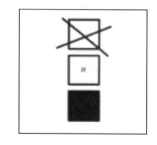

图 2.26 堆码层数极限

(a) 禁用手钩

(b) 禁止翻滚

(c) 怕辐射

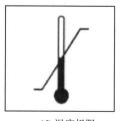

(d) 温度极限

图 2.27 其他标识

实训任务

搜寻常见包装标识,通过分享展示,深入了解常规包装标识。

任务 2.5　流通加工系统

2.5.1　流通加工概述

流通加工是为了提高物流速度和物品的利用率,在物品进入流通环节后,按客户的要求进行的加工活动,即在物品从生产者向消费者流动的过程中,为了促进销售、维护商品质量和提高物流效率,对物品进行的加工。

> 【知识链接】
>
> 流通加工
>
> 现代物流实用词典提出,流通加工是指物品在从生产地到使用的过程中,根据需要施加包装、分割、计量、分拣、刷标志、贴标准、组装等简单作业的总称。

2.5.2　流通加工在物流中的作用

1. 流通加工可提高物流现代化水平

流通加工对物流系统来说不是必需的,但其有自己独特的作用,它能起到物流其他功能要素无法覆盖的作用。流通加工可提高物流现代化水平,促进物流行业现代化、集约化、高端化发展。

2. 流通加工是物流的重要利润来源

流通加工是一种低投入、高产出的加工方式,往往以简单加工解决大问题。实践中,有的流通加工通过改变商品包装,使商品档次升级而充分提升价值。有的流通加工可将产品利用率大幅提高 30%,甚至更多。实际上,流通加工提供的利润并不低于从运输和保管中获得的利润,因此流通加工是物流业的重要利润来源。

3. 流通加工是重要的加工形式

流通加工在整个国民经济的组织和运行中是一种重要的加工形式,对完善国民经济的产业结构具有重要意义。

2.5.3　流通加工的分类

1. 为适应多样化需要的流通加工

生产部门快速、大批量生产的产品往往不能完全满足用户的要求。为了满足用户对产品多样化的需要,同时又要保证高效率、大批量生产,可将生产出来的单一化、标准化的产品进行多样化的改制加工。

2. 为方便消费、省力的流通加工

根据下游生产的需要将商品加工成生产直接可用的状态。例如,根据需要将钢材定尺、定型,按要求下料;将木材制成可直接投入使用的各种型材;将水泥制成混凝土拌合料,使用时只须稍加搅拌即可使用等。

3. 为保护产品所进行的流通加工

在物流过程中,为了保护商品的使用价值,延长商品在生产和使用期间的寿命,防止商品在运输、储存、装卸搬运、包装等过程中遭受损失,可以采取稳固、改装、保鲜、冷冻、涂油等加工方式。

4. 为弥补生产领域加工不足的流通加工

由于受到各种因素的限制,许多产品在生产领域的加工只能达到一定程度,而不能完全实现终极的加工。例如,木材如果在产地完成成材加工或制成木制品的话,就会给运输带来极大的困难,因此,在生产领域只能加工到圆木、板、方材这个程度,进一步的下料、切裁、处理等加工则由流通加工完成;钢铁厂只能按规格大规模的生产,以使产品有较强的通用性,从而使企业的生产率提高,并获得较好的效益。

5. 为促进销售的流通加工

流通加工也可以起促进销售的作用。比如,将过大包装或散装物分装成适合依次销售的小包装的分装加工;将以保护商品为主的运输包装改换成以促进销售为主的销售包装,以起到吸引消费者、促进销售的作用;将蔬菜、肉类洗净切块以满足消费者要求等。

6. 为提高加工效率的流通加工

许多生产企业的初级加工数量有限,加工效率不高。流通加工以集中加工的形式,解决了单个企业加工效率不高的问题,集中加工提高了生产水平。

7. 为提高物流效率、降低物流损失的流通加工

有些商品本身的形态使之难以进行物流操作,而且商品在运输、装卸搬运过程中极易受损,因此需要进行适当的流通加工加以弥补,从而使物流各环节易于操作,提高物流效率,降低物流损失。例如,造纸用的木材磨成木屑的流通加工,可以极大提高运输工具的装载效率;自行车在消费地区的装配加工可以提高运输效率,降低损失;石油气的液化加工,使难输送的气态物转变为容易输送的液态物,可以提高物流效率。

8. 为衔接不同运输方式、使物流更加合理的流通加工

在干线运输和支线运输的结点设置流通加工环节,可以有效解决大批量、低成本、长距离的干线运输与多品种、少批量、多批次的末端运输和集货运输的衔接问题。在流通加工点与大生产企业间形成大批量、定点运输的渠道,以流通加工中心为核心,组织对多个用户的配送,也可以在流通加工点将运输包装转换为销售包装,从而有效衔接不同目的的运输方式。例如,散装水泥中转仓库把散装水泥装袋,将大规模散装水泥转化为小规模散装水泥的流通加工,就衔接了水泥厂大批量运输和工地小批量装运的需要。

9. 生产-流通一体化的流通加工

依靠生产企业和流通企业的联合,生产企业涉足流通或者流通企业涉足生产,对生产与流通加工进行合理分工、合理规划、合理组织,统筹进行生产与流通加工的安排,就是生产-流通一体化的流通加工形式。这种形式可以促进产品结构及产业结构的调整,充分发挥企业集团的经济技术优势,是目前流通加工领域的新形式。

10. 为实施配送进行的流通加工

为实施配送进行的流通加工形式是配送中心为了实现配送活动,满足客户的需要而对物资进行的加工。例如,混凝土搅拌车可以根据客户的要求,把沙子、水泥、石子、水等各种不同材料按比例要求装入可旋转的罐中。在配送路途中,汽车一边行驶一边搅拌,到达施工现场后,混凝土已经搅拌均匀,可以直接投入使用。

任务 2.6 配送系统

2.6.1 配送概述

配送是"配"与"送"的有机结合。配送不宜在大范围内实施,通常仅局限在一个城市或地区范围内进行。配送是物流的末端环节,是商品到达消费者手中必不可少的一个环节,也是最后一个环节,意味着商品即将结束它的流通过程。配送对物流服务质量具有重要影响,配送系统是成品流向最终消费者的综合渠道。

2.6.2 配送业务模式

1. 商流、物流一体化的配送模式

商流、物流一体化的配送模式又称配销模式。在这种配送模式下,配送的主体通常是销售企业或生产企业,也可以是生产企业的专门物流机构。配送主体不仅参与物流过程,同时还参与商流过程,而且将配送作为其商流活动的一种营销手段和策略,即参与商品所有权的让渡和转移,在此基础上向客户提供高水平的配送服务。配送主体通过商品配送实现营销策略,目的是通过提供高水平的配送服务来促进商品销售和提高市场占有率。

商流、物流一体化的配送模式对于行为主体来说,由于其直接组织货源及商品销售,因而配送活动中能够形成资源优势,扩大业务范围和服务对象,同时也便于向客户提供特殊的物流服务,如配套供应物资等,从而满足客户的不同需求。可见,这种配送模式是一种能全面发挥专业流通企业功能的物流形式,但这种模式对于组织者的要求较高,需要大量资金和管理技术的支持,这给企业资源配置带来过重的压力,不利于实现物流配送活动的规模经营。

2. 商流、物流相分离的配送模式

在商流、物流相分离的配送模式下,配送的组织者不直接参与商品交易活动,即不参与商流过程,只是专门为客户提供货物的入库、保管、加工、分拣、运送等物流服务,其业务实质上属于"物流代理"。从组织形式上看,商流与物流活动是分离的,分属于不同的行为主体。在我国的物流实践中,这类模式多存在于由传统的储运企业发展起来的物流企业,其业务是在传统的仓储与运输业务基础上增加了配送服务功能,其宗旨是为市场提供全面的物流保证。在国外,发达国家的运输业配送中心、仓储业配送中心和物流服务中心所开展的配送活动均属于这类配送模式。

商流、物流相分离配送模式的优点是配送企业的业务活动单一,有利于专业化的形成,提高了物流服务水平;占用资金相对较少,易于扩大服务范围和经营规模;只提供物流代理服务,企业收益主要来自服务费,经营风险较小。

商流、物流相分离配送模式的主要缺点是配送机构不直接掌握货源,货物调度和调节能力较差;对客户的依赖性强,容易随销售不畅导致自身配送规模下降,经营的主动性差。

任务 2.7 物流信息系统

2.7.1 物流信息的概念及分类

物流信息是反映物流各种活动内容的知识、资料、图像、数据、文件的总称。物流信息按不同标准分类不同。

1. 按功能分类

根据信息产生和作用所涉及的不同功能领域,物流信息可分为仓储信息、运输信息、加工信息、包装信息、装卸信息等,对于某个功能领域还可以进一步细化分类,例如仓储信息分成入库信息、出库信息、库存信息、搬运信息等。

2. 按环节分类

根据信息产生和作用的环节,物流信息可分为输入物流活动的信息和物流活动产生的信息。

3. 按作用层次分类

根据信息作用的层次,物流信息可分为基础信息、作业信息、协调控制信息和决策支持信息。

(1) 基础信息

基础信息是物流活动的基础,是最初的信息源,如物品基本信息、货位基本信息等。

(2) 作业信息

作业信息是物流作业过程中发生的信息,信息的波动性大,具有动态性,如库存信息、到货信息等。

(3) 协调控制信息

协调控制信息主要是指物流活动的调度信息和计划信息。

(4) 决策支持信息

决策支持信息是指对物流计划、决策、战略具有影响的统计信息和宏观信息,如科技、产品、法律等方面的信息。

4. 按加工程度分类

根据加工程度,物流信息可以分为原始信息和加工信息。

(1) 原始信息

原始信息是指未加工的信息,是信息工作的基础,也是最有权威性的凭证性信息。

(2) 加工信息

加工信息是对原始信息进行各种方式和各个层次处理后的信息,这种信息是原始信息的提炼、简化和综合,可利用各种分析工具在海量数据中发现潜在的、有用的信息和知识。

物流信息管理是对物流信息进行采集、处理、分析、应用、存储和传播的过程,也是将物流信息从分散到集中、从无序到有序的过程。

2.7.2 电子商务环境下物流信息的要求

电子商务环境下物流信息有以下几点要求。

1. 可得性

需要保证大量分散、动态的物流信息在需要的时候能够容易获得,并且以数字化的适当形式加以表现。

2. 及时性

随着社会化大生产的发展和面向客户的市场策略变化,社会对物流服务的及时性要求也更加强烈。物流服务的快速、及时又要求物流信息必须及时提供、快速反馈。及时的信息可以减少不确定性,增加决策的客观性和准确性。

3. 准确性

物流信息中不准确的信息带来的决策风险有时比没有信息支撑的拍脑袋决策更大。

4. 集成性

物流信息的基本特点就是信息量大,每个环节都需要信息输入,并产生新的信息进入下一环节。所涉及的信息需要集成,并使其产生互动,实现资源共享、减少重复操作、减少差错,从而使得信息更加准确和全面。

5. 适应性

适应性包含两个方面的内容:①适应不同的使用环境、对象和方法;②能够描述突发或非正常情况的事件,如运输途中的事故、货损、出库货物的异常变更、退货,临时订单补充等。

6. 易用性

信息的表示要明确、容易理解和方便应用,针对不同的需求和应用要有不同的表示方式。

在物流信息管理过程中,需要应用各种物流信息技术。物流信息技术需要解决信息采集问题,实现信息传递和共享,统一信息标准,提高效率和降低成本;还需要解决系统建模、信息分析处理问题,通过流程优化、日常决策优化,实现物流信息化带来的高效益。

实训任务

调查快递行业常用的物流信息技术有哪些?了解物流信息技术之间如何配合使用?

课后练习

一、思考题

1. 物流系统的内涵是什么?
2. 物流系统包含哪些内容?
3. 物流系统各环节之间有怎样的关系?

二、实训任务题

选择一家大型企业为调查对象,了解物流部门岗位设置情况,画出该企业物流部门的组织结构图。

三、案例分析题

成都打造"蓉欧+"枢纽经济中心

成都是陆港型国家物流枢纽承载城市之一,已建成铁路场站、铁路口岸、多式联运海关监管中心、保税物流中心(B型)、集装箱物流、公路港、分拨配送、冷链物流、电商物流、大宗物资仓配交易基地、综合服务等基础设施。

国际铁路第一港打造多式联运的立体成都港,畅联国内25个枢纽城市。形成西南区域集散中心,辐射西部广阔的经济腹地和消费市场。

物流模式业态方面,"蓉欧＋网络"战略下形成铁路直达和铁海联运两大主要物流模式。铁路直达运输依托马拉舍维奇、托木斯克和阿拉木图3个一级节点,开通3条铁路直达班列干线,由成都国际班列或与国外公共班列共同完成。铁海联运依托瓜达尔港、新加坡港、巴生港、河内港4个一级节点,开通4条铁海联运通道,由国内干线运输班列和相关战略合作企业共同完成。

枢纽经济方面,成都将依托枢纽的核心业务,带动城市相关产业发展,主要有三种模式:横向枢纽布局驱动产业布局变动;纵向枢纽服务推动产业组织联动;枢纽要素与产业形态融合创新催生新技术、新模式产生新经济。

资料来源:成都市发展和改革委员会网站

思　考:
1. 什么是陆港型国家枢纽城市?
2. 成都建立陆港型国家枢纽城市对物流业发展有何影响?

项目 3　电子商务物流模式

☞ 学习目标

通过本项目的学习,应熟悉并掌握以下基本知识:自营物流、第三方物流、物流联盟、第四方物流的含义,不同电子商务背景下物流模式的比较选择,电子商务物流模式的特点和优劣势。

☞ 重点和难点

自营物流、第三方物流、物流联盟的含义,电子商务环境下物流模式的比较选择。

☞ 导入案例

【案例 3.1】

菜鸟公司

杭州菜鸟物流信息科技有限公司是菜鸟网络科技有限公司实际控制的公司,成立于 2015 年 6 月,以下简称"菜鸟公司"。

菜鸟公司是基于互联网思考、基于互联网技术、基于对未来判断而建立的创新型互联网科技企业。它致力于提供物流企业、电商企业无法实现,但是未来社会化物流体系必定需要的服务,即在现有物流业状态的基础上,建立一个开放、共享、社会化的物流基础设施平台,在未来中国任何一个地区可实现 24 小时内送货必达。

菜鸟公司分三期建设,首期投资人民币 1 000 亿元,打造遍布全国的开放式、社会化物流基础设施,建立一张能支撑日均 300 亿(年度约 10 万亿)网络零售额的"中国智能骨干网",帮助所有的企业货达天下,同时支持 1 000 万家新型企业发展,创造 1 000 万就业岗位。

由菜鸟公司搭建的"中国智能骨干网",将通过自建、共建、合作、改造等多种模式,在全国范围内形成一套开放、共享的社会化仓储设施网络。同时,利用先进的互联网技术,建立开放、透明、共享的数据应用平台,为电子商务企业、物流公司、仓储企业、第三方物流服务商、供应链服务商等各类企业和消费者提供优质服务。

"中国智能骨干网"不仅是电子商务的基础设施,更是中国未来商业的基础设施。"中国智能骨干网"将应用物联网、云计算、网络金融等新技术,为各类 B2B、B2C 和 C2C 企业提供开放的服务平台,并联合网上信用体系、网上支付体系共同打造中国未来商业的三大基础设施。

物流一直被认为是电子商务"三流"(信息流、资金流、物流)最难攻克的障碍。2012 年,中国网络零售市场交易规模达 13 205 亿元,同比增长 64.7%,按此速度增长,在可预见的几年内网络零售交易额将触及 10 万亿节点。高速发展的电子商务所代表的中国新经济,急须构建规模更大、效率更高、网络更完善、服务更优质的社会化物流基础设施平台。

秉承和发扬开放、透明的互联网文化,菜鸟公司将通过开放的平台,与合作伙伴建立共赢的体系,服务整个电商生态圈内的所有企业,支持物流行业向高附加值领域发展和升级,最终促使建立社会化资源高效协同机制,提升中国社会化物流服务品质。

资料来源:菜鸟网络

【案例思考】
1. 菜鸟公司的优势体现在哪些方面?
2. 菜鸟公司属于何种物流运作模式?

任务3.1 电子商务物流模式

电子商务物流模式是指电子商务企业从一定的物流管理理念出发,以市场为导向、以满足顾客要求为宗旨,获取系统总效益最优化的、适应现代社会经济发展的模式。在电子商务环境下,物流主要有四种模式,即自营物流、第三方物流、物流联盟和第四方物流。

3.1.1 自营物流

1. 自营物流概述

(1) 自营物流的概念

由于目前国内物流水平不能满足电子商务的要求,部分电子商务营运商选择自营物流。自营物流是指电子商务企业为了满足自身物流业务的需要,自建物流系统,包括企业自己投资购建物流设施设备、配置物流作业人员,自主组织和管理企业的整个物流运作过程。如果企业的顾客服务需求标准高且物流成本占总成本的比重较大,而企业自身的物流管理能力较强时,企业一般不应采用外购物流,而应采用自营方式。

企业自建物流系统的核心是建立集物流、商流、信息流于一体的现代化新型物流配送中心,电子商务企业在自建物流配送中心时,应广泛应用条码技术、数据库技术、电子订货系统、电子数据交换、快速反应及有效的客户响应等物流信息技术和先进的物流自动化设施,以使物流配送中心能够满足电子商务对物流配送提出的要求。

目前我国采取自营物流模式的电子商务企业主要有以下两类。

第一类是资金实力雄厚、业务规模较大的大型企业集团经营运作的电子商务公司,作为国内电子商务的领头羊京东商城就是此类电子商务公司的典型代表。这类电子商务公司凭借其庞大的连锁分销渠道和零售网络,利用电子商务技术构建自身的物流体系,进行物流配送服务;自行建立适应自身业务需要的畅通、高效的物流系统,并可向其他物流服务需求方(如其他的电子商务公司)提供第三方综合物流服务,以充分利用其物流资源,实现规模效益。

第二类是传统的大型制造企业或批发企业经营的B2B电子商务网站,由于其自身在长期的传统商务中已经建立起初具规模的营销网络和物流配送体系,因此在开展电子商务时只须将其加以改进、完善,即可满足电子商务条件下对物流配送的要求。海尔集团的自建物流配送系统就是这类模式的典型应用。

(2) 自营物流的特点

自营物流模式的特点是电子商务企业拥有自己的物流运行和管理机构,可以根据自身情况在高层战略、中层战术和低层物流运作层面制定适合本企业发展的物流设计方案、运作计划和策略。电子商务企业凭借自己雄厚的物流实力可以建立一系列所需的设施设备,如仓库、配送车辆、物流设备等。由于是本企业所有,因此不仅使用方便,无须承担押金,面临的风险也较小。

2. 自营物流的优势与劣势分析

（1）优势分析

① 企业拥有对物流系统运作过程的有效控制权。自营物流的企业，根据掌握的资料可以有效地控制物流活动的各个环节，对供应链有较强的控制能力，容易与其他业务环节密切配合。企业能够及时迅速获得供应商、销售商以及最终顾客的第一手信息，合理地规划管理流程，并能以较快的速度、较高的质量解决物流活动管理过程中出现的任何问题，使物流与资金流、信息流、商流结合得更加紧密，从而大大提高物流作业乃至全方位的工作效率。

② 降低交易成本。如果企业选择物流外包，会由于信息的不对称性，企业无法完全掌握物流供应商完整、真实的资料。而企业通过内部行政权力控制原材料的采购和产成品的销售，可不必就相关的运输、仓储、配送和售后服务的佣金问题进行谈判，避免多次交易花费以及交易结果的不确定性，降低交易风险，减少交易费用。

③ 提高企业品牌价值。企业自建物流系统，可以自主控制企业营销活动。一方面可以为顾客提供更好的服务，使顾客以最近的距离了解企业、熟悉产品，提高企业在顾客群体中的亲和力，提升企业形象；另一方面，企业可以掌握最新的、最真实的客户信息和市场动向，并根据客户需求和市场发展动向制定和调整战略，提高企业的市场竞争力。

④ 避免企业机密外泄。如果企业自建物流系统，可以有效地防止因引入第三方物流企业，而将企业经营中的商业秘密泄露给竞争对手，削弱企业的市场竞争力。

（2）劣势分析

① 增加了企业投资负担，削弱了企业抵御市场风险的能力。企业采用自营物流，需要投入大量的资金用于物流设施设备及相关的人力资本，这肯定会减少企业对其他重要环节的投入，从而削弱企业的市场竞争力。只有在建成并形成规模后，才能真正降低投资成本，否则就会因规模不当造成损失。

② 需要很强的物流信息化平台的开发建设能力。现代物流运作需要物流信息化平台作支撑，如果企业不具备物流信息化平台的开发能力，即使建立起平台，也会因能力有限，很难满足其设想的功能要求。

③ 需要专业的物流管理人才。企业自营物流，不仅需要在物流硬件上大量投入，还需要引进物流人才来管理企业的各项物流活动。目前我国的物流人才培养严重滞后，导致了我国物流人才的严重短缺，企业内部从事物流管理人员的综合素质也不高，面对复杂多样的物流问题，经常是凭借经验或者是主观的考虑来解决，因此，物流人才短缺是企业自营物流一大急待解决的问题。

④ 企业物流配送效率低下，管理难以控制。对于绝大多数企业来说，物流部门只是企业的一个后勤部门，物流活动也并非企业所擅长。这种情况下，企业自营物流就等于迫使企业从事不擅长的业务活动，企业的管理人员往往需要花费很多的时间、精力和资源去从事辅助性的工作，容易造成辅助性的工作没有抓起来，关键性工作也无法发挥出核心作用的后果。

3.1.2 第三方物流

1. 第三方物流的含义

第三方物流（Third Party Logistics，TPL）是20世纪80年代中期美国学者提出的，我国

20世纪90年代才引进第三方物流的概念。第三方就是提供物流交易双方的部分或全部物流功能的外部服务提供者。目前对于第三方物流的概念还没有标准定义,综合不同学者的认识,可以归纳为以下几种。

① 第三方物流就是合同物流或契约物流,由第三方物流提供者在特定时间段内向使用者提供个性化的系列物流服务,强调合作的长期性和战略关系。

② 第三方物流是第三方提供全部物流业务服务的活动,即通常所说的一站式、一体化的综合物流服务,强调第三方物流提供的是全过程的物流服务。

③ 第三方物流是指由物流劳务的供方、需方之外的第三方去完成物流服务的物流运作方式,强调第三方物流的提供者。

【知识链接】

第三方物流的定义

我国国家标准《物流术语》(GB/T18354—2001)中对第三方物流的定义是由供方与需方以外的物流企业提供物流服务的业务模式。新修订的国家标准将第三方物流定义为接受客户委托,为其提供专项或全面的物流系统设计以及系统运营的物流服务模式。在美国的有关著作中,第三方物流的定义是非货主企业通过合同的方式确定回报,承担货主企业全部或一部分物流活动。其所提供的服务包括与运营相关的服务、与管理相关的服务以及两者都有的服务,无论哪种形态的服务都必须高于过去公共运输业者和契约运输业者所提供的服务。日本对第三方物流的理解是除供方和需方以外,不拥有商品所有权的业者为第三方,向货主企业提供物流系统,为货主企业全方位代理物流业务,即物流的外部委托方式。它强调的是全系统、全方位代理。

综上,第三方物流是第三方物流提供者在特定时间段内按照特定的价格向使用者提供的个性化的系列物流服务。在第三方物流运作模式中,企业以签订外包协议或合同的形式,将与物流有关的活动外包给第三方物流公司,由专业化的物流公司对所有物流活动进行全权负责并实施。企业与第三方物流之间通常会建立战略合作伙伴关系,以实现双方共赢为目标。第三方物流企业在提供"低成本、高质量"物流服务的同时,还能够对多变的市场做出各种敏捷反应。

第三方物流的含义有广义和狭义之分。广义的第三方物流是相对于自营物流而言的,凡是由社会化的专业物流企业按照货主的要求所从事的物流活动,都可以包含在第三方物流范围之内。至于第三方物流从事的是哪一个阶段的物流,物流服务的深度和服务的水平,均与货主的要求密切相关。狭义的第三方物流主要是指能够提供现代的、系统的物流服务的第三方的物流活动,其具体标志如下:

① 有提供现代化的、系统物流服务的企业素质。

② 可以向货主提供包括供应链物流在内的全程物流服务和特定的、定制化服务的物流活动。

③ 不是货主与物流服务商偶然的、一次性的物流服务购销活动,而是委托承包形式的业务外包的长期物流活动。

④ 不是向货主提供的一般性物流服务,而是提供增值物流服务的现代化物流活动。

2. 第三方物流的特点

相较于其他服务,第三方物流服务的特点非常明显,具体表现在信息网络化、功能专业化、服务个性化、关系合同化及经营规模化。

(1) 信息网络化

第三方物流是建立在现代电子信息技术基础上的。信息技术的发展是第三方物流出现的必要条件,信息技术实现了数据的快速、准确传递,提高了仓储管理、装卸运输、采购订货、配送发运、订单处理的自动化水平,使订货、保管、运输、流通加工实现一体化。企业可以更方便地使用信息技术与物流企业进行交流和协作,企业间的协调和合作有可能在短时间内迅速完成。同时,计算机软件的飞速发展,使混杂在其他业务中的物流活动的成本能被精确计算出来,还能有效管理物流渠道中的商流,这使得企业有可能把原来在内部完成的作业交由物流公司运作。

(2) 功能专业化

第三方物流的核心竞争能力除了信息优势就是物流领域的专业化运作优势。第三方物流公司是一种专业化物流服务组织,它熟悉市场运作,具有先进的物流信息手段,又有专业人才。专业化的物流运作不但可以提高物流效率,降低物流成本,大幅度提高经济效益,而且有利于提高物流服务质量,满足客户企业的需求。面对客户业务流程的不同,第三方物流供应商能够根据客户业务流程提供量身定做的物流服务。对于专门从事物流服务的第三方物流企业,其物流设计、物流操作过程、物流管理都应该是专业化的,物流设备和设施都应该是标准化的。

(3) 服务个性化

不同的物流消费者要求提供不同的物流服务,第三方物流企业需要根据消费者在企业文化形象、业务流程、运输产品特征、顾客需求特征、竞争合作需要等方面的要求,提供针对性强的个性化服务和增值服务。

从事第三方物流的物流企业也因为市场竞争、物流资源、物流能力的影响需要形成自己的真正的核心业务,不断强化所提供物流服务的个性化和特色化,以增强物流市场竞争能力,扩大企业的影响力,增加企业物流市场份额,将企业国际化,与国际物流市场接轨。

(4) 关系合同化

第三方物流是以合同为导向的物流,所以又称合同物流或契约物流,是通过合同的形式来规范物流经营者和物流消费者之间的关系的。物流经营者根据合同的要求,提供多功能甚至全方位一体化的物流服务,并以合同的条款来管理所有提供的物流服务活动及其运作过程。

第三方发展企业物流联盟也是通过合同的形式来明确各物流联盟参与者之间责、权、利的相互关系的。

(5) 经营规模化

第三方物流企业最基本的特征是集多家企业的物流业务于一身。物流业务的规模化可以使企业的物流资源被充分利用,发挥最大的经济效益。第三方物流企业可以通过采用专用设施和设备来提高工作效率,也可以采用先进的管理方式和运作模式与全国甚至国际物流接轨从而获取超额利润。规模效益是第三方物流企业一个最重要的效益源泉,这也是第一方或第二方物流的不足之处。

3. 第三方物流服务内容

第三方物流所提供的服务内容范围很广,它可以简单到只是帮助客户安排一批货物的运输,也可以复杂到设计、实施和运作一个公司的整个分销和物流系统。第三方物流服务可分为常规服务和增值服务两类。

(1) 常规服务

常规服务就是提供物流的几大基本功能要素,即提供仓储、运输、装卸搬运、包装、配送等服务,常规服务提供了空间、时间效用以及品种调剂效用。

(2) 增值服务

增值服务是根据客户的需要,为客户提供的超出常规的服务,或者是采用超出常规的服务方法提供的服务。增值服务可分为两部分,一是在仓储、运输等常规服务的基础上延伸出来的增值服务,如仓储的延伸服务有原料质检、库存查询、流通加工等,运输的延伸服务包括选择运输方式和运输路线、安排货运计划、为客户选择承运人、确定配载方法、运输中跟踪监控等;二是实现一体化物流和供应链集成的增值服务,如进行物流系统诊断与优化、物流系统的规划与设计、物流咨询与教育培训等。

第三方物流根据合同条款规定的要求提供多功能甚至全方位一体化的物流服务。完整的第三方物流解决方案包括以下几点内容。

① 物流企业为工商企业设计全盘物流方案。包括涵盖企业生产和销售组织构架在内的管理框架设计,产品生产和销售的流程及控制设计,生产和销售的衔接与配合,生产计划和销售的预测展望及计划的制定,物流的协同定位等。

② 企业生产基地和仓库的选址。包括各分生产基地、组装基地、配件基地,以及原材料仓库、产成品仓库、分销仓库等的选址,建设规模、设施装备和技术支持手段的确定等。

③ 原材料的采购和产成品的包装。包括原材料采购计划(时间、数量和规模)和实施方案的制定与执行,产成品的集成包装和拆分包装等。

④ 运输服务。指所有与原材料采购、产成品生产、销售有关的各种方式的干线运输、联合运输、分包运输和配送运输等。

⑤ 仓库管理服务。包括原材料和产成品在收纳地、生产地以及各分销中转、仓库的入库管理、出库管理、收货和发货管理、货品保管、货品移动、货物调整、货物控制、货物盘点等服务活动,也包括与仓库管理服务直接相关的货物保质期管理、废弃物回收的在库管理等。

⑥ 物流中心的配送服务。包括由原材料收纳地和产成品的生产地到各加工地或分销地的运送服务,由各分销中心至分销商的配送服务,以及由各分销中心或分销商到终端客户的配送服务;也包括独立的货物分拣中转中心、处理中心等由干线到支线或终端客户的配送服务等。

⑦ 搬运装卸服务。指与上述所有物流活动相关的、货物在不同位置发生的、由机械或人工完成的货物装、卸、短距离搬运或移动,包括但不限于装卸车作业、吊装作业、货物空间位置的短距离移动等。

⑧ 分包和集成服务。指原材料和产成品经常发生的、由零集整或由整化零的集成或分包服务,也包括在各物流环节可能发生的为方便装卸、储存需要而进行的分包或集成作业等。

⑨ 废弃物的回收物流服务。任何企业的物流运作都不可避免要发生退货物品、损坏品的回收、废弃物及包装物的回收,这些也由第三方物流完成。

4. 第三方物流企业类型

从第三方物流的内涵出发,可以从不同角度认识第三方物流的外延,因此,第三方物流企业也可以根据不同的分类标准划分不同的种类。

(1) 按照拥有的资产和管理特征分类

① 资产型第三方物流企业。资产型第三方物流企业可分为实物资产型第三方物流企业和信息资产型第三方物流企业两种。实物资产型物流企业是指物流供应商拥有从事专业物流活动或约定物流活动的装备、设施、运营机构、人才等生产条件，并且以此作为自身的核心竞争力的物流企业。信息资产型第三方物流企业是指物流供应商不拥有实物资产或租赁实物资产，而以人才、信息及先进的物流管理系统作为向客户提供服务的手段，并以此作为自身的核心竞争力的物流企业。信息资产型第三方物流企业的最大优势是，由于不拥有庞大的实物资产，可以通过有效地运用虚拟库存等手段，实现较低的成本。但是其资信度较实物资产型第三方物流企业低。

② 管理型第三方物流企业。管理型第三方物流企业不把拥有实物资产作为向客户服务的手段，而是以本身的管理、信息、人才等优势作为第三方物流企业的核心竞争力。这种类型的第三方物流企业，不是没有资产，而是主要拥有信息类资产。管理型第三方物流企业主要利用其高效的管理和组织能力及先进的网络信息技术，灵活运用社会的设施、装备等资源向客户提供优质服务。

③ 优化型第三方物流企业。优化型第三方物流企业完全拥有管理型第三方物流企业在信息、组织、管理上的优势，同时建有必要的物流设施设备系统，而不是全面建设这种系统。因此，优化型第三方物流企业是资产型和管理型第三方物流企业的综合体，具有资产型和管理型两种第三方物流企业的优点，而且避免了投资过大、系统灵活不足的缺点。

(2) 按照完成的物流业务范围大小和承担物流功能分类

① 功能性第三方物流企业。功能性第三方物流企业又称单一物流企业，即仅仅承担和完成某一项或几项物流功能。按照其从事物流功能可进一步划分为运输企业、仓储企业、流通加工企业等。这类企业处于实施供应链基本功能的层次上，通过确定和安排某种物流职能或环节的最佳实现方式来帮助货主企业增加价值。

② 综合性第三方物流企业。综合性第三方物流企业是指规模较大、资金雄厚，并且具有良好的物流服务信誉，能够完成或承担多项甚至所有物流功能的第三方物流企业。这类企业处于供应链第三方化的最高层次上，可与货主企业的整个供应链完全集成在一起，为货主企业设计、协调和实施供应链策略，通过提供增值服务来帮助客户更好地强化核心能力，进而降低整条供应链的运作成本。

(3) 按照物流企业是自行完成和承担物流业务还是委托他人操作分类

① 自理型第三方物流企业。自理型第三方物流企业是指拥有完备的物流配送、仓库加工、装卸运输设施、设备，能自行完成和承担物流业务的第三方物流企业。这类企业覆盖了第三方物流整个产业链，综合竞争力最强。

② 非自理型第三方物流企业。非自理型第三方物流企业是指不拥有完备的物流设施或设备，只能承担部分物流职能或需要把无法承担的物流职能再度外包给其他企业的第三方物流企业。这类企业只是第三方物流产业链中的一个环节，虽然竞争力较弱，但往往具有一定的特长与特色。多数第三方物流企业属于这种类型。

5. 按照商品所有权的性质分类

按对所处理的商品是否拥有所有权第三方物流企业可分为两类。第一类是经营性质的第三方物流，其拥有商品的所有权，承担商品经营风险，赚取经营利润和物流佣金；第二类是代理性质的第三方物流，它不拥有商品的所有权，只赚取物流服务佣金。

6. 第三方物流的优势和劣势分析

(1) 优势分析

① 企业集中精力于核心业务。任何企业的资源都是有限的,很难在各种业务上面面俱到,电子商务运营商应将其有限的人力、物力、财力等资源集中于核心业务,集中精力做好自己的核心业务,把物流等辅助功能外包给第三方物流服务商。这样双方都是在自己熟悉的业务范围内工作,实现了资源的优化配置,可更好地提高工作效率、降低成本、增加企业收益。

② 减少企业固定资产投资,加速资本周转。企业自营物流需要投入大量的资金用于物流基础设施、设备及信息系统的建设,这些建设对于缺乏资金的企业特别是中小企业是个沉重的负担。如果企业采用第三方物流,就不用投入大量资金购买物流设施设备,从而减少了资金占用,加速了资金周转。

③ 节省费用,减少库存。专业的第三方物流提供者利用规模生产的专业优势和成本优势,通过提高各环节能力的利用率实现费用节省,使企业能从分离费用结构中获益。第三方物流提供者借助精心策划的物流计划和适时运送手段,最大限度地减少库存,解决了企业多种原料和产品库存无限增长的问题,改善了企业的现金流量。

④ 提升企业形象。第三方物流提供者是物流专家,它们利用完备的设施和训练有素的员工对整个供应链进行控制,减少了物流的复杂性;它们通过遍布全球的运送网络和服务提供者大大缩短了交货期,帮助顾客改进服务,并且树立了自己的品牌形象。第三方物流企业通过"量体裁衣"式的设计,制订出以顾客为导向的低成本、高效率的物流方案,为顾客在同行竞争中取胜创造了有利条件。

(2) 劣势分析

① 企业对物流的控制能力降低。电子商务运营商将物流业务外包给第三方物流企业后,就不能像自营物流那样对物流各环节的活动自如地控制,第三方物流提供者介入企业的物流环节,成为企业的物流管理者,使得企业自身对物流的控制力减小,物流的服务质量与效率得不到完全的控制和保障,甚至可能会出现物流管理失控的风险。

② 减少了企业利润。电子商务运营商把物流业务外包给第三方物流企业,相当于把"第三利润源"让给了第三方物流企业,减少了自己的利润。

③ 降低了企业的服务水平。电子商务运营商选择物流外包,就不能直接控制和掌握物流职能,不能保证供货的准时性,从而降低了企业的物流服务水平。

④ 存在企业机密泄露的风险。第三方物流服务商从采购渠道到市场策略,从经营状况到客户服务策略等,都可能得到企业内部相关信息,所以存在企业核心机密被泄露的风险。

⑤ 存在客户关系管理的风险。外包物流不能保证顾客服务的质量和维护与顾客的长期关系。产品配送和售后服务,甚至顾客信息资料都是由第三方物流服务商直接接触和管理的,企业同顾客直接的关系可能会被削弱,造成第三方物流服务商通过与顾客的直接接触提升了他们在顾客心目中的整体形象从而取代了企业的地位。

【案例3.2】

菜鸟下乡服务

新疆伊宁菜鸟乡村共配中心拥有200个格口的自动化分拣系统高速运转,快递车辆运来的数万件快递共同进入同一条分拣线,通过"混拣",快速精准地落入对应的格口当中。

菜鸟已经在新疆完成3个共配中心的自动化改造,如果把视线放至全国,菜鸟在下沉网点的分拨自动化改造已服务全国25个省份的150余个区县。通过自动化改造,菜鸟乡村共配网点平均每小时可提升产能40%。

作为乡村振兴的基础设施,乡村快递发展迅猛。国家邮政局数据显示,每天全国的快件量达3亿件,其中有1亿包裹是到农村的,这为巩固脱贫成果和实施乡村振兴战略提供了有力支撑。菜鸟已经构建起一张县乡村三级物流网络,支持日均千万级规模的县域单量,科技下乡为提升进村物流效率、降低进村物流成本等提供了切实可行的解决方案。

山东曹县是全国知名的"电商重镇",素有"北上广曹"之称。菜鸟在曹县的乡村共配中心设计日产能27 000个包裹,自动化分拣线拥有308个格口,日常情况下,每天只须运行4个小时,就能完成全天的包裹分拣任务。

除了效率提升,包裹处理的场地、流水线集中统一之后,"多仓多线"变成了"一仓一线",卸货、入库、分拣业务实现集约化管理,场地的利用只需原先的三分之一,许多原来一万多平米的仓库,如今只需用到两三千平米,实现了大幅度降本。

考虑到未来几年快递进村的强劲势头,菜鸟自动化分拣系统在设计时,充分预测了五年内"双11"大促可能面临的最大处理量,至少要保证五年没有问题。菜鸟在中国广大县域及农村地区在不断完善快递物流服务体系。同时,菜鸟物流科技在广大乡村的不断普及,也让这些地区能够享受到科技进步带来的便利。

资料来源:新浪财经网

【案例思考】

1. 菜鸟是如何提供下乡服务的?
2. 菜鸟下乡服务的意义是什么?

3.1.3 物流联盟

1. 物流联盟的概念及特点

物流联盟是指为了达到比单独从事物流活动更好的效果,在物流方面通过签订合同形成优势互补、要素双向或多向流动、相互信任、共担风险、共享收益的物流伙伴关系。和其他物流模式相比,物流联盟模式一般具有相互依赖、动态性、分工明确、强调合作等特点。

(1) 相互依赖

一般来说,组成物流联盟的企业之间具有很强的依赖性,这种依赖来源于社会分工和核心业务的回归。

(2) 动态性

联盟是动态的,只要合同结束,双方又变成追求自身利益最大化的单独个体。

(3) 分工明确

物流联盟的各个组成企业明确自身在整个物流联盟中的优势及担当的角色,内部的对抗和冲突减少,分工明晰,使供应商把注意力集中在提供客户指定的服务上。

(4) 强调合作

既然是联盟,当然要强调合作。目前许多不同地区的物流企业正在通过联盟共同为电子商务客户服务,实现跨地区的配送,满足电子商务企业全方位的物流服务需要。对于电子商务企业来说,通过物流联盟可以降低成本、减少投资、控制风险,提高企业竞争能力。

2. 物流联盟的类型

根据物流联盟建立的方式不同，物流联盟主要有纵向物流联盟、横向物流联盟、混合型物流联盟、以项目为管理的联盟和基于 Web 的动态联盟等类型。

(1) 纵向物流联盟

纵向物流联盟是基于供应链一体化管理的基础形成的，是指处于物流活动不同作业环节的企业之间通过相互协调形成的合作性、共同化的物流管理系统。纵向联盟能够按照最终客户的要求为其提供最大价值的同时，也使联盟总利润最大化。但这种联盟一般不太稳固，主要是在整个供应链上不可能每个环节都能同时达到利益最大化，因此打击了一些企业的积极性，导致它们有随时退出联盟的可能。目前在不同物流作业环节下，具有比较优势的各物流企业之间进行合作和形成供应链战略联盟两种纵向物流联盟方式值得我国借鉴。

(2) 横向物流联盟

横向物流联盟是指服务范围相同的物流企业之间达成的协调、统一运营的物流管理系统。如对具有专线运输优势的中小型民营物流企业而言，可以通过自发地整合、资产重组、资源共享，依靠自身优势，在短时间内形成合力和核心竞争力，而且自己研发信息系统，使企业在物流领域实现质的突破，形成一个完善的物流网络体系。此外，由处于平行位置的几个物流企业结成联盟也是横向联盟的一种形式。组建横向一体化物流联盟能使分散的物流产业获得规模经济和集约化运作，从而降低成本和风险。但是这种联盟也有不足的地方，如必须要有大量的商业企业加盟，并有大量的商品存在，才可发挥它的整合作用和集约化的处理优势，此外，这些商品的配送方式的集成化和标准化也不是一个容易解决的问题。

(3) 混合型物流联盟

混合型物流联盟由既有处于平行位置的物流企业，也有处于上下游位置的中小企业加盟组成，它们的核心是第三方物流机构。由于联盟中的中小企业存在相似的物流需求，可将自身的物流业务外包给第三方物流机构，共同采购、共同配送，形成相互信任、共担风险、共享收益的集约化物流伙伴关系，使社会分散的物流获得规模经济，提高物流效益。这种物流联盟可使众多中小企业联盟成员共担风险，降低企业物流成本，并能从第三方机构得到过剩的物流能力与较强的物流管理能力，提高企业经济效益。同时由于第三方物流机构通过统筹规划，能减少社会物流资源的浪费，减少社会物流过程的重复劳动。

(4) 以项目为管理的联盟

以项目为管理的联盟是利用项目为中心，由各个物流企业进行合作，形成的联盟。这种联盟方式只限于一个具体的项目，联盟成员之间合作的范围不广泛，优势不太明显。

(5) 动态物流联盟

由于存在激烈的市场竞争，动态物流联盟将供应链打造成动态的网络结构，以适应市场变化的需要，并成为能快速重构的动态组织，保持市场竞争力。

3. 物流联盟的优势和劣势分析

(1) 优势分析

物流联盟的建立能减少交易的全过程、交易主体行为和交易特性等领域和环节中产生的各种交易费用，通过优势互补与合作获得长期、稳定的共同利益。通过物流联盟能提高企业的物流效率、节约物流成本，企业可以专注于其核心业务以增强核心竞争力。通过物流联盟还能有效地弥补中小企业由于自身的规模资金限制而造成的自身能力不足的问题。

电子商务企业与物流企业联盟,一方面有利于电子商务企业降低经营风险,提高竞争力,还可以从物流伙伴处获得物流技术和管理技巧,另一方面也使物流企业有了稳定的货源。

(2) 劣势分析

由于目前我国的企业之间存在低水平竞争,许多可以共享的资源被视为商业秘密,企业担心核心技术和商业秘密外泄影响并削弱企业未来的市场地位,使得物流联盟缺乏有效的组织和信息沟通。企业还会担心被置于物流管理之外,失去对物流渠道的控制能力,难以在目标、理念、利益分配等方面达成一致的共识,所有这些都会造成物流联盟实施效果欠佳。

对于电子商务企业来说,物流联盟的长期性、稳定性会使电子商务企业改变物流服务供应商的行为变得困难,电子商务企业必须对今后过度依赖于物流伙伴的局面做周全的考虑。

3.1.4 第四方物流

1. 第四方物流的概念及特点

(1) 第四方物流的概念

第四方物流通过利用自身资本规模、管理经验和资源优势,并且依靠优秀的第三方物流供应商、技术供应商、管理咨询以及其他增值服务商,为客户提供一套独特的、广泛的、完整的供应链解决方案。第四方物流成功的关键在于为顾客提供最佳的增值服务,即迅速、高效、低成本和人性化等的服务。

【知识链接】

第四方物流的概念

1998年,美国埃森哲咨询公司率先提出了第四方物流(Fourth Party Logistics,4PL)的概念:一个调配和管理组织自身的和具有互补性的服务提供商的资源、能力和技术,来提供全面的供应链解决方案的供应链集成商。

(2) 第四方物流的特点

① 第四方物流提供一整套完善的供应链解决方案。第四方物流集成了管理咨询和第三方物流服务商的能力,为客户提供一整套最佳的供应链解决方案。需要指出的是,第四方物流服务商主导下的供应链将是一个前所未有的、使客户价值最大化的、统一的技术方案,其设计、实施和运作需要管理咨询公司、物流技术公司和第三方物流公司齐心协力才能够实现。第四方物流的供应链解决方案共有四个层次,即执行、实施、变革和再造。

② 第四方物流通过对供应链产生影响的能力来增加价值。第四方物流充分利用一批服务提供商的能力,包括第三方物流、信息技术供应商、呼叫中心、电信增值服务商等,再加上客户的能力和第四方物流商自身的能力,提供全方位供应链解决方案来满足企业的复杂需求,并为整个供应链的客户带来收益。

2. 第四方物流服务内容

(1) 物流服务

第四方物流通过有效整合物流资源为生产企业和贸易企业提供货物运输、仓储、加工、配送、货代、商检、报关等服务、全程物流数字化服务,以及整体物流方案策划。

(2) 金融服务

第四方物流为生产贸易企业提供基于"电子银行"的企业间结算服务,与多家银行联合推出商品质押融资业务。

(3) 信息服务

第四方物流为生产贸易企业提供来自物流终端的统计信息,帮助企业科学决策。通过整合传统资源及网站资源,第四方物流为企业发布或搜集信息,并进行企业宣传或展示。

(4) 系统及技术服务

第四方物流为企业提供基于供应链管理的全程物流管理及网络技术支持服务。

(5) 管理服务

第四方物流为工业原料流通领域的企业提供管理需求界定、流程分析与规范、流程再造和建立 ISO9000 质量管理体系等管理服务。

3. 第四方物流运作模式

第四方物流结合自身的特点可以有三种运作模式,即协同运作模式、方案集成商模式和行业创新者模式。

(1) 协同运作模式

协同运作模式下,第四方物流与第三方物流采用商业合同或战略联盟的方式进行合作,共同开发市场。第四方物流服务供应商往往会在第三方物流公司内工作,向第三方物流提供技术支持、供应链管理决策、市场准入能力以及项目管理能力等一系列服务。

(2) 方案集成商模式

方案集成商运作模式下,第四方物流为客户提供运作和管理整个供应链的解决方案,是和所有第三方物流提供商及其他提供商联系的枢纽。第四方物流对本身和第三方物流的资源、能力和技术进行综合管理,借助第三方物流为客户提供全面、集成的供应链方案。

(3) 行业创新者模式

行业创新者模式的第四方物流是以供应链整合和同步为重点,为多个行业开发和提供供应链解决方案。第四方物流通过卓越的运作策略、技术和供应链运作实施来提高整个行业的效率,给整个行业带来最大的利益。

4. 第四方物流的优势和劣势分析

(1) 优势分析

① 具有供应链系统和资源整合优势。第四方物流的核心竞争力就在于对整个供应链及物流系统进行整合规划的能力,这也是降低客户企业物流成本的根本所在。第四方物流可以整合供应链服务商,即最优秀的第三方物流服务商、管理咨询服务商、信息技术服务商和电子商务服务商等,为客户企业提供个性化、多样化的供应链解决方案,为其创造超额价值。

② 具有丰富的物流专业知识和网络优势。随着第四方物流的专业化发展,第四方物流商已经开始形成高覆盖率的信息网络,并且积累了丰富的物流专业知识,包括运输、仓储与其他增值物流服务。

③ 具有先进的信息技术优势。第四方物流往往与独立的软件供应商结盟或共同开发定制化的内部信息系统,这使得它们能够最大限度地利用运输、仓储与配送网络,有效地进行跨运输方式甚至跨物流环节的货物追踪,生成提高供应链管理效率和进行其他相关增值服务所必需的报表。与合适的第四方物流商合作,可以使企业以最低的投入充分利用最高效率和最高定制化程度的信息技术和网络。

④ 具有人才优势。第四方物流公司拥有大量高素质国际化的物流和供应链管理专业人

才和团队,可以为客户企业提供全面的卓越的供应链管理与运作,提供个性化、多样化的供应链解决方案,在解决物流实际业务的同时实施与公司战略相适应的物流发展战略。

⑤ 具有减少资本投入优势。将物流业务转交给第四方物流商,企业可以大大减少在物流设施(如仓库、配送中心、车队、物流服务网点等)方面的投资,把更多的资金投在企业的核心业务上。同理,第四方物流商又会在自己设计和规划的供应链系统中外包所需的各种物流作业,在全球范围内整合最优的第三方运输、仓储和配送网络,从而将更多的资金投入供应链变革和再造层面。

(2) 劣势分析

第四方物流是当今物流发展的趋向,但是并不代表目前第四方物流能马上取代第三方物流,主要是第四方物流在运作过程中受到诸多条件限制,存在很多不足之处。

① 进入门槛高。第四方物流虽然发展前景广阔,但进入的门槛也非常高。国外研究表明,企业要想进入第四方物流领域,必须具备拥有国际水准的供应链策略制定、业务流程重组、技术集成和人力资源管理能力;在集成供应链技术和外包能力方面处于领先地位;在业务流程管理和外包的实施方面拥有一大批富有经验的供应链管理专业人员;能同时管理多个不同的供应商,具有良好的关系管理和组织能力;具有全球化的地域覆盖能力和支持能力;具有对组织变革问题的深刻理解和管理能力。

② 第四方物流组建阻力大、风险控制难度大。首先,第四方物流是通过对第三方物流、信息技术供应商、呼叫中心、电信增值服务商、客户及自身的能力的整合,提供全方位供应链解决方案来满足客户的个性化、多样化需求,但是目前很多企业不愿意与自己的竞争者或其他企业成立合资形式的机构来实施物流管理和服务,原因是防止企业内部管理运作的机密外泄,减少外部企业渗透到企业内部运作管理的风险。其次,第四方物流组建时要求委托客户与第四方物流签订长期合作协议,确立长期、稳定的交易关系才能保证系统、综合的供应链管理和物流服务。但是,对于委托客户企业来说,存在着转换成本很高的风险。一旦客户对第三方代理提供的物流运作和管理服务不满,寻求更高绩效物流服务提供商时,契约反倒成了委托企业最大的阻碍。最后,第四方物流能根据行业的不同,提供相应的解决方案和组织管理资源。但是,不同的行业性质和结构大相径庭,这就要求第四方物流不但是行业经营和管理的专家,对所在行业有深刻的理解、把握和经营的能力,而且要具有柔性化经营的能力。

实训任务

调查京东、菜鸟、中通等物流公司,分析其属于何种物流模式,比较其物流服务内容、形式和范围的异同。

任务3.2 电子商务物流模式的比较与选择

3.2.1 电子商务物流模式的比较

电子商务企业的物流模式主要有自营物流、第三方物流、物流联盟、第四方物流四种。这四种模式各有特点,如表3.1所列。

表 3.1 物流模式的比较

比较内容	物流模式			
	自营物流	第三方物流	物流联盟	第四方物流
企业物流能力	物流能力充分	物流能力缺失	物流能力欠缺	物流能力不足
特点	企业自建物流体系,自己管理	将物流服务外包给专业的第三方物流公司	与其他企业结成物流联盟,共享物流系统	第四方物流企业提供一整套供应链物流服务方案
优势	①企业拥有对物流系统运作的控制权; ②降低交易成本; ③提高企业品牌价值; ④避免企业机密外泄	①企业可以集中精力于核心业务,减少企业固定资产投资; ②通过第三方物流公司专业化运作,减少运营成本,提高效率; ③第三方物流企业通过专业化运作,提高物流专业化服务水平	①物流联盟各方优势互补,获得长期、稳定的共同利益; ②能有效弥补单个企业自身物流服务能力不足的问题; ③降低投入资本,分散风险,提高企业竞争力; ④减少资源浪费	①具有供应链系统优势和资源整合的优势; ②具有专业的物流服务能力;具有先进的网络系统,物流信息系统; ③具有人才优势
劣势	①增加企业投资负担; ②对企业综合管理能力要求很高; ③需具有物流信息化平台的开发建设、运营管理能力	①企业对物流系统的控制力降低; ②减少了企业利润,降低了企业的综合服务能力; ③存在泄露商业机密的风险	①存在泄露商业机密的风险; ②各企业难以在目标、管理、运营理念方面达成一致,容易产生分歧	①进入门槛较高; ②对物流供应链管理有很高的要求; ③需具有高效的物流信息系统
适用范围	①企业物流配送力充分; ②拥有雄厚的资本; ③具有物流专业人才	①企业物流服务能力不足; ②有众多综合物流服务商可选择	①联盟企业物流能力不足,有一定物流规模和实力; ②彼此愿意共享物流服务	①企业对物流供应链管理要求较高; ②能够提供个性化、多样化的物流供应链解决方案

3.2.2 电子商务物流模式的选择

物流是实现电子商务的重要保证,每种物流模式各有利弊,电子商务企业应根据电子商务环境下物流的特点和企业自身的情况合理选择物流模式。具体来看,重点考虑以下几方面因素。

1. 物流对企业的战略影响和企业对物流的管理能力

如果物流对企业成功的重要性高且企业对物流的管理能力也高,应采取自营物流;如果物流对企业成功的重要性高但企业对物流的管理能力相对较低,应采用第三方物流;如果物流对企业成功的重要性较低同时企业对物流的管理能力也较低,则采用外购物流服务。

2. 企业对供应链的控制要求

越是市场竞争激烈的行业,企业越是要强化对供应和分销渠道的控制,此时企业应该自营物流,这样企业可以将物流管理纳入企业的整体管理规划中,体现整个企业的系统性,同时也可以增加企业对物流的控制力度。如果企业将物流业务外包,将会削弱企业对物流的控制力度。

3. 企业产品自身的物流特点

对大宗工业品原料的回运或鲜活产品的分销,应利用相对固定的专业物流服务供应商和短渠道物流;对全球市场的分销,宜采用地区性的专业第三方物流提供支援;对产品线单一的企业,应在龙头企业统一下自营物流;对技术性较强的物流服务,如口岸物流,应采用委托代理方式;对非标准设备的制造商来说,应选用专业的第三方物流企业。

4. 企业自身能力

企业自身能力包括企业的规模和企业可以为物流活动提供的资金、技术、人员,以及可以为物流活动花费的时间和精力。资金充裕的大中型企业有能力建立自己的物流配送体系,"量体裁衣"制定合适的物流需求计划,保证物流服务的质量。同时,过剩的物流网络资源还可以外供给其他企业。而中小企业受人员、资金和管理资源的限制,物流管理效率难以提高,企业为把资源用于核心业务上,应交给第三方物流公司。

5. 对企业的柔性要求

外包可使企业具有较大的柔性,企业采用物流外包能够比较容易地对企业业务方面、内容、重点、数量等进行必要的调整。因此,企业物流商品种类、数量比较不稳定、变动较多、较大时,需要根据情况较快调整其经营管理模式及业务,为保证企业具有足够的柔性,采用外购物流服务比较合适。反之,对柔性要求较低的、商品种类稳定且数量大的企业更适合采用自营物流。

6. 物流系统总成本

如果企业选择自营物流,那么企业要为自建物流系统进行资金投入,包括车辆费用、仓库场地和建设费用以及人力成本等,这些投入对于大企业来说资金占用不是很多,影响不是很大。但对于中小企业来说,这一部分固定资产的投入及维护费用将给企业带来沉重的压力。如果企业选择物流外包,企业也要花费诸如交易成本在内的物流费用,因此,企业在选择物流模式时,需要在自营和外包的成本之间进行权衡,弄清两种模式物流系统总成本的情况,选择成本最低的物流系统。

7. 第三方物流的客户服务能力

选择物流模式时,外包物流为本企业及企业客户提供服务的能力是选择物流服务至关重要的,即应把第三方物流在满足客户企业对原材料及时需求的能力和可靠性、对客户企业的零售商和最终顾客需求的反应能力等作为首要的因素来考虑。

8. 自营、外包风险

无论企业选择的是自营物流还是外包物流,都会产生相应的风险,例如选择自营物流时,会有货物丢失等风险,而选择外包物流时,又会有服务质量下降、企业信息泄露等风险。因此,企业选择物流模式时,还需要权衡各种风险进行综合考虑。

实训任务

调查京东、淘宝、唯品会、当当等电子商务平台,了解它们选择的是何种电子商务物流模式。

课后练习

一、思考题

1. 电子商务物流模式有哪些,分别有什么特点?
2. 比较自营物流和第三方物流的优劣势。
3. 第四方物流有何特点?
4. 选择电子商务物流模式考虑的因素有哪些?

二、实训任务题

1. 调查顺丰速运属于何种物流运作模式,了解其业务范围和特点。
2. 采用态势分析法分析京东物流当前的优势、劣势,以及未来的机遇和挑战。

三、案例分析题

我国跨境电商物流的三大模式

我国跨境电子商务的迅猛发展,既为物流行业带来了发展机遇,也给跨境物流服务提出了新的要求和挑战。跨境电商物流是围绕跨境电子商务的需求,为客户提供包括仓储、拣货、运输、配送等诸多内容的一站式物流服务,其以最低的成本和最快的速度实现商品的跨境递送。

跨境电子商务较强的全球化属性对物流服务提出了更高要求,将颠覆重塑传统国际贸易中物流行业的发展环境和竞争规则。当前,滞后的物流服务成为我国跨境电商发展的重要瓶颈。因此,分析跨境电商的物流模式,明确不同物流服务模式的优劣势,有利于跨境电商物流服务的优化成熟,从而为我国快速发展的跨境电子商务提供有力的物流支持。

我国跨境电商物流主要包括以下3种模式。

(1) 第三方物流模式

第三方物流是指由独立的第三方物流服务公司帮助卖方将货品配送到买方手中的一种物流运作模式。随着市场竞争日益激烈,跨境电子商务的交易双方对跨境物流服务提出了更高要求。这种情况下,跨境第三方物流公司应运而生,其以专业化的跨境物流服务大大提高了跨境电商的物流运作效率和水平。

本质而言,第三方物流模式是跨境电商企业将物流服务环节外包给专业物流公司,并通过与第三方物流公司的战略合作提升跨境物流的服务效率和质量,实现共赢。

(2) 海外仓储模式

海外仓储模式是指跨境电商卖家通过自建或租用的方式在海外目标市场地区建立货物仓储仓库,并将货物先期运送和存储到海外仓库中,卖家在接收到海外订单后,将从离客户最近的仓库中直接进行货品的分拣、包装、派送等工作,从而大大缩短买家的等货时间,优化跨境电商物流环节的服务体验。

不过,并非所有的目标市场地区都适合海外建仓。卖家要根据数据平台信息和采购趋势,预判商品在目标地区的销售情况,综合比较目标地区的市场规模和海外仓储物流服务模式的运营成本,以此决定是否需要建设海外仓。

(3) 物流联盟模式

物流联盟是两个或两个以上的经济组织通过长期合作的方式实现特定物流目标,是对物流自营和物流外包两种跨境电商物流服务模式的优化整合,在融合两者优势的同时又有效降低了自营和外包两种模式的各种风险。

在物流联盟模式中,各个成员是一种相互依存与合作、共担风险、共享利益的关系,因此能够通过彼此的优势互补,为跨境电子商务提供更优质的物流服务。

资料来源:腾讯新闻

思　考:

1. 什么是海外仓?
2. 请分析海外仓模式的优缺点。

项目 4　电子商务环境下采购与供应商管理

☞ **学习目标**

通过本项目的学习,应熟悉并掌握以下基本知识:采购的概念及特征,电子采购的含义及方式,供应商管理。

☞ **重点和难点**

电子采购的方式,供应商管理。

☞ **导入案例**

【案例 4.1】

某公司的采购成本分析及改进

某生产婴儿食品的大型公司过去每年在采购方面的开支接近 8 亿美元。由于处在一个高利润的行业,因此该公司对采购成本的管理并不当回事,而且这种详细的审查在一个蒸蒸日上的经济环境中显得也没什么必要。

然而,当经济开始回调、市场增长减慢时,该公司意识到,它现在不得不花更大的力气以求保住利润了。由于过去几年的采购过程未经严格的管理,因此现在看来,采购方面无疑是挖潜的首要方向了。

该公司首先从保养、维修及运营成本入手,很快做出决定:请专家制定一套电子采购策略。这一做法有助于通过集中购买及消除大量的企业一般行政管理费用来达到节省开支的目的。

但是在最后的分析中,节省的效果却并未达到该公司的预期。

为了寻求更佳的节省效果,该公司开始转向其主要商品,如原料、纸盒、罐头及标签。公司分析了可能影响到采购成本的所有因素,包括市场预测、运输、产品规格的地区差异、谈判技巧及与供应商关系等。

通过深入的调查,一些问题开始浮出水面。结果显示,在材料设计、公司使用的供应商数量和类型、谈判技巧以及运输方面均存在着相当明显的缺陷。

公司采购的谈判效率奇低无比。人们对是否该争取有利的谈判地位并不关心在意,而且公司对供应商所处行业的经济状况或成本结构的研究也几乎是空白的。因此,采购经理极少对现状提出质疑。采购经理们通常习惯于在一个垂直一体化的卖家手中购买各种原料,而不是去寻找每种原料最佳的供应商。

公司几乎从不将自己的采购成本与竞争对手的采购成本进行比较。

公司缺乏将营销及购买部门制度化地集合在一起的机制。这也就意味着,公司没有对市场营销所需要的材料的成本和收益进行评估的系统。

公司节省成本的机制不灵活。即使当采购经理发现了节省成本的机会(可能需要改变机器规格或操作流程),他们也很难让整个企业切实地实施自己的想法。任何一次对系统的调整所耗去的时间都会比实际需要的长得多。

当意识到未能进行采购成本管理而造成的诸多损失时，公司开始对这个问题进行全面的处理。

① 设定了商品的优先次序，随后进行了一系列成本收益的统计，并运用6个西格马指标对竞争对手的情况进行了比较。

例如，按照营销部门对包装材料的规格要求，公司在制作包装盒时，使用的纸材比竞争对手的纸材更厚而且昂贵得多。这样的规格要求其实并无意义，因为高质量的纸材并不会给公司带来任何额外的收益。

公司还发现，在给铁罐上色的过程中，整个流程需要四道工序，而事实上一道工序就足够了，这样的话自然也会减少很多开支。

除此以外，公司在低价值品牌的产品包装上使用了2张标签（前后各一张），事实上只用1张也已足够。最后，由于公司旗下的品牌及规格品种繁多，并且考虑到地区性推广的时间问题及不同地区所采用的不同标签内容，公司所印制的标签的流通周期显得偏短。

比较而言，延长印刷标签的周期会给公司节省很多钱。事实上，公司高达80%的标签是用来短期运作的，而主要竞争对手80%的标签却是用来长期运作的。

② 建立了一套积极的谈判方式。

这需要对现有及潜在供应商的成本及生产能力进行详细的评估，包括对供应商成本结构的分析。尽管大多数的经理认为他们在谈判桌上已经足够强硬，但是几乎没有人真正在谈判中保持应有的一丝不苟的态度。

在过去这些年里，商务谈判通常显得过于轻松惬意。因此，为了克服这种思想上的松懈，采购经理们在进行谈判前应做好准备，充分了解供应商成本的相互比较并对供应商的成本结构做深入分析。

对于大多数商品而言，70%的成本是由产品特质决定的，30%才是由供应商的竞争力决定的。

例如，公司发现在购买一种主要原料时，其供应商的要价是最高的。在对供应商的成本结构进行分析后，公司发现事实上供应商是在其自身相对较高的成本基础上给产品定价的，对于该供应商而言这一定价确实已是不能再低了。

于是，公司对其他供应商的成本结构进行了研究，研究中除了涉及一些普通的要素外，还将诸如农场位置、精炼设施、电力和劳动力成本及企业规模等因素考虑在内。

研究结果显示，有一些企业的成本结构使它们能够以较低的价格出售产品，从而占据有利的市场地位。

公司同样对它的一家"一站式"供应商进行了研究，这家供应商不仅供应纸盒，而且还生产纸盒用的纸材并承揽纸盒印刷业务。经过对其他纸业及印刷业厂家成本的研究，公司发现，他们能够以低得多的价格买到纸材并进行印刷。

当公司在谈判中指出这一点时，供应商不得不降低产品价格，否则将失去该公司的生意。事实证明，解剖纵向供应链以研究分散的成本是一种有价值的谈判手段。

这些工作的结果是为公司原料成本节省了12%。节省下来的这些钱被用到产品规格的改进及谈判技巧的完善工作上。此外，为了控制流失的采购成本，公司需要一个整体采购战略，这一战略将包括优化的规格及强硬的供应商谈判。

资料来源：搜狐网

【案例思考】
1. 采购包括哪些环节?
2. 现代化采购对企业管理的意义?

任务 4.1　采购管理的相关概念和主要过程

4.1.1　采购概述

1. 采购的概念

日常生活中人们经常会在超市、市场等地方购买自己需要的各种商品。但是采购并不是单纯购买商品的行为。采购过程包括了解需要、市场调查、市场预测、制定计划、确定采购方式、选择供应商、确定质量、确定价格、确定交货期、确定交货方式、确定交货地址、确定运输方式、确定付款方式、催交订货、质量检验、成本控制、相互协作等一系列工作环节。

采购的含义非常广泛,既包括生产资料的采购,也包括生活资料的采购;既包括企事业单位的采购,也包括个人的采购;既包括生产环节的采购,也包括流通环节的采购。

综上所述,可以将采购的概念定义为:①企业在一定的条件下从工业市场获取产品或服务作为企业资源,以保证企业生产及经营活动正常开展的一项企业经营活动;②个人或单位在一定的条件下从供应市场获取产品或服务作为自己的资源,为满足自身需要或保证生产、经营活动正常开展的一项经营活动。采购管理是指为保障企业物资供应而对企业的整个采购过程进行计划、组织、指挥、协调和控制的活动。

采购和采购管理是两个不同的概念。采购是一项具体的业务活动,是作业活动,一般由采购员承担具体的采购任务。采购管理是企业管理系统的一个重要子系统,是企业战略管理的重要组成部分,一般由企业的中高层管理人员负责。企业采购管理的目的是保证供应,满足生产经营需要。

一般情况下,有采购就必然有采购管理。但是,不同的采购活动,由于其外部采购环境、采购的数量、品种、规格的不同,管理的具体方式和表现也不同。

2. 采购的作用

企业采购的作用主要体现在以下几个方面。
① 采购是保证企业生产经营正常进行的必要前提。
② 采购是保证质量的重要环节。
③ 采购是控制成本的主要手段之一。
④ 采购可以帮助企业洞察市场的变化趋势。
⑤ 采购是科学管理的开端。
⑥ 采购决定着企业产品周转的速度。
⑦ 做好采购工作可以合理利用物质资源。

3. 采购的分类

采购的分类见表 4.1。

表 4.1 采购分类表

分类标准	所分类别		简 介
按采购方式分类	直接采购		直接向物料生产厂商进行采购
	委托采购		委托某代理商或商贸公司向物料生产厂商进行采购
	调拨采购		在几个分厂,或者厂商和顾客之间进行协调,将过剩物料互相调拨支援进行采购
按采购政策分类	集中采购		由公司总部采购部门统一进行采购
	分散采购		由各分厂的采购部门独立进行采购
按采购对象分类	原材料采购		生产某种产品的基本原料的采购
	半成品采购		企业采购半成品以生产最终产品
	零配件采购		已经完工、已构成用户产品的组成部分的产品的采购
	服务采购		组织对除货物和工程以外的其他企业需求对象进行获取的过程
	设备采购		保证企业进行某种生产设备订单采购
	项目采购		从项目组织外部获得货物和服务(合称产品)的过程。它包含的买卖双方各有自己的目的,并在既定的市场中相互作用
按采购价格分类	招标采购		将物料采购的所有条件详细列明,刊登广告,投标厂商按公告的条件,在规定的时间内,缴纳投标押金,参加投标
	询价采购		采购人员选取信用可靠的厂商将采购条件讲明,并询问价格或寄询价单请对方报价,比较后现价采购
	比价采购		采购人员与厂商讨价还价后,按一定价格进行采购
	议价采购		采购人员请数家厂商提供价格后,通过比较分析来决定厂商进行采购
	公开市场采购		采购人员与厂商讨价还价后,按一定价格进行采购
按采购策略分类	传统采购		传统采购是企业一种常规的业务活动过程,即企业根据生产需要,首先由各需要单位在月末、季末或年末,编制需要采购物资的申请计划;然后由物资采购供应部门汇总成企业物资计划采购表,经主管领导审批后,组织具体实施;最后,所需物资采购回来后验收入库,以满足企业生产的需要
	现代采购	MRP 采购	主要用于生产企业
		JIT 采购	准时化采购
		供应链采购	供应链机制下的采购模式
		电子商务采购	网上采购
按采购主体分类	个人采购		是指消费者为满足自身需要而发生的购买消费品的行为,如买生活必需品、耐用品等
	企业采购		企业采购是现今市场经济条件下一种最主流的采购
	政府采购		是指各级国家机关、事业单位和团体组织,使用财政性资金采购依法制定的集中采购目录以内的或者采购限额标准以上的货物、工程和服务的行为

4.1.2 采购管理的主要过程和内容

1. 采购管理组织

采购管理组织,是采购管理最基本的组成部分,是为了完成企业下达的采购任务,保证企业生产经营活动的有序进行,由采购人员按照企业的实际状况和一定规则组建起来的采购部门。

常见的采购组织结构有直线型组织结构、直线职能型组织结构、事业部型组织结构、矩阵型组织结构。

2. 需求分析

需求分析是指弄清楚采购单位需要采购一些什么物品、需要采购多少、什么时候需要等问题,从而为企业制定相应的采购计划,满足单位生产、运营等需求。

需求分析一般包含以下内容。

(1) 采购预测。在采购市场调查所取得的各种信息的基础上,经过分析研究,运用科学的方法和手段,对未来一定时期内采购市场的变化趋势和影响因素所做出的估计和推断。

(2) 市场调查。采购单位运用科学的方法,有系统、有目的地收集市场信息、记录、整理、分析市场情况,了解市场的现状及其发展趋势,从而为市场预测提供客观的、正确的资料。

(3) 采购需求分析。采购单位根据市场的分析和本身的具体情况对采购标的做出符合自身需要的、具体的特征描述。

3. 供应市场分析

供应市场分析是指企业针对所采购的物品或服务,系统地进行供应商、供应价格、供应量、供应风险等与供应市场相关的情报数据的调集、收集、整理、归纳,从中分析出所有相关要素以获取采购决策所需依据的过程。

供应市场的内容较为丰富,为了能够更好地获取采购资源,必须对供应市场的供应者进行分析。从供需的角度分析,市场结构可以分为完全竞争市场、完全垄断市场、不完全竞争市场、寡头垄断市场。

① 完全竞争市场。无论是采购商还是供应商都不能单独影响产品的价格,产品的价格体系由分享该产品市场的所有采购商和供应商共同影响,如农产品市场。

② 完全垄断市场。该市场的供应商是唯一的,其产品几乎没有接近的替代品,因而该供应商也由相应产品的价格决定着,如铁路。

③ 不完全竞争市场。该市场存在大量的供应商,各供应商所提供的产品不同质,企业进入和退出市场完全自由,如日用消费品市场、家用电器市场、工业产品市场等。

④ 寡头垄断市场。该市场通常由少数几个企业占据绝大多数的市场份额,如石油、电信等。

市场环境的主要因素可以归纳分类为政治、经济、社会和技术等。政治环境主要是指国家各项政策、方针、法规等,经济环境主要是指采购市场的人口、收入水平、消费结构、国民经济结构等,社会环境是指采购市场人文环境、宗教信仰、生活习惯等,技术环境是指采购市场科学、技术、研发等。

4. 制定采购计划

采购计划是指单位和企业管理人员在了解市场供求情况、认识企业生产经营活动过程及掌握物品消耗规律的基础上,对计划期内的物品采购活动所做的预见性安排和部署。采购计划表见表4.2。

表 4.2 采购计划表

制定部门:　　　　　　　　　　　　　　　　　　　　　制定日期:　　年　　月　　日

序号	生产计划编号	产品名称	规格/型号	单位	需要采购数量	生产计划数量	现有库存数量	安全库存目标	现有安全库存	顾客名称	供应商名称	采购订单号	采购单价	采购金额合计	付款方式	计划交付时间

5. 实施采购计划

实施采购计划就是把制定好的采购订货计划分配落实到工作人员,工作人员根据既定的进度去实施。具体内容包括联系指定的供应商、进行采购谈判、签订订货合同、运输进货、到货验收入库、支付货款及善后处理等。

6. 采购监控

采购监控就是对采购活动进行监控,包括对采购的有关人员、采购成本、采购商品质量进行监控。

7. 采购评价与分析

采购评价与分析就是在一次采购完成后,对本次采购活动进行评估,或月末、季末、年末对一段时间内的采购活动进行总结评估,目的主要是评估采购活动的效果、总结经验教训、找出问题、提出改进方法等。通过总结评估、肯定成绩、发现问题、制定措施、改进工作,不断提高采购管理水平。

8. 采购基础工作

采购基础工作是为建立科学、有效的采购系统,进行的一些基础建设工作,包括管理基础工作、软件基础工作和硬件基础工作。

任务 4.2 采购计划

4.2.1 采购计划的目的

计划是指根据组织内外部的实际情况权衡客观需要和主观可能,通过科学预测,提出在未来一段时期内组织所要求达成的目标及实现目标的方法。

采购计划是企业管理人员在了解市场供求情况,认识企业生产经营活动过程和掌握物料消耗规律的基础上,对计划期内物料采购管理活动所做的预见性安排和部署。采购计划需要重点考虑的问题包括是否采购、采购什么、采购多少、怎样采购及何时采购。采购计划是采购管理工作的第一步,采购计划制定的是否合理、完善直接关系整个采购运作的成败。

4.2.2 采购计划编制的内容

采购计划编制的主要内容有采购合同、工作说明书和其他内容。

1. 采购合同

采购合同是采购计划编制的主要内容之一。目前市场上采购合同的种类非常多,总体来说有固定件合同或固定总价合同、成本补偿合同、单价合同三种类型。

2. 工作说明书

工作说明书是对采购所要求完成的工作的描述。工作说明书编制得越详细,采购计划编制得就越准确。在编制工作说明书时,内容尽量编制完整,语言使用要清晰准确,应描述所要求的全部服务,包含绩效报告。工作说明书中的措辞非常重要,比如使用"必须"还是使用"可以","必须"意味着不得不完成某件事,而"可以"表示在做与不做之间的某种选择。工作说明书还应详细说明项目产品,注意使用行业用语,并参考行业标准。

3. 其他内容

其他内容包括风险管理事项;是否需要编制独立估算,以及是否应把独立估算作为评价标准;如果执行组织设有采购、发包或采办部门,则项目管理团队可独自采取的行动;标准化的采购文件(如需要);如何管理多个供应商;如何协调采购工作与项目的其他工作,如制订进度计划与报告项目绩效等。

4.2.3 采购计划编制的要求

采购计划的编制遵循以下基本原则。

① 实际客观性原则。在编制采购计划的时候要注意该计划是否实际可行,主要需要与企业的生产能力和经济能力以及市场需求相符合。

② 适度超前原则。这里的超前原则主要是针对物料的先进性考虑到市场的不断发展,以及企业生产的周期性问题。在企业财力允许的前提下,编制采购计划时可以适当提升物料的先进性,从而保证企业产品的市场竞争力。

③ 成本经济型原则。编制采购计划时充分考虑采购物料与其后续成本支出,按照降低采购成本的总要求,确定规格型号等具体的技术参数。

④ 物料分类原则。在编制采购计划的时候需要考虑物料的优先轻重之分,根据物料优先

级不同,将重点物料分为优先级别,可以保证重点物料的优先采购。

⑤ 整体效益原则。考虑到整体经济效益的基本原则,在编制采购计划的时候,如果是容易随季节变化而出现价格波动的物料,可以安排在淡季采购;如果是相近或相同的物料,可以安排一次性集中采购;如果一个供应商能够满足不同产品的供应,只要该供应商得到认证许可,应尽量将不同产品安排在一个供应商名下。

任务 4.3 电子采购

4.3.1 电子采购概述

1. 电子采购的含义

电子采购也称网上采购,是指利用信息通信技术,以网络为平台与供应商建立联系,并完成获得某种特定产品或服务的活动。

当今世界网络、通信和信息技术快速发展,因特网在全球迅速普及,使得现代商业具有不断增长的供货能力,不断增长的客户需求和不断增长的全球竞争力3大特征。这一切将给传统购销活动带来重大冲击和挑战,进而引发企业购销模式的剧烈变革,电子采购这一新的采购方式在此时代背景下应运而生。

2. 电子采购的优势

(1) 宏观优势

电子采购保证整个市场内部供求双方都能更有效地衔接,电子采购冲破了地理与语言障碍。商业与因特网在本质上都是全球性的,买卖双方不再被束缚于他们所熟悉的地理范围或国界内。供应商与采购商可在网上寻找一些伙伴并与之交易,而这些商业伙伴可能在没有电子采购平台之前是无法找到的。尽管语言可能仍是一个问题,尤其是对全球贸易而言,但作为第三方的电子采购平台提供者通常都能够提供多语言平台及产业、贸易专家等增值服务,来增加国际贸易额。

(2) 微观优势

电子采购微观优势有:提高物料采购管理水平,扩大询价范围,增加供货商,降低采购成本,节约采购费用和时间,缩短采购周期;可实现网上采购全过程监控,加强对采购流程及库存的控制,杜绝暗箱操作;能有效地提供供销商的信息,实现物料管理信息快速传递与资源共享;有利于企业加强管理。

4.3.2 电子采购模式

目前电子采购模式主要有以下几种:卖方一对多模式、买方一对多模式、第三方系统门户、企业交易平台,反向拍卖。不同的企业可以根据自己特定的市场环境选择不同的采购模式。

1. 卖方一对多模式

卖方一对多模式是供应商以计算机网络作为销售渠道,发布商品的在线目录,采购方则通过浏览来获取所需商品的信息,做出采购决策,并下订单。采购方登录卖方系统通常是免费的,而且采购安全。商店或购物中心等都采用这种模式。

这种模式对供应商是十分有益的。例如,供应商很容易对目录进行更新,节约了做广告的开销及处理销售方面的成本。对于潜在的采购方也是有益的,访问容易,不需要任何投资就可以方便快捷地订购自己所需要的商品。这种电子采购模式的缺点是采购方每次在登录不同供应商网站时,都要输入一遍公司名称、通信地址、电话号码、账户等信息。

2. 买方一对多模式

买方一对多模式是采购方在计算机网络上发布所需商品的信息,而供应商在采购方的网站上登录供应商自己的商品信息,供采购方浏览并评估,通过采购方网站双方进行进一步信息沟通,完成采购业务的全过程。

买方一对多模式适用于大规模企业的物资采购。因大规模企业信息管理系统比较成熟,因此,电子采购系统与现有的信息系统有很好的集成性,能够确保信息流运行通畅。此外,大规模企业有能力负担建立、维护和更新错综复杂的买方目录工作。

3. 第三方系统门户

要把卖方目录和买方目录的缺点减少到最小,就要把整个处理过程外包给一个电子市场或者一个采购联合体,即第三方系统门户。通过一个电子市场或者一个采购联合体,多个买方和多个卖方能够相遇,并进行商业交易。为了提高市场中商品交易的效率,在因特网上有以下两类基本门户。

(1) 垂直门户

垂直门户是为某一特定的行业提供产品或服务的市场,通常由一个或多个领导型企业发起和支持。垂直门户交易市场的优势是采购方和生产商自己作为发起人,倾向于从供应商对其行业的高效供应中获取高额收益。

(2) 水平门户

水平门户向不同市场模块中的一系列组织机构提供产品,而不是向某一特定行业提供产品。

4. 企业交易平台

企业交易平台和电子数据交换(EDI)类似,能减少沟通的时间与成本,同时也能使合作厂商以标准格式实时分享文档、图表、试算表与产品设计,使交易双方达成更紧密的联系。

5. 反向拍卖

反向拍卖又称为"拍购""拍买"或"逆向竞价"等,其基本原理与拍卖一致,但价格走向却正好相反。

反向拍卖采购品必须具备以下特点:

① 采购品为非独占性产品,产品具备三个以上的供货商;
② 产品供大于求,处于买方市场;
③ 批量性采购,对中标者有足够吸引力;
④ 每一标的采购金额一般不低于20万元,最大不超过中标供货商一个季度的供货量;
⑤ 采购条件(标准)确定的主动权在采购商。

反向拍卖的优点是:有计划、大批量采购使采购成本下降;透明交易,可防止腐败行为产生等。

反向拍卖的缺点是:可能造成买方和卖方的合作关系向负面偏移;为了采购到更好的商品,需要花更多的时间去准备详尽的合同规范。

任务 4.4　供应商管理

4.4.1　供应商管理概述

供应商管理是在新的物流与采购经济形势下提出的管理机制。在企业与供应商的关系中,存在两种典型的关系模式,即竞争关系和合作性关系。

(1) 竞争关系

传统的企业与供应商的关系一般是竞争关系。在这种关系之下,采购方总是试图将价格压到最低,而供应商会尽量提高价格,哪一方能取胜主要取决于哪一方在交易中占上风。

(2) 合作关系

另一种企业与供应商的关系模式,是合作关系模式。在这种模式之下,采购方和供应商互相视对方为"伙伴",双方保持一种长期互惠的关系。

4.4.2　供应商评价与选择

供应链管理主要是追求供应链上所有成员的完美组合以达共赢,需要设计一种风险最低的、合理的供应商结构,以谋求长期稳定的合作关系。

选择供应商时,许多因素需要被考虑,诸如产品或服务质量以及是否按时运送等,各因素的重要程度因企业而异,甚至因同一企业里的不同产品或服务而异。因此,管理者必须将产品或服务分成各因素分配权数,然后根据这些权数选择供应商。选择供应商的最基本指标应包括以下几项。

1. 产品质量

供应商提供的产品质量是否可靠,是一个很重要的指标。供应商提供的产品必须能够持续稳定地达到产品说明书的要求,供应商必须有个良好的质量控制体系。供应商提供的产品除了需要在工厂内做质量检验以外,还要考察实际使用效果,即检查在实际环境中的使用情况。

2. 价　格

供应商应该能够提供有竞争力的价格,并不一定必须是最低的价格。这个价格考虑了供应商所需的时间,购买方所需的数量、质量和服务。供应商还应该有能力向购买方提供改进产品成本的方案。

3. 供应能力

供应能力即供应商的生产能力,企业需要确定供应商是否具备相当的生产规模与发展潜力,这意味着供应商的制造设备必须能够在数量上达到一定的规模,能够保证供应所需产品的数量。供应商应能够适应不断变化的商业环境,随时提供符合标准的产品和服务,不会对客户的供应系统造成中断。

4.4.3　供应商管理策略

1. 企业与供应商的关系

企业与供应商之间的关系大致可以分为短期目标型、长期目标型、渗透型、联盟型、纵向集成型五种。

(1) 短期目标型

短期目标型关系的主要特征是双方之间是交易关系,他们希望彼此能保持较长时期的买卖关系,获得稳定的供应,但双方所做的努力只停留在短期的交易合同上。各自关注的是如何谈判、如何提高自己的谈判技巧,不使自己吃亏,而不是如何改善自己的工作,使双方都获利。供应一方能够提供标准化的产品或服务,保证每笔交易的信誉。当买卖完成时,双方关系也结束了。

(2) 长期目标型

企业与供应商保持长期关系是十分重要的,双方有可能为了共同利益改进各自的工作,并在此基础上建立超越买卖关系的合作。长期目标型关系的特征是从长远利益出发、相互配合,不断改进产品质量与服务水平,共同降低成本,提高供应链的竞争力。同时,合作的范围遍及企业内的多个部门。

(3) 渗透型

渗透型关系形式是在长期目标型基础上发展起来的,其管理思想是将对方企业看成自己企业的延伸,为了能够参与对方的业务活动,有时会在产权关系上采取适当的措施,如互相投资、参股等,以保证双方利益的一致性。在组织上也采取相应的措施,保证双方派员加入对方的有关业务活动。这样做的优点如下:①可以更好地了解对方的情况,供应商可以了解自己的产品对采购方起到怎样的作用,这样容易发现改进的方向;②采购方也可以知道供应商的产品是如何制造的,并可以对此提出相应的改进要求。

(4) 联盟型

联盟型关系是从供应链角度提出的,它的特点是从更长的纵向链条上管理成员之间的关系。另外,由于成员增加,往往需要一个处于供应链核心地位的企业出面协调成员之间的关系,因此常常被称为"盟主企业"。

(5) 纵向集成型

纵向集成型关系形式被认为是最复杂的关系类型,即把供应链上的所有成员整合起来,像一个企业一样,但各成员是完全独立的企业,决策权属于自己。在这种关系中,要求每个企业充分了解供应链的目标、要求,以便在充分掌握信息的条件下,自觉做出有利于供应链整体利益的决策。

2. 防止供应商控制

许多企业对某些重要原材料过于依赖同一家供应商,导致供应商往往能左右采购价格,并对采购企业产生极大的影响。这时采购企业已落入供应商垄断供货的控制之中,例如企业只有唯一的一家供应商,或者该供应商受到强有力的专利保护,任何其他厂家都不能生产同类产品;或者采购企业处在进退维谷的两难境地,这是因为另换供应商不划算,比如计算机系统,如果更换供应商,则使用的软件可能也需要做出相应的变动。

采购方要对付垄断供应商,有时还没等动手就已经产生挫败感,因为力量的天平明显偏向供应商。尽管表面上看来,采购方可能无计可施,但实质上采购方仍可以找到一些行之有效的反垄断措施。下面是两种常见的防止受供应商控制的方法,采购方完全可以根据自己所处的环境选择恰当的方法进行反控制。

(1) 全球采购

当采购企业得到许多商家的竞价时,不管实际能供货的有几家,采购企业都有把握找到最佳供应商。通过全球采购开辟供货渠道，往往可以打破供应商的垄断行为。

（2）再找一家供应商

独家供应有两种情况：一种是 single source，即供应商不止一家，但仅向其中一家采购；另一种是 sole source，即仅此一家。通常第一种情况多半是采购方造成的，将原来许多家供货商递减到只剩下最佳的一家；第二种情况则是供应商造成的，如独占性产品的供应商或独家代理商等。

课后练习

一、思考题

1. 采购的概念是什么？
2. 采购的作用有哪些？
3. 电子采购的优势有哪些？
4. 供应商管理的策略有哪些？

二、实训任务题

针对采购实训要求，调查企业线下线上商品采购流程，并进行梳理分析。

1. 线下采购的流程有哪些？请结合具体商品采购进行编写。
2. 线上采购的流程有哪些，线上采购和线下采购有什么区别？
3. 根据自身商品的实际需求，编写一份可行的采购计划。

三、案例分析题

IBM 公司采购管理方法

全球 IT 业巨擘 IBM 公司过去也是用"土办法"采购，即员工填单子→领导审批→投入采购收集箱→采购部定期取单子。企业的管理层惊讶地发现，繁琐的环节，不确定的流程，质量和速度无法衡量、无法提高，非业务前线的采购环节已经完全失控，甚至要降低成本都不知如何下手！

一、剖析 1 元钱的成本

摆在 IBM 公司面前的问题是运营成本如何减少？可能降低哪部分成本？于是公司剖析每 1 元钱的成本，看看它到底是如何构成的。这一任务经过 IBM 公司全球各机构的统计调查和研究分析，在采购、人力资源、广告宣传等各项运营开支中，采购成本凸显出来。

管理层不得不反思，IBM 公司到底是如何采购的呢？当时，IBM 不同地区的分公司、不同的业务部门的采购大都各自为政，采购主体分散，重复采购现象普遍。以生产资料为例，键盘、鼠标、显示器甚至包装材料，大同小异，但采购流程自成体系，权限、环节各不相同，合同形式也五花八门。

自办采购的问题很明显，对外缺少统一的形象，由于地区的局限，采购人员不一定能找到最优的供应商，并且失去了大批量购买的价格优势。

二、由专家做专业的事

深入挖掘出采购存在的问题后，IBM 公司随即开始了变革行动，目标就是电子采购。从后来IBM公司总结的经验看，组织结构、流程和数据这三个要素是改革成功的根本。电子采购也正是从这三方面着手的。

变化首先发生在组织结构。IBM公司成立了"全球采购部"，其内部结构按照国家和地区划分，开设了CPO(Chief Procurement Officer，全球首席采购官)的职位。组织结构的确立，意味着权力的确认。

"全球采购部"集中了全球范围的生产和非生产性的采购权力，掌管全球采购流程的制定，统一订单的出口，并负责统一订单版本。

经过"全球采购部"专家仔细研究，把IBM公司全部采购物资按照不同的性质分类，生产性的分为17个大类，非生产性的分为12个大类。每一类成立一个专家小组，由工程师组成采购员，他们精通该类产品的情况，了解每类物资的最新产品、价格波动、相应的供应商资信和服务。

具体运作中，"全球采购部"统一全球的需求，形成大订单，寻找最优的供应商，谈判、压价并形成统一的合同条款。之后的采购只须按照合同"照章办事"就可以了，这种集中采购的本质就是"由专家做专业的事"。

三、工程师、律师、财务总监审定流程

貌似简单的采购流程，前期准备工作异常复杂。IBM公司采购变革不在于订单的介质从纸张变为电子，人工传输变为网络，而在于采购流程的梳理。

制定流程首先遇到的一个问题是采购物资如何分类，才能形成一张完整而清晰的查询目录。于是，通过调查反馈，IBM公司汇总全球各地所有采购物资，林林总总上万种。采购工程师们坐在一起，进行了长时间、细致地工作。

螺丝钉，在类目中的名称到底是什么？分为平头、一字、十字，共多少种？依靠专家们的才智、经验和耐心才形成"17类生产性和12类非生产性"详尽的目录。这一步工作的目标是使来自不同地区、具有不同习惯、使用不同语言员工方便、快捷地查找到所需要的"螺丝钉"。

工程师们讨论过后，律师们也要"碰头"如何统一合同，统一全球流程。从法律角度审查怎样设计流程更可靠而且合法，怎样制定合同才能最大限度保护IBM公司的利益，又对供应商公平。还要对不同国家的法律和税收制度留有足够的空间，以适应本地化的工作。之后，全球的财务总监还要商议，采购的审批权限如何分割，财务流程与采购流程如何衔接。

四、突破顽固势力

目前，IBM公司电子采购主要由4大系统构成，即采购订单申请系统、订单中心系统、订单传送(与供应商网上沟通)和询价系统(OFQ)，以及一个相对完善的"中央采购系统"。

采购系统在推广过程中并不是一帆风顺的，特别是在IBM公司电子采购变革刚刚开始阶段，据IDC的调查，60%员工不满意现有的采购流程，原因是内容长达40页的订单合同和30天的处理时间。

低效率的后果是，IBM公司有1/3的员工忙于"独立采购"，以绕过所谓标准的采购流程，避免遇到"官僚作风"，而这种官僚往往导致更高的成本。

推广难度在于地区和部门之间的协调。制定的订单新标准与老系统冲突怎么办？问题陷入了僵局。于是，各地区的财务总监、系统总监、采购总监又坐到一起研究各地区正在使用的"土"系统有哪些。

与新系统相比，数据的输入、输出是怎样的？在一个一个的数据处理掉后，形成统一的标

准。最后,CPO手里握住一张"时间表",左边一栏是老系统退出历史舞台,右边一栏是新系统登场,CPO不停地追着生产总监"为什么老系统还不下台"。

新旧系统更替过程中,"传统势力很顽固",因为他们毕竟面临着新的采购系统与原有生产系统衔接的问题,如何保障生产正常运转?如何更新原有的数据?

公司认为提供过渡方案,帮助解决具体问题,才能稳定地平滑过渡。IBM公司普通员工的感受很能说明问题,"不知不觉中发生了变化,没有引起内部任何动荡"。

就技术而言,IBM公司的电子采购系统已经到了能在国内广泛推行的地步,IBM中国公司已经与供应商开始了订单的网上交易。但由于国家法律及相关流程的限制,电子发票却尚未实施。为此,IBM公司已经与国家相关部门在探讨如何就此推行初步试点。

五、一个季度成本降低 2 亿多美元

随着"中央采购"系统在IBM公司内部逐渐平稳运转后,效果立竿见影。以2000年第3季度为例,IBM公司通过网络采购了价值277亿美元的物资和服务,降低成本2.66亿美元。

大概有近2万家IBM供应商通过网络满足IBM公司的电子采购。基于电子采购,IBM公司降低了采购的复杂程度,采购订单的处理时间已经降低到1天,合同的内容减少到6页,内部员工的满意度提升了45%,"独立采购"也减少到2%。电子采购在IBM公司内部产生了效率的飞跃。

与此同时,供应商最大的感受之一是更容易与IBM公司做生意了。统一的流程、标准的单据,意味着更公平的竞争。集中化的采购方式更便于发展战略性的、作为合作伙伴的商业关系,这一点对生产性采购尤为重要。

从电子采购系统的推广角度而言,供应商更欢迎简便快捷的网络方式与IBM公司进行商业往来,与IBM公司一起分享电子商务的优越性,从而达到一起降低成本、一起增强竞争力的双赢战略效果。

简化业务流程方案实施后,在5年的时间里,总共节约的资金超过了90亿美元,其中40多亿美元得益于采购流程方案的重新设计。现在IBM公司全球的采购都集中于该中央系统中,而该部门只有300人。

IBM公司采购部人员总体成本降低了,员工出现了分流,负责供应商管理、合同谈判的高级采购的员工逐渐增多,而执行采购人员逐渐电子化、集中化。新的采购需求不断出现,改革也将持续下去。

资料来源:搜狐网

思 考:

1. 传统采购的局限性有哪些?
2. 电子采购有何优势?实施电子采购的注意事项有哪些?

项目 5　电子商务物流运输管理

☞ 学习目标

通过本项目的学习,应熟悉并掌握以下基本知识:物流运输的概念,物流运输基本方式,物流运输合理化。

☞ 重点和难点

物流运输基本方式,物流运输合理化。

☞ 导入案例

【案例 5.1】

多项举措力保水路运输稳定畅通

交通运输部制定实施多项举措,统筹做好水路运输安全生产、疫情防控和保通保畅工作,全力保障粮食、能源、化肥等重点物资和集装箱水路运输稳定畅通,切实维护人民群众正常生产生活秩序。

一、全力保障港口畅通有序

协调保障在上海港挂靠的航线航班和舱位投入,不得随意减少挂靠上海港;督促尽快从港口提离本地和周边省份的集装箱货物,进一步提升冷藏箱堆存能力,合理安排冷藏箱港口装卸计划;用好集卡车辆电子通行证,保障集卡车辆进出港畅通。

二、全力保持内河航道顺畅

加强内河航道和通航建筑物运行维护和监测,及时解决航道、船闸拥堵等问题,严禁擅自阻断或关闭航道船闸。

三、全力保障国际海运物流供应链畅通

加强国际集装箱海运市场运行监测,引导主要班轮公司优化航线运力投放,做好我国主要外贸集装箱航线运力保障;增加现货市场在线订舱的舱位投放量,服务中小出口企业的订舱需求。班轮公司、港口企业要加强与内支线运输企业、货主企业、货运代理、集卡车队等的沟通衔接,积极推进在线服务办理和港口作业单证、提货单、海运提单等单证的电子化流转。充实引航员力量,优化引航政策,提升港口服务效能,保障国际船舶航行及靠离泊作业安全。

各交通运输主管部门要把加强水路运输保通保畅摆在更加突出的位置,层层压实责任,明确任务分工。地方交通运输主管部门要利用 12328 交通运输服务监督热线,认真受理港口航道运行、港口集疏运车辆通行不畅等问题,一事一协调、一事一处理,加大督查力度;对保通保畅工作不力、严重影响港口航道正常运行、阻碍水运重点物资运输等情况,要依法依规追究有关单位和人员的责任。

资料来源:中国物流与采购网

【案例思考】
1. 物流运输在国民经济中处于什么地位？
2. 物流运输方式有哪些？

任务 5.1　物流运输概述

5.1.1　运输的概念

运输包括生产领域的运输和流通领域的运输。生产领域的运输一般在企业内部进行，称为企业内部物流。企业内部物流包括原材料、在制品、半成品和成品的运输，是直接为产品生产服务的，也称为物料搬运。流通领域的运输是在大范围内，将货物从生产领域向消费领域转移，或从生产领域向物流网点、物流网点向消费所在地移动的活动。流通领域的运输，运输空间范围较大，可以跨城市、跨区域、跨国界，一般为长途运输。生产领域的运输仅限于一个部门内部，如车站内、港口内、仓库内或车间内，故称为"搬运"。而将小宗货物从物流网点到客户的短途、末端运输，称为"配送"。

这里的运输是专指物流系统中的运输，指通过运输手段使货物在物流节点之间的流动，是以改变物品的空间位置为目的的活动。在物流系统中，运输是最重要的环节之一，其承担物流改变空间状态的主要任务。只有与包装、装卸搬运、储存保管、流通加工、配送和信息处理等功能有机结合，运输才能最终圆满完成改变物品的空间状态、时间状态和形质状态，实现从供应地到接收地的流动转移任务。

> **【知识链接】**
>
> 运输的定义
>
> 国家标准《物流术语》对运输的定义是：用专用运输设备将物品从一地点向另一地点运送的物流活动，其中包括集货、分配、搬运、中转、装入、卸下、分散等一系列操作。

5.1.2　运输的功能

运输虽不生产新的物质产品，但在物流管理过程中，运输具有场所效用与短时储存两大功能。

1. 场所效用

场所效用又称"空间效用"。"物"的供给者和需求者往往处于不同的场所，场所的改变可以创造效用。运输创造场所效用是由现代社会产业结构、社会分工所决定的，主要原因是商品在不同地理位置有不同的价值，须通过运输活动将商品转换场所。

运输创造空间效用的形式有以下几种。

（1）从集中生产场所流入分散需求场所创造效用

现代化生产的特点之一是通过集中的、大规模的生产以提高生产效率，降低成本。在一个小范围集中生产的产品可以覆盖大面积的需求地区，有时甚至可覆盖一个国家乃至若干个国家。通过物流将产品从集中生产的低价值区转移到高价值区时可以获得更高的利益。

(2) 从分散生产场所流入集中需求场所创造效用

将分散在各地乃至各国生产的产品通过物流活动集中到一个小范围的需求地区,有时也可以获得很高的利益。例如,粮食是在一小块、一小块地上分散生产出来的,而一个城市、地区的需求却相对大规模集中。一些大家电的零配件生产也分布得非常广,但却集中在一起装配。这种分散生产、集中需求也会形成场所效用(空间效用)。

(3) 从供应当地流入需求外地创造场所效用

现代社会中,供应与需求的空间差比比皆是。除了大生产之外,有不少是由自然条件、地理条件和社会发展因素决定的。例如,农村生产农作物大部分销售和消费于城市;南方生长的水果大部分销售和消费于北方。现代人们每日消费的物品几乎都是由相距一定距离甚至十分遥远的地方生产的。商品经过这么复杂交错的供给与需求的空间差都是靠运输来弥合的,运输也从中获得了利益。

2. 短时储存

运输的另一个功能就是对物品在运输期间进行短时储存,即利用运输工具(车辆、船舶、飞机、管道等)作为临时的储存设施。如果转移中的物品需要储存,而在短时间内(如过几天)还需重新转移,那么该产品在仓库卸下来后再装上去的总成本也许会超过物品储存在运输工具中每天支付的费用。因而在仓库空间有限的情况下,利用运输车辆储存也不失为一种可行的选择,有时甚至是必要的。

"十四五"规划
提出加快建设
交通强国

任务 5.2 物流运输市场

5.2.1 运输市场的概念及特征

1. 运输市场的概念

狭义的运输市场指运输劳务交换的场所,该场所为旅客、货主、运输业者、运输代理者提供交易的空间。广义的运输市场则包括运输参与各方在交易中所产生的经济活动和经济关系的总和,即运输市场不仅是运输劳务交换的场所,而且还包括运输活动的参与者之间、运输部门与其他部门之间的经济关系。

2. 运输市场的特征

(1) 劳务性

运输市场为社会提供没有实物形态的运输劳务。运输劳务是一种看不见、摸不着的服务产品,它既不能储存也不能调拨,而且它的生产与消费具有同步性,其所有权具有不可转移性。

(2) 劳动密集性

运输服务业技术构成相对较低,特别是公路运输行业。在企业劳动成果中,人力劳动占比较大。

(3) 强区域性

在市场的空间布局上存在着不同程度的自然垄断,其具有一定的服务半径,超出这个半径范围,企业的经济效益就会急剧下降。

（4）波动性

运输市场波动性较强。由于运输劳务没有实物形态，运输市场受各种因素影响后变动较大，因此波动性较大。

（5）自给自足性

运输市场受到企业自给自足运输力量的潜在威胁，一旦企业拥有运输能力，随时都可能进入运输市场。

5.2.2　物流运输市场的分类及构成

1. 物流运输市场的分类

物流运输市场按照不同的标准，可以有不同的类别。

（1）按涉及的运输方式分

按涉及的运输方式，运输市场可分为铁路运输市场、公路运输市场、航空运输市场、水运运输市场等。

（2）按运输距离的远近分

按运输距离的远近分，运输市场可分为短途、中途和长途运输市场等。

（3）按照运输市场的空间范围分

按运输市场的空间范围，运输市场分为地方运输市场、跨区运输市场和国际运输市场等。国际水运市场又包括定期航班市场和包机船市场等。

（4）按运输市场与城乡的关系分

按运输市场与城乡的关系分，运输市场可分为市内运输市场、城市间运输市场、农村运输市场和城乡运输市场等。

（5）按运输市场的客体结构分

按运输市场的客体结构分，运输市场可分为基本市场和相关市场。

基本市场分为客运市场、货运市场；相关市场分为运输设备租赁市场、运输设备修造市场、运输设备拆卸市场等。其中货运市场也可以按照运输条件分为一般货物运输市场和特种货物运输市场。一般货物运输市场可分为干货运输市场、散货运输市场、杂货运输市场、集装箱运输市场。散货运输市场可再细分为煤炭运输市场、粮食运输市场、钢铁运输市场、油品运输市场等。特种货物运输市场可分为大件运输市场、危禁货物运输市场、冷藏运输市场、搬家运输市场等。客运市场也可以细分，如一般客运市场和特种客运市场，后者如旅游客运市场、包机（车、船）市场等。

（6）按运输市场的竞争性分

按运输市场的竞争性分，运输市场可以分为垄断运输市场、竞争运输市场、垄断竞争运输市场以及寡头垄断市场等。这种分类是针对特定时间、地点等条件而言的，比如有的运输企业在一些地区是垄断的，在另外一些地区则可能是竞争的。

（7）按时间要求分

按时间要求分，运输市场可分为定期运输市场、不定期运输市场、快捷运输市场等。

上述分类往往还可以交叉进行，如长途客运市场、短途客运市场，水运长途客运市场、水运短途客运市场，水运长途货运市场、公路长途客运市场，定期船市场、不定期船市场等等。

2. 物流运输市场的构成

运输市场是一个多层次、多因素的集合体，构成运输市场的主要对象如下：

(1)物流运输需求方

物流运输需求方,即运输市场的买方,包括各客货运输需求单位与个人。

(2)物流运输供给方

物流运输供给方,运输市场的卖方,向市场提供各种客货运输服务,满足需求者空间位移要求的各类运输者。在我国有部属运输企业、地方国有运输企业、集体运输企业、外资运输企业、个体运输企业及运输者的行业协会等。

(3)物流运输中介

运输中介方为客货运输需求与供给提供各种客货运输服务信息及运输代理业务的企业或经纪人,包括各种客货代理企业、经纪人和信息服务公司等。

(4)政府主管部门

政府主管部门,即代表国家就一般公众利益对运输市场进行调控的工商、财政、税务、物价、对金融、公安、监理、城建、标准、仲裁等机构和各级交通运输管理部门。政府在多数情况下不参与企业的具体经营活动,而是通过制定有关法律法规、政策来指导市场。

5.2.3 货物运输价格

货物运输价格指运输企业对特定货物所提供的运输劳务的价格,简称运价。运价通常由承运人以运输费率的形式制定,运输费率是在两地间运输某种具体产品时的每单位运输里程或每单位运输重量的运价。

1. 运输价格的种类

不同运输方式的运输费率取决于货物种类、重量、运输距离、服务水平和其他选择性要求,运输费率的基本形式有以下几种。

(1)基于重量的费率

基于重量的费率随着运输货物的重量变化,而不是随距离变化,例如邮政费率。这种费率简单、易用。采取这种费率的服务费用主要和搬运费用有关,费率在特定的重量点处变化,一般有一个最低费用。如果根据货物重量计算出的费用小于最低费用,按最低费用收费。

(2)基于距离的费率

基于距离的费率随距离和重量的变化而变化,对于给定的重量以线性或非线性形式变化,如整车运输费率。因为这种运输的主要费用与燃料和人力有关,而燃料费随距离的增加而增加,人员费用随时间的增加而增加,所以大多数长途运输费率随距离变化。

(3)与需求相关的费率

与需求相关的费率既不取决于重量,也不取决于距离,而是由供求关系决定的。费率主要与市场需求有关,当供大于求时,费率变低。当供小于求时,费率变高。

(4)合同费率

合同费率也称契约费率,这种费率是在货主和承运商之间进行协商的费率。合同费率一般根据容积、运货时间、服务可靠性、商品类型、运输线路而定。

(5)等级费率

等级费率根据运输距离、商品类型而定。根据商品价值、危险程度、不利因素、搬运要求将运输货物分级。不同的运输方式都有不同的运输费率表。等级费率不包括提供选择性服务,如要求集货、存储等的费率。尽管铁路货物分级表和公路货物分级表中存在差别,但各系统的分级标准都是由类似的规则指导的。不过,铁路的规则比汽车货运的规则更全面,也更详细。

（6）特殊费率

特殊费率是指一定的时期、对某些特殊地区或商品实行的费率,可能比正常费率高或低。特定起点到某终点的费率或某些特殊商品费率都属于特殊费率。大宗货运费率一般比非整车装载的费率低;较轻但体积庞大的货物运输费率比正常或密度小的货物运输费率高;服务水平低的货物运输费率比服务水平高的货物运输费用低。额外服务也将使正常运输费率提高,如半途中要改变目的地、到达目的地后改变收货人、变更卸货地、变更收货人、运输中途存储及在中间站点部分货物进行装卸等,都会使运输费率提高。

2. 货物运输价格的影响因素

影响货物运输价格的因素主要有运输成本、运输供求关系、运输市场结构模式、国家经济政策以及各种运输方式之间的竞争等。

（1）运输成本

运输成本指运输企业在进行运输生产过程中发生的各种耗费的总和。正常情况下,运输企业为能抵偿运输成本并扩大再生产,要求运输价格不低于运输成本。

（2）运输供求关系

运输供给和需求对运输市场价格的调节通常是由供求数量不同程度的增长或减少引起的。

（3）运输市场结构模式

根据市场的竞争程度,运输市场可大体分为四种类型,即完全竞争运输市场、完全垄断运输市场、垄断竞争运输市场和寡头垄断运输市场。不同类型的市场有不同的运行机制和特点,其对运输价格的形成会产生重大影响。

（4）国家经济政策

国家对运输业实行的税收政策、信贷政策、投资政策等均会直接或间接地影响运输价格水平。长期以来,我国为扶持运输业,在以上诸方面均实行优惠政策。运输价格的理论构成包括运输成本、利润和营业税三部分。

（5）各种运输方式之间的竞争

影响运输价格水平的竞争因素有运输速度、货物的完好程度以及是否能实现"门到门"运输等。以运输速度为例,若相同起止地的货物运输可采用两种不同运输方式进行,此时运输速度较慢的那一种运输方式只能实行较低的运价。对货主而言,运输速度较慢的运输方式增加了流动资金的占用和因货物逾期、丧失市场机会而造成的市场销售损失。

3. 货物运输定价

货物运输企业可以应用以下三种定价方法对提供的运输服务进行定价。

（1）基于成本的运输定价

基于成本的运输定价方法包括以下三种方式。

① 向客户收取发生运输服务的实际成本费用。这种情况大都发生在使用公司内部运输部门提供的运输服务。这种方式可能造成运输部门把无效的运输费用和不合理的运输费用全部转嫁给客户。

② 按标准费用收取。在这种情况下,无效的运营费用不会转嫁给客户。

③ 收取边际费用。不考虑固定费用（作为日常开支）,只收取变动费用。当运输能力很强时,这种方法比较有效。

(2) 基于市场的运输定价

基于市场的运输定价方法一般有以下两种执行方式。

① 按市场上相互竞争的承运人相似服务的费用收取,市场价格可能比实际价格高,也可能比实际价格低,如市场中过剩的运输能力可能会降低运输价格,这需要经常进行测算。

② 按调整后的市场价格进行收费,如果运输组织效率高,调整后的市场价格就会低,反之就高。

(3) 二者相结合的运输定价

二者相结合的运输定价包括以下两种执行方式。

① 承运人和客户之间先签署一份价格协议,为了使协议更有效,必须有一个可以比较的市场价格,客户也有选择其他承运人的灵活性。

② 根据承运人的目标利润定价。采用这种定价方法时,价格等于实际或标准费用加上企业的目标利润。

任务 5.3　电子商务物流运输方式的选择

物流运输方式是运输业中由于使用不同的运输工具、设备线路,通过不同的组织管理形成的运输形式。在使用动力机械以前,运输方式以人力、畜力、风力、水力的挑、驮、拉、推为主。动力机械使用以后,才使运输方式现代化,出现了以铁路运输、公路运输、水路运输、航空运输和管道运输为主的现代运输。

5.3.1　电子商务物流运输的基本方式

物流运输的基本方式多种多样,按照不同标准划分为不同种类。

1. 按运输设备及运输工具分类

(1) 公路运输

公路运输是指利用一定的运输工具(人力车、畜力车、拖拉机、载货汽车等)在公路上进行货物运输的一种方式。公路运输主要承担近距离(经济半径一般为 200 km)、小批量货物运输,水运、铁路运输难以到达,长途、大批量货物运输,以及铁路、水运难以发挥优势的短途运输。

公路运输的主要优点是灵活性强,公路建设期短,投资较低,易于因地制宜,对运输设施要求不高。公路运输可以采用"门到门"运输形式,即从发货人门口直到收货人门口,而不需转运或反复装卸搬运。近年在有铁路、水路的地区,大批量的长途货物运输也开始使用公路运输。公路运输见图 5.1。

(2) 水路运输

水路运输是一种使用船舶、排筏和其他浮运工具,在江河、湖泊、海洋以及人工水道运送货物的运输方式,主要承担大批量、长距离的货物运输。在内河及沿海,水运也常作为小型运输方式使用,担任补充及衔接大批量干线运输的任务。

水路运输的主要优点是成本低、载运量大;其缺点主要是只能在有水道的地方和沿海加以利用,运输速度慢,受港口、水位、季节、气候影响较大。水路运输见图 5.2。

图 5.1 公路运输

图 5.2 水路运输

(3) 铁路运输

铁路运输是使用铁路列车运送货物的一种运输方式,主要承担长距离(经济半径一般在 200 km 以上)、大批量的货物运输。在没有水运条件的地区,几乎所有大批量货物都是依靠铁路,铁路运输是在干线运输中起主力作用的运输形式。

铁路运输的优点是速度快、基本不受自然条件限制、载运最大、运输成本较低。缺点是灵活性差、只能在固定线路上实现运输,并且需要与其他运输方式配合和衔接。铁路运输见图 5.3。

(4) 航空运输

航空运输是使用飞机或其他航空器进行货物运输的一种形式。航空运输的成本很高,主要适合运载的货物有两类:一类是价值高、运费承担能力强的货物,如贵重设备的零部件、高档产品等;另一类是时效性强、紧急需要的物资,如救灾抢险物资等。

航空运输的主要优点是速度快、机动性大,不受各种地形的限制,运载货物破损率小,节省包装、保险和储存费等。其主要缺点是飞机机舱容积和载重量都比较小,运载成本和运价比地面运输高。由于飞行受气象条件的限制,影响其正常准点性。此外,航空运输速度快的优点在短途运输中难以充分发挥。因此,航空运输比较适于 500 km 以上的长途运输。航空运输见图 5.4。

图 5.3　铁路运输

图 5.4　航空运输

📝 **实训任务**

调查航空运输适用于哪些商品的运输,并分析航空运输的特点。

2. 按运营主体分类

(1) 自营运输

自营运输是指货主自己承担运输业务,即自备车辆、自行承担运输责任,从事货物的运输活动。自营运输多见于公路运输,以汽车为主要运输工具,且多以近距离(单程多在 100 km 以内)、小批量货物运输为主。

(2) 经营性运输

经营性运输是以运输服务作为经营对象,为他人提供货物运输服务,并收取运输费用的一种运营方式。经营性运输是与自营运输相对应的,它可以在公路、水路、铁路、航空等运输中广泛开展,是运输业的发展方向。

(3) 公共运输

公共运输是政府投资或主导经营的各种运输工具(如火车等)及相关的基础设施(如公路、铁路、港口、机场及相关信息系统等)组成的统一体系。由于其涉及因素相当多,因此又称为综合运输体系。这种体系的构筑投资相当大,回收期长、风险大,与国民经济的发展息息相关,是一种基础性系统,在我国一般没有相应的企业投资经营公共运输。

3. 按运输范围分类

(1) 干线运输

干线运输是利用铁路、公路的干线或大型船舶的固定航线进行的长距离、大数量的运输,是进行远距离空间位置转移的重要运输形式。干线运输一般速度较同种工具的其他运输方式快,成本也比较低,是运输的主体。

(2) 支线运输

支线运输是与干线运输相接的分支路线上的运输。支线运输是干线运输与收、发货地点之间的补充性运输形式,其路程较短,运输量相对较小。

(3) 二次运输

二次运输是一种补充性的运输形式,指的是干线、支线运输到达站点后,站点与客户仓库或指定地点之间的运输。二次运输的货物通常是某个单位所需要,一般运输量较小。

(4) 厂内运输

厂内运输是在工业企业范围内,直接为生产过程服务的运输,一般在车间与车间、车间与仓库之间进行。但小企业及大企业车间内部、仓库内部的这种货物位移不称作运输,而称作"搬运"。

4. 按运输协作程度分类

(1) 一般运输

单独采用不同的运输工具或同类运输工具而没有形成有机协作关系的为一般运输,如汽车运输、火车运输等。

(2) 联合运输

联合运输简称联运,它是将两种或两种以上运输方式或运输工具连接起来,实行多环节、多区段相互衔接的接力式运输。利用每种运输方式的优势,充分发挥各自的效率,是一种综合性的运输方式。采用联合运输,可以缩短货物的在途运输时间,加快运输速度,节省运费,提高运输工具的利用率,同时简化托运手续。

5. 按运输作用分类

(1) 集货运输

集货运输是将分散的货物集聚起来集中运输的一种运输形式。承运人根据自己的业务覆盖范围,集中、汇总所承运的货物,然后再由干线与支线完成长距离及大批量运输,以充分发挥运输的规模效应。因此集货运输是干线运输的一种补充形式,多是短距离、小批量的运输。

(2) 配送运输

配送运输通常是一种短距离、小批量、高频率的运输形式,它以服务为目标,以尽可能满足客户要求为优先。如果单从运输的角度看,配送运输是对干线运输的一种补充和完善,属于末端运输、支线运输,主要由汽车运输进行,具有城市轨道货运条件的可以采用轨道运输进行,对于跨城市的地区配送可以采用铁路运输进行,或者在河道水域通过船舶进行。配送运输过程中,货物可能是从工厂等生产地仓库直接送至客户,也可能通过批发商、经销商或由配送中心、物流中心转送至客户。

6. 按运输中途是否换装分类

(1) 直达运输

直达运输是在组织货物运输时,利用一种运输工具从起始站(港)到终点站(港),中途无须换装的运输形式。直达运输可以避免中途换装所出现的运输速度减缓、货损增加、费用增加等一系列问题,从而缩短运输时间,加快车船周转,降低运输费用。

(2) 中转运输

组织货物运输时,货物在运往目的地的过程中,在途中的车站、港口、仓库进行转运换装的运输,称为中转运输。中转运输可以将干线、支线运输有效衔接,可以化整为零或化零为整,提高运输效率,方便客户。

5.3.2 物流运输的合理化

物流运输合理化是指从物流系统的总体目标出发,按照货物流通规律,运用系统理论和系统工程原理和方法,选择合理的运输路线和运输工具,以最短的路径、最少的环节、最快的速度和最少的劳动消耗,组织好货物的运输与配送,以获取最大的经济效益。

1. 运输合理化的意义

运输是经济发展的基本需要和先决条件,也是现代社会的发展基础和文明标志。运输还是资源配置和宏观调控的重要工具,在扩大国际经贸合作中发挥着重要作用。由于运输是物流中最重要的功能要素之一,物流合理化在很大程度上依赖于运输合理化。合理的运输从运输企业角度来看,就是在完成相同货物运输量的情况下,投入运力最少、服务质量最好、运输费用最低的运输。运输合理化的意义体现在以下几个方面。

(1) 提高运输效率

运输合理化可以充分利用运输能力,提高运输效率,促进各种运输方式的合理分工,以最小的社会运输消耗,及时满足国民经济的运输需要。

(2) 消除浪费现象

运输合理化可以消除运输中的种种浪费现象,提高商品运输质量,充分发挥运输工具的效能,节约运力和劳动力。不合理的运输将造成大量人力、物力、财力浪费,并相应地转移和追加到产品中去,人为地加大产品的价值量,提高产品价格,从而加重需求的负担。

(3) 加速货物流通

运输合理化可以使货物走最合理的路线,经最少的环节,以最快的时间、最短的里程到达目的地,从而加速货物流通。这样既可及时供应市场,又可降低物资部门的流通费用,加速资金周转,减少货损货差,取得良好的社会效益和经济效益。

2. 运输合理化要素

影响运输合理化的因素很多,起决定性作用的有如下 6 个要素。

(1) 运输距离

在运输过程中,运输时间、运输货损、运输费用、车辆或船舶周转等运输的若干技术经济指标,都与运距有一定比例关系,运距长短是运输是否合理的一个最基本因素。

(2) 运输环节

每增加一次运输,不但会增加起运的运费和总运费,而且必须要增加运输的附属活动。因此,减少运输环节,尤其是同类运输工具的环节,对合理运输有促进作用。

(3) 运输工具

各种运输工具都有其适用的优势领域,对运输工具进行优化选择,按运输工具特点进行装卸运输作业,最大限度地发挥所用运输工具的作用,是运输合理化的重要一环。

(4) 运输时间

运输是物流过程中需要花较多时间的环节,尤其是远程运输。在全部物流时间中,运输时间占绝大部分,运输时间的长短对整个流通时间的缩短有决定性作用。

(5) 运输费用

运费高低在很大程度上取决于整个物流系统的竞争力。运输费用的降低,无论对货主企业还是对物流经营企业来讲,都是运输合理化的一个重要目标。

(6) 运输一致性

若干次装运中履行某一特定的运输所需的时间与原定时间或与前几次运输所需时间的一致性,也是运输合理化的反映。

考虑运输是否合理,除了考虑上述六要素外,还要考虑六要素之间的平衡关系。例如,运输时间和运输费用的关系,主要表现在能够提供更快速服务的运输企业实际要收取更高的运费。运输服务速度越快,运输途中的存货越少,无法利用的运输间隔时间就越短。如何平衡运输服务的速度与成本?最低的运输费用并不意味着最低的运输总成本,最低的运输总成本也并不意味着合理化的运输。

减轻灾害风险,保障公路出行安全

3. 不合理运输的表现形式

现有条件下可以达到而未达到的运输水平,从而造成了运力浪费、运输时间增加、运费超支等问题的运输形式统称为不合理运输。不合理运输主要表现在以下几方面。

危化品物流如何做好安全保障

(1) 空　载

空载是不合理运输最严重的形式,主要表现为双程无载货行驶、返程或起程空驶等空载。当然,在实际运输组织中,有时候必须调运空车,从管理上不能将其看成不合理运输。

(2) 对流运输

对流运输亦称"双向运输""交错运输",指同一种货物或彼此间可以相互代用而又不影响管理、技术及效益的货物,在同一线路上或平行线路上作相对方向的运送,而与对方运程的全部或一部分发生重叠交错,或货物从销售地或中转地向生产地或起运地回流的运输现象。在判断对流运输时要注意的是,有的对流运输是不很明显的隐蔽对流,例如不同时间的相向运输,从发生运输的那个时间看,并无出现对流,因此可能做出错误的判断,所以要注意隐蔽的对流运输。

(3) 重复运输

本来可以直接将货物运到目的地,但是在未达目的地之外的其他场所将货卸下,再重复装运送达目的地,这是重复输运的一种形式。另一种形式是同品种货物在同一地点运进又运出。重复运输的最大缺点是增加了非必要的中间环节,这就延缓了流通速度,增加了费用,增大了货损。

(4) 过远运输

过远运输是指调运物资舍近求远,近处有资源不调而从远处调运,这就造成未采取近程运输而拉长货物运距的浪费。过远运输占用运力时间长、运输工具周转慢、占压资金时间长、远距离自然条件相差大等,又易出现货损,增加了费用支出。

（5）迂回运输

迂回运输是舍近求远的一种运输方式，是可以选取短距离却选择路程较长路线进行的运输。当计划不周、地理不熟、组织不当而发生的迂回，才属于不合理运输，如果最短距离由交通阻塞、道路情况不好或有对噪声、排气等特殊限制而不能使用时发生的迂回不能称为不合理运输。

迂回运输与过远运输虽然都属于拉长距离、浪费运力的不合理运输，但两者不同的是，过远运输是因为商品或物资供应地舍近求远地选择延长了运输距离，而迂回运输则是因为运输线路的选择错误延长了运输距离。

（6）运输方式选择不佳

运输方式选择不佳的表现有弃水走路，铁路、大型船舶的过近运输，运输工具承载能力选择不当，托运方式选择不当等。

实训任务

调查各物流运输方式分别适用于哪些商品运输？分析比较公路运输、铁路运输、水路运输、航空运输的异同点。

课后练习

一、思考题

1. 物流运输的方式有哪些？
2. 运输价格的影响因素有哪些？
3. 物流运输的不合理情形有哪些？

二、实训任务题

查询常见的企业不合理运输案例，分析造成不合理运输的原因，提出相应的运输合理化措施。

三、案例分析题

【材料1】

重庆三年新建农村公路6.26万千米

重庆市实施"交通建设三年行动"计划以来，全市投入293亿元资金新建农村公路6.26万公里，规模为历史之最，农村群众到达县城出行时间平均缩短约2小时。"十四五"期间，重庆继续着力提升路网服务水平，计划新改建农村公路1.6万千米，实现村民小组通畅率达98%，乡镇通三级及以上公路比例达85%；开展"互联网＋路网管理"建设，推进养护工作科学化、市场化、专业化；着力提升路网运输水平，巩固拓展建制村通客车成果，引导区县推动城乡公交向乡村延伸；实施村道安防工程2万千米，着力提升路网安全水平。

2022年，重庆计划新建"四好农村路"4 350千米、村道安防工程4 000千米，实施危旧桥梁改造50座，新增30个乡镇通三级公路、1 000个村民小组通硬化路；落实城口、巫溪、酉阳、彭水4个国家乡村振兴重点帮扶县"一县一策"帮扶政策，给予17个市级乡村振兴重点帮扶乡镇资金、项目等倾斜支持；积极推进永川、石柱、武隆、奉节农村公路管养体制改革试点，大力推动

"一人一路、专职专责",加快形成权责清晰、齐抓共管、高效运转的管理体制。

资料来源:中国交通企业管理协会网

思 考:

1. 农村公路相对于城市公路有何不同?
2. 农村公路升级对我国现代物流体系建设有何意义?

【材料2】

2022年1~4月广东开行230列国际货运班列

2022年1月至4月,广东省共开行中欧、中亚、东南亚等方向国际货运班列230列,同比增加91.67%,日益畅通的物流链正助力"湾区制造"加快走向世界。

2022年以来,广东全力推进国际货运班列高质量发展,保障供应链产业链畅通,稳定企业国际物流成本,提升通关和运输时效。广东通过"互联网+"、国际贸易"单一窗口"等信息化平台,使中欧班列货物实现一体化通关、无纸化申报,同时实施企业申报与海关"监管同步、无缝衔接"模式,引导企业选用"铁路快速通关"模式实现一次申报,进一步节约通关成本,提升班列通关效率。

随着"中国—欧洲""中国—东盟"运输大通道加快发展,广东国际物流网络进一步拓展。目前,广东国际货运班列始发站点增至7个,分布在广州、深圳、东莞、江门等市,广州大田集装箱中心站即将开通。"湾区海铁通"连通中欧班列与海上丝绸之路海运航线,打造北连欧亚、南拓东盟的立体物流网络。

下一步,广东省将结合跨境贸易便利化专项行动,继续优化班列通关流程,提升铁路通关便利化水平,推动广东国际班列高质量发展。

资料来源:中国建筑业协会

思 考:

1. 什么是国际货运班列?
2. 国际货运班列对我国跨境贸易有何作用?

项目6　电子商务仓储与库存管理

☞ **学习目标**

通过本项目的学习,应熟悉并掌握以下基本知识:仓储与库存管理的概念,电子商务仓储作业管理,电子商务库存管理与控制方法。

☞ **重点和难点**

电子商务仓储作业管理,电子商务库存管理与控制方法。

☞ **导入案例**

【案例6.1】

武汉红十字会"救兵"！上市公司九州通2小时解决紧急物资配送

让武汉市红十字会(下简称"武汉红会")头疼不已的捐赠物资清点分发工作,如果交给专业医药物流,结果会怎样？

受武汉新冠肺炎防控指挥部指派,九州通(600998)于2020年01月31日中午12点正式启用A2、A3馆,负责武汉红会捐赠物资的物流运营管理。九州通进场后,完成了捐赠物资的入库、仓储和信息录入等工作。

一、高效运转捐赠配送

武汉红会捐赠物资的全程物流运营管理由四方协作进行。所有捐赠品的卸货由武汉城投负责;入库商品的分类堆码由九州通负责;商品质量和是否医用由市场监督管理局派驻人员清理;产品数量由市统计局派驻人员统计。

物资核验无误后,三方在入库单上签字确认。

九州通公司应用自主研发的九州云仓管理软件进行商品货位库存管理;同时将药品、器械、重点器械产品类库存交市卫健委,非药品类交市发改委进行货物的分配;九州通接受上述单位的出库下发调拨指令,在九州云仓系统中进行出库单开具并打印出库拣货单,现场拣选完成后,核减库存确认,将拣选商品按照配送单位进行投放出库暂存区,等待配送。每天晚班人员会在24点进行扎账,对当天收发货完成的商品进行动销盘点,保证账务准确。

二、民营医药流通龙头驰援

为何是九州通接手如此重要的捐赠物资配送问题？是因为专业？

公开资料显示,九州通是国内规模最大的民营医药流通企业,总部位于武汉。公司主营业务涵盖了药品、医疗器械、中药材与中药饮片、食品、保健品等产品的批发,零售连锁,药品生产和研发以及增值服务业务。

九州通2019年报告显示,公司利用强大的物流配送系统和信息网络系统,可以有效而快捷地处理客户订单,并及时地向下游客户提供配送服务。

公司根据客户配送距离的差异,划分为不同的供应圈,利用运输管理系统,优化配送线路,以达到方便快捷配送的目的。

九州通以及下属子公司的服务半径不限于所在地的城市,有效配送范围为200千米,对于超过200千米范围的客户,也可以在24小时内送达。

截至2019年上半年,九州通在全国省级行政区规划投资建成了31个省级医药物流中心,同时向下延伸并设立了100家地市级分销物流中心。

公司官网显示,九州通物流存储能力1 000万件,出货效率达10 000行/小时,出库准确率达99.99%,自有配送车辆1 700余台。

在本次武汉战"疫"中,处于医药物流端的九州通也肩负重担。

资料来源:搜狐网

【案例思考】
1. 九州通公司助力武汉红十字会发放抗疫物资的优势是什么?
2. 高效率的仓储管理对企业的商品物流管理有何意义?

任务6.1 电子商务仓储概述

6.1.1 仓储与仓储管理

1. 仓储概念

仓储是指通过仓库对物资进行储存、保管。它随着物资储存的产生而产生,又随着生产力的发展而发展。仓储是商品流通的重要环节之一,也是物流活动的重要支柱。

2. 仓储管理概述

仓储管理是对仓储作业及其中存储的物质进行管理。具体来说,仓储管理包括仓储资源的获得、仓储商务管理、仓储流程管理、仓储作业管理、保管管理、安全管理等内容。

精准的仓储管理能够有效控制和降低流通和库存成本,也是企业保持优势的关键。对于企业来说,仓储管理的意义重大。在新经济新竞争形势下,企业在注重效益,不断挖掘与开发自己的竞争能力的同时已经越来越注意仓储合理管理的重要性。

现代仓储的作用不仅是保管,更多是物资流转中心。对仓储管理的重点也不再仅仅着眼于物资保管的安全性,更多关注的是如何运用现代技术,如信息技术、自动化技术来提高仓储运作的速度和效益。仓储业务核心内容可分为入库作业、仓储管理、出库作业、财务结算和查询报表五个主要部分。

6.1.2 仓库概述

仓库是保管、储存物品的建筑物和场所的总称。仓库是物流环节中不可或缺的一个节点,是解决商品买卖不同步问题的重要手段。

当前,企业的仓库已成为企业的物流中心。过去,仓库被看成一个无附加价值的成本中心,而现在仓库不仅被看成是形成附加价值过程中的一部分,而且被看成是企业成功经营中的一个关键因素。仓库被企业作为连接商品供应方和需求方的桥梁。从供应方的角度来看,作为流通中心的仓库从事有效率的流通加工、库存管理、运输和配送等活动。从需求方的角度来看,作为流通中心的仓库必须以最大的灵活性和及时性满足各种顾客的需要。

仓库根据不同标准,分类有所不同。根据使用范围,仓库可以分为自用仓库、营业仓库、公用仓库、出口监管仓库及保税仓库;根据存储物品种类,仓库可以分为综合库和专业库;根据保管条件,仓库可以分为普通仓库、保温/冷藏/恒湿恒温仓库、特种仓库及气调仓库;根据仓库的建筑结构,仓库可以分为封闭式仓库、半封闭式仓库和露天式仓库。根据仓库的功能,仓库可以分为配送中心、物流中心、转运中心、加工中心、储调中心、集货中心及分货中心。

【案例6.2】

美团优选获评国内物流业最高奖——"中国仓储服务金牌企业"

经中国通用仓库等级评定委员会、中国仓储与配送协会共同评定,美团优选获颁"中国仓储服务金牌企业"和"中国五星级仓库"。

"中国仓储服务金牌企业"是国内仓储物流行业的最高奖项,由中国仓储协会及中国仓储服务质量评价委员会评选,经过客户打分、初审及现场评审、公示无异议后,获得授牌。此前获得金牌企业的有中国供销集团、中通物流、申通物流、苏宁集团等老牌物流企业,美团优选为首家获此荣誉的社区电商平台。

美团优选采用"中心仓＋网格站＋自提点"三级仓配网络,能够深入到农村末端,通过干线、支线、城配三级集约配送模式,为全国2600多个区县提供稳定的次日达服务。在全国160个国家乡村振兴重点帮扶县中,美团优选覆盖约七成,其中,广西、宁夏、陕西、重庆四个省市的40个国家乡村振兴重点帮扶县,实现100%全覆盖。

此外,经中国通用仓库等级评定委员会、中国仓储与配送协会共同评定,美团优选合肥中心仓、无锡中心仓、天津中心仓获评中国星级仓库最高标准"五星级仓库",标志着美团优选中心仓的供应链信息化管理、设施设备、服务功能、管理水平等达到国家级评定最高标准。

美团优选方面表示,接下来将持续加大对仓储、物流运输等基础设施的投入,扩大仓储物流网络规模,加强对下沉县域、乡镇的冷链物流体系建设,探索科技在乡村振兴中发挥更多作用。

资料来源:搜狐网

【案例思考】

1. 美团优选采用的是何种仓储模式?
2. 美团优选仓储管理的优势是什么?

任务6.2 电子商务仓储作业管理

仓储作业主要指从物品入库到出库的整个仓储作业全过程,主要包括物品入库流程、物品的保管和护养以及物品出库流程等环节。对仓储作业进行管理是非常有必要的,对仓储作业流程进行规范化管理有利于顺利保障物品在仓储环节中的完整性,有助于商品进入物流的下一个环节。

6.2.1 物品入库管理

物品入库是物品进入仓库的第一步,在这一环节中需要有规范化的流程和管理制度,才能顺利让商品入库,并在仓库中得到妥善保管。物品入库一般经过入库申请、编制入库作业计划及计划分析、入库准备、接运卸货、核查入库凭证、物品验收作业、办理入库信息、生成仓单等。进行入库作业时要对这些作业活动进行合理安排和组织。入库作业流程如图6.1所示。

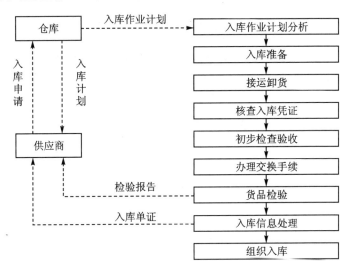

图 6.1 入库作业流程

1. 入库申请

物品入库管理的第一步是进行入库申请。入库申请是物品的供应商向指定的仓库提出申请，根据物品入库管理制度的需要提交记载物品具体信息，包括到库时间、物品的属性种类、规格、质量、数量、价格、特殊包装等信息，再通过与仓库管理方进行信息交流和沟通，获取物品入库的许可。

2. 编制入库作业计划及计划分析

编制入库作业计划是根据入库申请中提供的物品信息，有针对性地对入库作业流程及注意事项编制详细的作业计划，包括物品入库前的准备工作、物品的包装、物品储存的环境及货位管理、搬运工具、人力规划、路线安排等，并根据可能出现的各种情况对计划进行分析，避免在入库中出现差错，导致物品损毁。

3. 入库准备

仓库应根据仓储合同或者入库作业计划、入库单，及时地进行库场准备，以便货物能按时入库，保证入库过程能顺利进行。入库准备属于协作性作业，要求仓库的各个部门按照入库计划书的要求做好分工协作，安排好人员、设备和货位。

4. 接运卸货

物品通过不同的运输工具转运至仓库，仓库接运卸货后，均需要进行入库验收。物品的接运卸货是入库作业中频繁发生的一个环节，它连接了仓库内外，因此，作业时需要及时与交通运输部门进行交接，按照作业计划和流程做到手续清楚、权责分明，保障物品能完好地进入仓库。物品接运卸货作业管理的作用在于防止把运输过程中或运输之前已经发生的物品损毁延续到货物入库中。

5. 核查入库凭证

核查入库凭证是保证物品验收的前提条件。核查入库凭证是仓库管理人员对货物相关凭证加以核对,供应商提供的质量证明书、合格证、发货明细表等均需要与入库货物相符。当供应商拒绝提供相关单据时,仓库应拒绝检验接收货物。在核查入库凭证时需要核对的凭证包括以下三个方面内容:

① 审核验收依据,包括货物的入库通知单、订货合同、协议书等。
② 供应商提供的验收凭证,包括质量证明书、合格证、装箱单、磅码单、发货明细表等。
③ 送货方(承运单位)提供的运输单证,包括运输商务记录、提货通知单、货物残损记录、公路运输交接单等。

当供应商提供的证件、单据不齐全,或者与实际货物不符时,应和供应商、承运单位以及有关业务部门进行联系和沟通,尽快解决问题,避免延误造成损失。

6. 物品验收作业

物品验收合格后才能办理入库手续,物品验收主要包括外观验收、大数验收、细数验收和质量检验四个方面。

(1) 外观验收

核对资料、证件等都符合条件后,对物品进行外观验收,一般情况下采用感官检验方法。具体检验内容包括检查货物的包装是否完好,是否有污渍、受潮、霉变、受锈蚀和破裂等。存储合同对包装有具体要求的,要严格按照规定验收,包装验收内容包括箱板厚度,纸箱、包袋的质量,包装干燥程度等。

(2) 大数验收

仓库管理人员须严格进行数量验收,对于大件包装的货物,可采用逐件点数、集中堆码点数等大数点收方式进行验收,大数验收合格后方可进行细数验收。

(3) 细数验收

大数点收完成后,仓库管理人员应当进行细数验收。细数验收主要原则包括开箱、开包,核点货物细数。称重货物按照净重计数;按件标明数量的货物,需要拆内包装进行抽查,抽验无差错或者其他问题时,可不再拆验内包装;不能换算或者抽查的货物一律过磅计量。

(4) 质量检验

通过感官检验就能确定货物质量的,由仓储部门自检,并做好货物检验记录;而一些特殊的货物验收交由质检部门进行化验和技术测定。对于外来商品货物,检验人员根据合同规定确定抽验比例,合同中没有明确规定抽验比例,应按照影响货物价值的因素确定抽验比例。

7. 办理入库信息

入库物品经过点数、查验之后,可以安排人员卸货、入库堆码,这表明仓库已经接受货物。卸货搬运、堆垛完成后,与供应商或送货人完成交接手续,并对物品建立仓库台账。办理交接手续中,仓库管理人员应与送货人共同在送货单、到货交接单上签字,明确权责。

8. 生成仓单

物品查验入库后,应对物品建立入库单,详细记录物品的名称种类、规格、数量及出入状态,尤其是对短缺或破损的情况应进行备注和说明。物品入库上架后应对物品进行立卡,填上物品的名称、规格、数量或状态,并插放在货架上或摆放在货垛正面明显的位置,方便查验。此外还需要对物品或客户进行建档,方便物品管理和保持与客户联系。建档应一货一档,记录物品在库的详细信息。

6.2.2 物品出库管理

物品出库即物品从仓库发货。物品出库需要根据业务部门或存货单位开具的出库凭证，从对出库凭证审核开始，通过一系列的流程工作将物品交给要货单位或者运输部门。

1. 出库要求

① "先进先出"和"接近失效期先出"的原则。

② "三不三核五检查"的原则。其中"三不"是指未接单据不登账、未经审核不备货、未经复核不出库；"三核"是指发货时要核实凭证、核对账卡、核对实物；"五检查"是指检查品名、检查规格、检查件数、检查重量、检查包装。

③ 出库必须及时准确，确保需求。

④ 出库货物要符合运输要求。

2. 出库作业的基本方式

（1）送　货

仓库管理人员根据要货单位的提货单，通过发货作业，把货物交由运输部门送抵收货单位。

（2）自　提

由收货人或其代理持提货单直接到仓库提取货物，仓库凭单发货。自提具有提单到库，随到随发，自提自运的特点。

（3）过　户

过户是一种就地划拨的行为，物品虽然没有出库，但是所有权已经从原存货户主转移到新存货户主名下。仓库必须根据原存货单位开出的正式过户凭证，才能办理过户手续。

（4）取　样

货主出于对货物质量检验、样品陈列等需要，到仓库提取货样。仓库也必须根据正式取样凭证才能发给取样单位样品，并做好账务记载。

（5）转　仓

转仓是指货物的存放点发生变化，通常由于业务的需要，或者由于货物特征的原因需要将货物从一个仓库转移至另一个仓库进行储藏。

3. 出库作业的基本程序

出库作业程序是保证出库工作顺利进行的基本保证，为防止出库工作失误，在进行出库作业时必须严格履行规定的出库业务工作程序，保证出库有序进行。商品出库的程序包括出库前准备、审核出库凭证、出库信息处理、拣货、分货、出货检查、包装、点交和登账工作。

（1）出库前准备

通常情况下，仓库调度在商品出库的前一天，接到送来的提货单后，清理和复核提货单，及时正确地编制好有关班组的出库任务单，配车吨位、机械设备等，并分别送给机械班和保管员或收、发、理货员，以便做好出库准备工作。

（2）审核出库凭证

审核出库凭证的合法性、真实性；查看出库手续是否齐全，内容是否完整；核对出库商品的品名、型号、规格、单价、数量；核对收货单位、到站、开户行和账号是否齐全和准确。

(3) 出库信息处理

出库凭证经审核确认无误后,再将出库凭证信息进行处理。

(4) 拣　货

拣货是依据客户的订货要求或仓储配送中心的送货计划,尽可能迅速地将商品从其储存位置或其他区域拣取出来的作业过程。拣取过程可以分为人工拣货、机械拣货和半自动与全自动拣货。

(5) 分　货

分货也称为配货作业,即根据订单或配送路线等的不同组合方式进行货物分类工作。分货方式主要有人工分货和自动分类机分货两种。

(6) 出货检查

为了保证出库商品不出差错,在配好货后企业应立即进行出货检查。将货品一个个点数并逐一核对出货单,进而查验出货物品的数量、品质及状态情况。

(7) 包　装

出库商品包装主要分为个装、内装、外装3种类型。包装应根据商品外形特点、重量和尺寸,选用适宜的包装材料,以便于装卸搬运。包装完毕后,要在外包装上写清收货单位、收货人、到站、本批商品的总包装件数、发货单位等。字迹要清晰,书写要准确。

(8) 点　交

出库商品无论是要货单位自提,还是交付运输部门发送,发货人员必须向收货人或运输人员按车逐件交代清楚,划清责任。

(9) 登　账

点交后,保管员应在出库单上填写实发数、发货日期等内容并签名。然后将出库单和有关证件及时交给货主,以便货主办理结算手续。保管员根据留存的一联出库凭证登记实物储存的细账,做好随发随记,日清月结,账面金额与实际库存和卡片相符。

任务6.3　库存概述

在制造企业中,为了保证生产的正常进行,必须在各生产阶段之间设置必要的物资储备,这些物资就是库存。库存一般包括储备的原材料、辅助材料、燃料以及备用设备、零件、工具等,等待加工的在制品、半成品,等待销售的成品。而在服务业中,等待销售的商品、用于服务的消耗品等也是库存。

6.3.1　库存的定义和分类

1. 库存的定义

就企业生产、经营活动的全过程而言,库存是指企业用于生产和服务所使用的,或用于销售的储备物资。库存是为了满足未来需要而暂时闲置的资源,包括各种原材料、毛坯、工具、半成品和成品等。

2. 库存的分类

(1) 按功能分

按功能分,库存可以分为以下五种类型。

① 经常性库存。经常性库存是指企业为满足日常生产的需要而持有的库存，这种库存随着生产的进行，不断削减。当库存降到一定水平时，就要进行订货来补充库存。

② 季节性库存。季节性库存是指为了满足特定季节的特别需求（如夏季对空调的需求）而建立的库存。对于季节性强的商品，商家必须在高需求季节到来之前预备充分的存货以满足市场需要。

③ 投机性库存。投机性库存是指为了避免因物价上涨造成损失或为了从商品价格上涨中获利而建立的库存。

④ 促销库存。促销库存是指为了应对企业的促销活动引起的销售量增加而建立的库存。

⑤ 安全库存。安全库存是指为了防止由于不确定因素（如大量突发性订货、交货期突然延长等）而预备的缓冲库存。安全库存是在补充订货期间所维持的过量库存，能够减小订货提前期内的缺货风险。

(2) 按是否需要多次补充分

按是否需要多次补充分，库存可分为以下两种类型。

① 单周期库存。单周期库存是指消耗完毕后，不需要重新补充的库存，即那些发生在比较短的时间内的物料需求。比如新年来临前对春联的需求、中秋节对月饼的需求。

② 多周期库存。多周期库存是指每次库存消耗后须重新购买、补充的库存。大多数库存属于这种类型。

6.3.2 库存的作用

库存既然是资源的闲置，就一定会造成浪费，增加企业的开支。那么，为什么还要维持一定量的库存呢？这是因为库存有其特定的作用。归纳起来，库存有以下几方面的作用。

1. 防止供应中断、交货误期

企业在订购原材料时，可能会出现原材料交货延误现象。常见的交货延误原因有发运时间的变化，供应商原材料紧急短缺而导致的订单积压，供应商工厂或运输公司发生意外的工人罢工、订单丢失、材料误送、送达的原料有缺陷等。企业保持适当的原材料库存，可确保生产正常运行。

2. 成本费用分摊

原材料或在制品的库存可利用批量选购分摊费用。进行大批量选购，可以使单位物品分摊订货、运输等费用，使总的选购费用降低。在生产过程中，在制品采取批量加工下，每件物品可以分摊生产中的调整预备等费用，降低总的生产费用。

3. 防止生产中断

生产过程中，维持一定的在制品库存，可以防止生产中断。例如，当某道工序的加工设备发生故障时，假如下一道工序有在制品库存，后续工序就不会停工中断。

4. 便于顾客订货，适应产品需求的增加

适当的成品储备，可缩短客户订货期，提高企业的服务水平。另外也可以保证企业在市场需求突然增大时，具有一定的应变能力，以免丢失商机。

对于企业而言，维持适当的库存，对调整供需，保证生产经营活动正常而有效地进行，并获得良好的经济效益，都是非常有必要的。

任务 6.4 电子商务库存管理与控制

库存是一种闲置资源,库存量过大会产生一些问题:①增加仓库面积和库存保管费用,从而提高了产品成本;②占用大量的流动资金,造成资金呆滞,既加重了贷款利息等负担,又会影响资金的时间价值和机会收益;③造成产品和原材料的有形损耗和无形损耗;④造成企业资源的大量闲置,影响其合理配置和优化。

库存量过小也会产生一些问题:①造成服务水平的下降,影响销售利润和企业信誉;②造成生产系统原材料或其他物料供应不足,影响生产过程的正常进行;③使订货间隔期缩短,订货次数增加,导致订货成本提高。因此,对企业而言,应该采取合理的库存管理方法让库存处于合理的水平。

6.4.1 订货点订货法

1. 订货点法的概念

在仓储货物的库存管理工作中,经常会用到订货点法。订货点法是指对于某种物料或产品,当库存量降低到某一预先设定的点时,开始发出订货单(采购单)来补充库存。当库存量降低到安全库存时,所订购的物料或产品刚好到达仓库,补充前期的消耗,此订货数值点即称为订货点。订货点法见图 6.2。

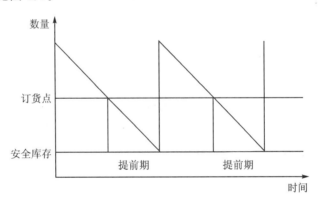

图 6.2 订货点法

订货点法也称为安全库存法。从订货单发出到所订货物收到这一段时间称为订货提前期。订货点法本身具有一定的局限性,例如,某种物料库存量虽然降低到了订货点,但是可能在近一段时间内企业没有收到新的订单,即近期内没有新需求产生,企业暂时可以不用考虑补货。故此订货点法也会造成一些较多的库存积压和资金占用。

2. 订货点的确定

(1) 定量订货法

定量订货法是指当库存量下降到预定的最低库存量时,按规定数量进行订货补充的一种库存控制方法。

定量订货法的关键在于把握订货的时机,它主要靠控制订货点和订货批量两个参数来控制订货,从而达到既能最好地满足库存需求,又能使总费用最低的目的。在定量订货法中,发出订单时仓库里该品种保有的实际库存量叫作订货点。订货点是直接控制库存水平的关键。

① 在需求量和订货提前期都确定的情况下,不需要设置安全库存,可直接求出订货点。订货点的计算公式如下:

$$订货点 = 订货提前期的平均需求量 = 每个订货提前期的需求量$$
$$= 每天需求量 \times 订货提前期(天)$$
$$= (全年需求量/360) \times 订货提前期(天)$$

② 在需求和订货提前期都不确定的情况下,安全库存的设置是非常必要的。这种情况下订货点的计算公式如下:

$$订货点 = 订货提前期的平均需求量 + 安全库存$$
$$= (单位时间的平均需求量 \times 最大订货提前期) + 安全库存$$

上式中安全库存需要用概率统计的方法求出:

$$安全库存 = 安全系数 \times 最大订货提前期 \times 需求变动值$$

式中,安全系数可根据缺货概率查安全系数表(见表6.1)得到;最大订货提前期可根据以往数据得到;需求变动值可用下式求得:

$$需求变动值 = \sqrt{\frac{\sum (Y_i - Y_a)^2}{n}}$$

式中,Y_i 表示单位时间内的实际需求量;Y_a 表示单位时间内的平均需求量;n 表示实际需求量出现的频次。

表6.1 安全系数值表

缺货概率/%	30.0	27.4	25.0	20.0	16.0	15.0	13.6	11.5	10.0	8.1
安全系数值	0.54	0.60	0.68	0.84	1.00	1.04	1.10	1.20	1.28	1.40
缺货概率/%	6.7	5.5	5.0	4.0	3.6	2.9	2.3	2.0	1.4	1.0
安全系数值	1.50	1.60	1.65	1.75	1.80	1.90	2.00	2.05	2.20	2.33

③ 定量订货法的优点如下:

A. 控制参数一经确定,实际操作就简单多了。实际操作中经常采用"双堆法"来处理,即将商品库存分为两堆,一堆为经常库存,另一堆为订货点库存。当消耗完订货点库存时就开始订货,并使用经常库存,不断重复此操作。这样可以减少经常盘点库存的次数。

B. 当订货量确定之后,商品的验收、入库、保管和出库业务可以利用现有规格化方式进行计算,搬运、包装等方面的作业量可以节约。

C. 经济批量的作用被充分发挥,可降低库存成本,节约费用,提高经济效益。

D. 能经常掌握库存动态,需要时及时订货,不易出现缺货现象。

④ 定量订货法的缺点如下:

A. 必须准确核查库存量(随着库存管理信息系统应用,此问题可较好解决),占用了一定的人力和物力。

B. 订货时间不能事先确定,难以编制周密的采购计划,不利于对人员、资金、工作业务实行计划安排。

C. 受单一订货的限制,很难实现多品种联合订货,也不能得到合并订货的折扣。

(2) 定期订货法

定期订货法是按预先确定的订货时间间隔按期进行订货,以补充库存的一种库存控制方法。每隔一个固定的时间周期检查一次库存项目的储备量,根据盘点结果与预定的目标库存水平的差额确定每次订购批量。

采用定期订货法不需要企业时刻监控库存存量水平,只需要根据企业的经验和企业的物料需求计划周期性检查库存,再根据盘点的情况并结合实际消耗量的速度情况来计算采购量。

定期订货法的基本原理是:预先确定一个订货周期 T 和最高库存量 Q_{max},周期性检查库存,根据最高库存量、实际库存、在途订货量和待出库商品数量,计算出每次订货批量,发出订货指令,组织订货。

① 在需求和订货提前期确定的情况下,不需要设安全库存即可直接求出订货点。影响订货点的因素主要是订货提前期、平均需求量和安全库存。订货点计算公式为

$$订货点=(全年需求量/年工作日)×订货提前期$$

② 在需求和订货提前期都不确定的情况下,需要设安全库存。这种情况下订货点的计算公式为

$$订货点=平均需求量×最大订货提前期+安全库存$$

在定量订货中,对于每一个具体的物品品种而言,每次订货批量都是相同的,所以对每一个品种都要指定一个订货批量,通常是以经济订货批量作为订货批量的。

③ 定期订货法的优点如下:

A. 根据实际情况自由调整订货量。

B. 可以根据需求做出变动,需求预测比较精确。

C. 订购周期固定,可以有计划地进行作业管理,不必每天检查库存。

D. 能同时进行不同品种的商品采购,库存量也可以减少。

④ 定期订货法的缺点如下:

A. 管理上繁琐,很难适用于大量的物品品种。

B. 库存量的确认作业手续繁琐。

C. 每次在订货时才决定订货批量,因此决策和管理困难。

D. 需求变动较大的商品难以做出库存调整。

【知识链接】

定量订货法与定期订货法有何区别?

1. 提出订购请求时点的标准不同

定量订货法是当库存量下降到预订的订货点时,即提出订购请求。定期订货法按预先规定的订货间隔周期进行订货,到了该订货的时点即提出请求订购。

2. 请求订购的商品批量不同

定量订货法中,每次订购商品的批量相同,都是事先确定的经济批量。定期订货法中,每到规定的请求订购期订购的商品批量都不相同,订购的商品批量是根据库存的实际情况计算后确定的。

3. 库存商品管理控制的程度不同

定量订货法是要求仓库作业人员对库存商品进行严格的控制、精心的管理,经常检查、详细记录、认真盘点。定期订货法则对库存商品只需要进行一般的管理,简单地记录即可,不需要经常检查和盘点。

4. 适用的商品范围不同

定量订货法适用于品种数量少,平均占用资金大的,须重点管理的 A 类商品。定期订货法适用于品种数量大,平均占用资金少的,只须一般管理的 B 类、C 类商品。由于定量订货方式需要每次订货的时候,检查库存是否减少到了订货点,因此需要经常了解和掌握库存的动态,也就是经常进行检查和盘点,正因如此,定量订货方式的工作量大且花费时间多。如果每种商品都要经常进行检查盘点,就会增加库存保管成本,因此这种方式适合于少量的重要商品,即 A 类商品,而定期订货法则反之。

6.4.2 ABC 分类管理

1. ABC 分类管理的概念

ABC 分析法源于著名的"二八"定律,即社会财富的 80% 掌握在 20% 的人手中,而余下的 80% 的人只占有 20% 的财富。这种"关键的少数和次要的多数"理论,被广泛应用到社会学和经济学中。1951 年美国通用公司经理戴克将"关键的少数和次要的多数"这一规律应用到库存管理中,于是就诞生了 ABC 分类法,又称帕累托分析法、主次因分析法。

ABC 分类法是根据物品在技术或经济方面的主要特征,进行分类排队,将分析对象划分成 A、B、C 三类,从而有区别地确定管理方式的分析方法。由于它把分析的对象分成 A、B、C 三类,所以又称为 ABC 分析法。

库存 ABC 管理法是对企业库存的物料、在工品、完成品等,按其重要程度、价值大小、资金占用或消耗数量等进行分类和排序,以分清主次、抓住重点,并施以不同的管理、掌握方法的仓库管理手法。实施库存 ABC 管理法的目的就是有效地掌握库存的规模。ABC 管理法把企业的物料分成以下 3 种类别:

A 类物料:关键的少数类物料;

B 类物料:比较次要且数量较多类物料;

C 类物料:次要的多数类物料。

通过找出关键的少数 A 类物料和次要的多数 B、C 类物料,再进行分层管理,以达到有效管理库存量的目的。

2. ABC 分类依据

将库存物品按品种和占用资金的多少分为特别重要的库存(A 类)、一般重要的库存(B 类)、不重要的库存(C 类)三个等级,然后针对不同等级分别进行管理和控制,找到关键的少数 A 类物品和次要的多数 B 类、C 类物品。ABC 分类依据如表 6.2 所列。

表 6.2 ABC 分类依据

库 存	数量比	价值比
A 类	5%～15%	60%～80%
B 类	15%～25%	15%～25%
C 类	60%～80%	5%～15%

A 类物品,品种比例在 5%～15% 范围内,平均为 10%,品种比例非常小;年消耗的金额比

例在 60%～80%范围内,平均为 70%,占用了大部分年消耗的金额,是关键的少数,是需要重点管理的库存。

B 类物品,品种比例在 15%～25%范围内,平均为 20%;年消耗的金额比例在 15%～25%范围内,平均为 20%。可以发现其品种比例和金额比例大体上相近似,是需要常规管理的库存。

C 类物品,品种比例在 60%～80%范围内,平均为 70%,品种比例非常大;年消耗的金额比例在 5%～15%范围内,平均为 10%,虽然表面上只占用了非常小的年消耗的金额,但是由于数量巨大,实际上占用了大量的管理成本,是需要精简的部分,也是需要一般管理的库存。

3. ABC 分类管理的步骤

ABC 分类管理法共分为以下几个步骤。

① 收集数据。按分析对象和分析内容,收集有关数据。如要对库存物品的平均资金占用额进行分析,以了解哪些物品占用资金多,以便实行重点管理。应收集的数据为每种库存物资的平均库存量、每种物资的单价等。

② 数据处理。对收集来的数据资料进行整理,按要求计算和汇总。例如以平均库存乘以单价,求算各种物品的平均资金占用额。

③ 制作 ABC 分析表,见表 6.3。

表 6.3 ABC 分类表

物品序号	数量	品目数累计百分比	物品单价	平均库存	平均资金占用额(物品单价×平均库存)	平均资金占用额累计	平均资金占用额累计百分比	分类

按 ABC 分析表,观察第三栏的品目数累计百分比和第八栏的平均资金占用额累计百分比,将品目数累计百分比为 5%～15%,而平均资金占用额累计百分比为 60%～80%的前几个物品,确定为 A 类;将品目数累计百分比为 20%～30%,而平均资金占用额累计百分比也为 20%～30%的物品,确定为 B 类;其余为 C 类,C 类情况和 A 类相反,其品目数累计百分比为 60%～80%,而平均资金占用额累计百分比仅为 5%～15%。

④ ABC 分析图。以品目数累计百分比为横坐标,以累计资金占用额百分比为纵坐标,按 ABC 分析表第三栏和第八栏所提供的数据,在坐标图(图 6.3)上取点,并联结各点曲线,则绘成 ABC 曲线。

按 ABC 分析曲线对应的数据,以及 ABC 分析表确定 A、B、C 三个类别的方法,在图上标明 A、B、C 三类,则制成 ABC 分析图。

⑤ 根据 ABC 分析法的结果,在权衡管理力量与经济效益之后,对库存商品采取不同的管

理方法,见表 6.4。

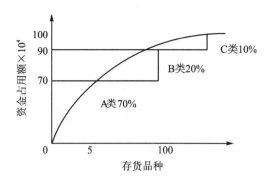

图 6.3 ABC 分析图

表 6.4 ABC 分类管理的方法

管理类别	A 类	B 类	C 类
消耗定额的方法	技术计算	现场核定	经验估算
检查	每天检查	每周检查	季度年度检查
统计	详细统计	一般统计	按金额统计
控制	严格控制	一般控制	按金额总量控制
安全库存量	较低	较大	较高
是否允许缺货	不允许	允许偶尔	允许一定范围内

6.4.3 零库存管理

1. 零库存的内涵

零库存可追溯到 20 世纪六七十年代,当时的日本丰田汽车实行准时制生产,在管理手段上采用了看板管理,以实现在生产过程中基本没有积压的原材料和半成品。这种前者按后者需求生产的制造流程不但大大降低了生产过程中库存和资金的积压,也提高了生产活动的管理效率。生产零库存在操作层面上的意义,则是指物料(包括原材料、半成品和产成品)在采购、生产、销售等一个或几个经营环节中,不以仓库储存的形式存在,而是处于周转的状态。也就是说零库存的关键在于产品是存储还是周转的状态。

零库存所蕴含的思想,主要包括以下几点。

(1) 零库存是企业管理追求的一种理想状态

零库存管理为企业设置了一个最高标准,实际生产可以无限地接近零库存,但可能永远达不到。企业通过改进库存管理,最大限度地减少库存,甚至达到零库存,能极大地提高生产供应链的柔性,使企业生产真正面向市场需求。

(2) 库存不增加产品价值,属于"浪费"

企业管理中的"浪费",指的是凡是超过增加产品价值所必需的"绝对最少"的物料、机器和人力资源的部分。按此概念,库存不增加价值,反而增加成本,属于浪费,因此要不断降低库存,尽可能地消除浪费,使生产系统的效率和绩效达到最大化。

(3) 推行零库存管理是一种动态的持续改进过程

零库存管理的途径就是通过不断降低库存,提高管理水平和效率,增加企业的经济效益。

但企业不能简单地降低库存,还要配合生产经营过程的改进,因此,推行零库存管理必然使企业总是处于降低库存、发现问题、不断进步的动态过程中。

(4) 推行零库存管理需要综合的管理技术

零库存管理实施难度较大,涉及企业采购、生产、销售各个环节,并渗透到企业的每一项活动中,须综合内因和外因。因此,实施零库存管理需要企业在管理、技术、生产过程等方面不断探索和创新,建立一套适合企业实际的经营管理技术体系。

2. 零库存管理的优势

零库存管理作为一种先进的管理方式,其潜力比任何市场营销环节都要大,其优越性主要表现在以下几个方面。

① 可以减少企业资金占用量,加速资金周转速度,提高资金使用效率。采用"零库存管理",企业当天的库存量只供今天使用,绝不多采购,保持每天结束后的库存量均为零,这样,存货的占用资金也就控制到了最低限度,从而无形中增加了企业的流动资金。

② 可以降低存货的储存成本和管理费用。企业的储存成本和管理费用在传统的存货管理体系中占了很大一部分,这些最终都会在企业的销售收入中扣除,从而使企业的利润减少。采用零库存管理后,数额巨大的这些支出则可以免除,从而解决了管理成本与收益之间的矛盾,最终使企业的成本降低了,利润也提高了。

③ 促进企业加强质量控制和监督。质量是企业的生命,如果产品质量管理差,废品和不合格产品多,那么零库存管理就失去了存在的意义。"零库存管理"要求企业注重产品的质量,它为质量管理提供了强大的动力。

3. 零库存管理的实现方式

(1) 委托保管方式

通过一定的程序,将企业所属物资交由专门的公司保管,企业向受托方支付一定的代管费用,从而实现"零库存"。

这种"零库存"形式优势在于受托方利用其专业的优势,可以实现较高水平和较低费用的库存管理,企业不再设库,同时减去了仓库及库存管理的大量事务,集中力量用于生产经营,体现了专业化特色。委托保管方式是当前国内企业发展零库存的主要趋势。

(2) 协作分包方式

协作分包方式是制造企业的一种产业结构形式,这种结构形式可以以若干企业的柔性生产准时供应,使主企业的供应库存为零,同时主企业的集中销售库存使若干分包劳务及销售企业的销售库存为零。

在许多发达国家,制造企业都是以一家规模很大的主企业和数以千百计的小型分包企业组成一个金字塔形结构。主企业主要负责装配和产品开拓市场的指导,分包企业各自分包劳务、分包零部件制造、分包供应和分包销售。

(3) 合理配送方式

配送方式是对整个物流配送体系实行统一的信息管理和调度,按照采购方订货要求,在物流基地进行理货工作,并将配好的货物送交采购方的一种物流方式。这一先进的、优化的流通方式可以有效地降低企业物流成本、优化库存配置,保证及时供应,从而使企业实现"零库存"。合理配送的具体方式有以下 3 种:

① 多批次、少批量。企业集中各个用户的需求,统筹安排,实施整车运输,增加送货的次

数,降低每个用户、每个批次的送货量,提高运输效率。配送企业也可以直接将货物运送到车间和生产线,从而使生产企业呈现零库存状态。

② 集中库存。通过集中库存的方法向用户配送货物,增加库存的商品和数量,形成规模优势,降低单位产品成本。同时在这种有保障的配送服务体系支持下,用户的库存也会自然日趋弱化。

③ 即时配送。企业及时地将按照订单生产出来的物品配送到用户手中,在此过程中,通过物品的在途运输和流通加工,减少库存。企业可以通过采用标准的 JIT 供应运作模式和合理的配送制度,使物品在运输中实现储存,从而实现零库存。

(4) 采用适时适量生产方式

适时适量生产方式是一种旨在消除一切无效劳动,实现企业资源优化配置,全面提高企业经济效益的管理模式。

采用适时适量生产方式的具体做法有以下 3 种:

① 生产同步化。即工序间不设置仓库,前一工序加工结束后,立即转到下一工序去,产品被一件一件连续地生产出来。

② 生产均衡化。企业应均衡地使用各种零部件,混合生产各种产品。为此在制定生产计划时就必须加以考虑,然后将其体现于产品投产计划之中。在制造阶段,均衡化可通过专用设备通用化和制定标准作业来实现。

③ 实现适时适量生产的管理工具。在实现适时适量生产中具有极为重要意义的是作为管理工具的看板。看板管理也可以说是 JIT 生产方式中最独特的部分,在 JIT 生产方式中,生产的月度计划是集中制定的,同时下达到各个工厂以及协作企业。看板就相当于工序之间、部门之间以及物流之间的联络神经。通过看板,可以发现生产中存在的问题,并使其暴露,从而立即采取改善对策。

4. "零库存"管理实现的保障——供应链管理

供应链是围绕核心企业,通过对信息流、物流、资金流的控制,将供应商、制造商、分销商和零售商直到最终用户连成一个整体的功能网络链结构。

"零库存"只是节点企业的零库存,而从整个供应链的角度来说,产品从供货商到制造商最终到达销售商,库存并没有消失,而是在企业间转移。

在供应链管理环境下,供应链的各个环节的活动都应该是同步进行的,必须建立供应商管理库。供应商能够随时跟踪和检测到销售商的库存状态,从而快速响应市场的需求变化,对企业的生成状态做出相应的调整。

(1) 建立共同合作目标

建立联合库存管理模式,了解供需双方在目标市场的共同之处和冲突点,通过协商形成共同目标,如用户满意度、利润的共同增长和风险的减少等。

(2) 建立联合库存的协调控制方法

联合库存管理中心担负着协调供需双方利益的角色,起协调控制器的作用。因此需要对库存优化的方法进行确定。这些内容包括库存如何在多个需求商之间调节与分配,库存的最大量、最低库存水平、安全库存的确定,需求的预测等。

(3) 建立信息沟通的渠道或系统

为了提高整个供应链的需求的一致性和稳定性,减少由于多重预测导致的需求信息扭曲,应增强供应链各主体对需求信息获得的及时性和透明性。

为此,应建立一种信息沟通的渠道或系统,以保证需求信息在供应链中的畅通和准确性。应该将条码技术、扫描技术、POS 系统和 EDI 集成起来,并充分利用互联网的优势,在供需双方之间建立一个畅通的信息沟通桥梁和联系纽带。

课后练习

一、简答题

1. 库存的作用有哪些?
2. 零库存管理所蕴含的思想是什么?
3. 什么是 ABC 分类管理?
4. ABC 分类管理的方法是什么?

二、综合实训

某企业目前有 10 种商品的库存,有关资料如表 6.5 所列,为了对这些库存商品进行有效的控制和管理,该企业打算根据商品的投资大小进行分类。

(1) 请选用 ABC 分析法将这些商品分为 A、B、C 三类。
(2) 请给出 A 类库存物资的管理方法。

表 6.5　库存商品相关资料

商品编号	单价/元	库存量/件
a	4	300
b	8	1 200
c	1	290
d	2	140
e	1	270
f	2	150
g	6	40
h	2	700
i	5	50
j	3	2 000

三、案例分析题

海尔的改革

海尔集团取得今天的业绩,和实行全面的信息化管理是分不开的。借助先进的信息技术,海尔发动了一场管理革命:以市场链为纽带,以订单信息流为中心,带动物流和资金流的运转。通过整合全球供应链资源和用户资源,逐步向"零库存、零营运资本和(与用户)零距离"的终极目标迈进。

1. 以市场链为纽带重构业务流程

海尔现有 10 800 多个产品品种,平均每天开发 1.3 个新产品,每天有 5 万台产品出库;一年的资金运作进出达 996 亿元,平均每天须做 2.76 亿元结算,1 800 多笔账;在全球有近 1 000

家供方(其中世界 500 强企业 44 个),营销网络 53 000 多个;拥有 15 个设计中心和 3 000 多名海外经理人。如此庞大的业务体系,依靠传统的金字塔式管理架构或者矩阵式模式,很难维持正常运转,业务流程重组势在必行。

总结多年管理经验,海尔探索出一套市场链管理模式。市场链简单地说就是把外部市场效益内部化。过去,企业和市场之间有条鸿沟,在企业内部,人员相互之间的关系也只是上下级或是同事。如果产品被市场投诉了,或者滞销了,最着急的是企业领导人。员工可能也很着急,但是使不上劲。海尔不仅让整个企业面对市场,而且让企业里的每一个员工都去面对市场,把市场机制成功地导入企业的内部管理,把员工相互之间的同事和上下级关系变为市场关系,形成内部的市场链机制。员工之间实施 SST 管理模式(索赔、索酬、跳闸),如果你的产品和服务好,下道工序给你报酬,否则会向你索赔或者"亮红牌"。

结合市场链模式,海尔集团对组织机构和业务流程进行了调整,把原来各事业部的财务、采购、销售业务全部分离出来,整合成商流推进本部、物流推进本部、资金流推进本部,实行全集团统一营销、采购、结算;把原来的职能管理资源整合成创新订单支持流程 3R(研发、人力资源、客户管理)和基础支持流程 3T(全面预算、全面设备管理、全面质量管理),3R 和 3T 流程相应成立独立经营的服务公司。

整合后,海尔集团商流本部和海外推进本部负责搭建全球的营销网络,从全球的用户资源中获取订单;产品本部在 3R 支持流程的支持下不断创造新的产品满足用户需求;产品事业部将商流获取的订单和产品本部创造的订单执行实施;物流本部利用全球供应链资源搭建全球采购配送网络,实现 JIT 订单加速流;资金流搭建全面预算系统。这样就形成了直接面对市场的、完整的核心流程体系和 3R、3T 等支持体系。

商流推进本部、海外推进本部从全球营销网络获得的订单形成订单信息流,传递到产品本部、事业部和物流本部,物流本部按照订单安排采购配送,产品事业部组织安排生产;生产的产品通过物流的配送系统送到用户手中,而用户的货款也通过资金流依次传递到商流、产品本部、物流和供方手中。这样就形成横向网络化的同步业务流程。

2. ERP CRM:快速响应客户需求

在业务流程再造的基础上,海尔形成了"前台一张网,后台一条链"(前台的一张网是海尔客户关系管理网站(haiercrm.com),后台的一条链是海尔的市场链)的闭环系统,构筑了企业内部供应链系统、ERP 系统、物流配送系统、资金流管理结算系统和遍布全国的分销管理系统及客户服务响应 Call-Center 系统,并形成了以订单信息流为核心的各子系统之间无缝连接的系统集成。

海尔 ERP 系统和 CRM 系统的目的是一致的,都是为了快速响应市场和客户的需求。前台的 CRM 网站作为与客户快速沟通的桥梁,将客户的需求快速收集、反馈,实现与客户的零距离。

后台的 ERP 系统可以将客户需求快速触发到供应链系统、物流配送系统、财务结算系统、客户服务系统等流程系统,实现对客户需求的协同服务,大大缩短对客户需求的响应时间。

海尔集团于 2000 年 3 月 10 日投资成立海尔电子商务有限公司,全面开展面向供应商的 B2B 业务和针对消费者个性化需求的 B2C 业务。通过电子商务采购平台和定制平台与供应商和销售终端建立紧密的互联网关系,建立起动态企业联盟,达到双赢的目标,提高双方的市场竞争力。在海尔搭建的电子商务平台上,企业和供应商、消费者实现互动沟通,使信息增值。

面对个人消费者,海尔可以实现全国范围内网上销售业务。消费者可以在海尔的网站上浏览、选购、支付,然后在家里静候海尔的快捷配送及安装服务。

3. CIMS JIT:海尔 e 制造

海尔 e 制造是根据订单进行的大批量定制。海尔 ERP 系统每天准确自动地生成向生产线配送物料的 BOM,通过无线扫描、红外传输等现代物流技术的支持,实现定时、定量、定点的三定配送;海尔独创的过站式物流,实现了从大批量生产到大批量定制的转化。

实现 e 制造还需要柔性制造系统。在满足用户个性化需求的过程中,海尔采用计算机辅助设计与制造(CAD/CAM),建立了计算机集成制造系统(CIMS)。在开发决策支持系统(DSS)的基础上,通过人机对话实施计划与控制,从物料资源规划(MRP)发展到制造资源规划(MRP-Ⅱ)和企业资源规划(ERP)。还有集开发、生产和实物分销于一体的实时生产(JIT),供应链管理中的快速响应和柔性制造,以及通过网络协调设计与生产的并行工程等。这些新的生产方式把信息技术革命和管理进一步融为一体。

现在海尔在全集团范围内已经实施 CIMS(计算机集成制造系统),生产线可以实现不同型号产品的混流生产。为了使生产线的生产模式更加灵活,海尔有针对性地开发了 EOS 商务系统、ERP 系统、JIT 三定配送系统等六大辅助系统。正是因为采用了这种 FIMS 柔性制造系统,海尔不但能够实现单台电脑客户定制,还能同时生产千余种配置的电脑,而且还可以实现 36 小时快速交货。

4. 订单信息流驱动:同步并行工程

海尔的企业全面信息化管理是以订单信息流为中心,带动物流、资金流的流通,所以,在海尔的信息化管理中,同步工程非常重要。

比如美国海尔销售公司在网上下达一万台的订单。订单在网上发布时,所有的部门都可以看到,并同时开始准备,相关工作并行推进。不用召开会议,每个部门只要知道与订单有关的数据,做好自己应该做的事就行了。如采购部门一看订单就会做出采购计划,设计部门也会按订单要求把图纸设计好。

5. 零距离、零库存——零运营资本

海尔认为,企业之间的竞争已经从过去直接的市场竞争转向客户的竞争。海尔 CRM 联网系统就是要实现端对端的零距离销售。海尔已经实施的 ERP 系统和正在实施的 CRM 系统,都是要拆除影响信息同步沟通和准确传递的阻隔。ERP 是拆除企业内部各部门的"墙",CRM 是拆除企业与客户之间的"墙",从而达到快速获取客户订单,快速满足用户需求。

库存不仅仅是资金占用的问题,最主要的是会形成很多的呆坏账。现在电子产品更新很快,一旦产品换代,原材料和产成品价格跌幅均较大,产成品积压的最后出路就只有降价,所以会形成现在市场上的价格战。不管企业说得多么好听,降价的压力均来自于库存。海尔用及时配送的时间来满足用户的要求,最终消灭库存的空间。

资料来源:CIO 时代网

思　考:

1. 在库存管理上,海尔集团采用的是什么方式?
2. 海尔集团库存管理的优势是什么?

项目 7　电子商务物流配送管理

☞ **学习目标**

通过本项目的学习,应熟悉并掌握以下基本知识:配送的概念及特征,配送与运输的区别,配送的要素,配送合理化,配送业务流程。

☞ **重点和难点**

配送的要素,配送合理化,配送业务流程。

☞ **导入案例**

【案例 7.1】

蜂鸟即配

蜂鸟即配是阿里公司旗下的即时配送平台,成立于 2015 年 4 月,为"饿了么"平台的商户提供即时配送服务,并于 2018 年 4 月全面融入阿里巴巴生态,成为新零售与本地生活重要基础设施之一,向更多行业和区域输出综合配送解决方案。作为阿里本地生活全链路数字化解决方案中的重要一环,蜂鸟即配在推动本地生活服务行业数字化进程中具有重要作用,并为三四线城市等更多下沉区域带来新一轮数字化红利。"蜂鸟即配商家版"是一款针对商家打造的专业配送软件,有了这款应用,可以呼叫所有平台订单及电话订单配送,餐饮、鲜花、蛋糕、生鲜、商超均可配送。

资料来源:蜂鸟即配网

【案例思考】

1. 什么是即时配送?
2. 配送和运输的区别是什么?

任务 7.1　配送概述

7.1.1　配送的概念及特征

1. 配送的概念

配送是物流中一种特殊的、综合的活动形式,是商流与物流的紧密结合,包含了商流活动和物流活动,也包含了物流中若干功能要素的一种形式。我国国家标准《物流术语》中,将配送定义如下:在经济合理区域范围内,根据客户要求,对物品进行分拣、加工、包装、分割、组配等作业,并按时送达指定地点的物流活动。

2. 配送的特征

（1）满足顾客对物流服务的需求是配送的前提

由于在买方市场条件下，顾客的需求是灵活多变的，消费特点是多品种、小批量的，因此单一的送货功能，无法较好地满足广大顾客对物流服务的需求，配送活动是多项物流活动的统一体。更有些学者认为：配送就是"小物流"，只比大物流系统在程度上稍有降低和范围上稍有缩小。

（2）配送是"配"与"送"的有机结合

所谓"合理地配"，是指在送货活动之前必须依据顾客需求对其进行合理的组织与计划。只有"有组织有计划"地"配"才能实现现代物流管理中所谓的"低成本、快速度"地"送"，进而有效满足顾客的需求。

（3）配送是在合理区域范围内的送货

配送不宜在大范围内实施，通常仅局限在一个城市或地区范围内进行，区域覆盖面积相对更小。

3. 配送与运输的区别

配送和运输虽然都是货物产生了空间位移，都是货物的输送过程，但本质上还有很多不同。

（1）从输送性质方面看

配送是支线运输、区域内运输、末端运输，距离一般比较短，常在同城之内进行；而运输则属于干线运输，距离一般比较长，常跨省进行。

（2）从输送货物性质方面看

配送所运送的是多品种、小批量的货物，而运输则是少品种、大批量货物。

（3）从输送工具方面看

配送时所使用的是小型货车，一般不超过 2 吨的载货量，而运输使用的是大型货车或铁路运输、水路运输等重吨位运输工具。

（4）从管理重点方面看

配送始终以服务优先，而运输则更注重效率，以效率优先。

（5）从其附属功能方面看

配送所附属的功能较多，主要包括装卸、保管、包装、分拣、流通加工、订单处理等，而运输只有装卸和捆包。

7.1.2 配送的分类

1. 按配送的节点不同进行分类

（1）配送中心配送

配送中心配送的组织者是专职配送中心，规模比较大。有的配送中心由于需要储存各种商品，储存量也比较大；也有的配送中心专职组织配送，因此储存量较小，主要靠附近的仓库来补充货源。

（2）仓库配送

仓库配送形式是以一般仓库为据点来进行配送的。仓库配送可以是把仓库完全改造成配送中心，也可以是在保持仓库原功能前提下，以仓库原功能为主，再增加一部分配送职能。

(3)商店配送

商店配送形式的组织者是商业或物资的门市网点。这些网点主要承担商品的零售,一般来讲规模不大,但经营品种却比较齐全。除日常经营的零售业务外,这种配送方式还可根据用户的要求,将代用户外订外购一部分本商店平时不经营的商品,与商店经营的品种一起配齐运送给用户。这种配送组织者实力有限,往往只是零星商品的小量配送,所配送的商品种类繁多,但是用户需用量不大,甚至于有些商品只是偶尔需要,很难与大配送中心建立计划配送关系,所以常常利用小零售网点从事此项工作。

2. 按配送商品的种类和数量的多少进行分类

(1)单(少)品种大批量配送

一般来讲,对于需求量较大的商品,可以实行整车运输,不需要再与其他商品进行搭配。由于配送量大,车辆可满载,配送中心的内部设置、组织、计划等工作也较为简单,因此配送成本较低。

(2)多品种小批量配送

多品种少批量配送是根据用户的要求,将所需的各种物品(每种物品的需要量不大)配备齐全,凑整装车后由配送据点送达用户。

(3)配套配送

配套配送形式是指根据企业的生产需要,尤其是装配型企业的生产需要,按照既定的生产节奏,将成套零部件定时送达生产企业,生产企业随即将成套零部件送入生产线装配产品。

3. 按配送时间和数量的多少进行分类

(1)定时配送

定时配送是按规定时间和时间间隔进行配送。定时配送的时间由配送的供给与需求双方通过协议确认。每次配送的品种及数量,可预先在协议中确定,实行计划配送,也可以在配送之前以商定的联络方式(如电话、传真、计算机网络等)通知配送品种及数量。

定时配送这种服务方式,对用户而言,由于时间确定,易于根据自己的经营情况,按照最理想时间进货,也易于安排接货力量(如人员、设备等)。对于配送供给企业而言,这种服务方式易于安排工作计划,有利于对多个用户实行共同配送以减少成本的投入,便于计划使用车辆和规划路线。采用这种配送服务方式时如果配送物品种类多、输出比较大,配货及车辆配装的难度则较大,会导致配送运力的安排出现困难。

(2)定量配送

定量配送是指按规定的批量进行配送,但不规定严格的时间,只规定在一个指定的时间范围内配送。

(3)定时定量配送

定时定量配送是指按照规定的配送时间和配送数量进行配送,兼有定时、定量两种方式的优点,是一种精密的配送服务方式。但是其特殊性强,计划难度大,因此适合采用的对象不多,不是一种普遍的配送方式。

(4)定时定路线配送

定时定路线配送是指在确定的运行路线上制定到达时间表,按运行时间表进行配送,用户可在规定地点和时间接货,可按规定路线及时间提出配送要求。

(5)加工配送

加工配送是指与流通加工相结合的配送。即在配送据点中设置流通加工环节,或是流通加工中心与配送中心建立在一起。如果现成的产品不能满足用户需要,或者是用户根据本身的工艺要求,需要使用经过某种初加工的产品时,可以在经过加工后进行分拣、配货再送货到户。

(6) 集中配送

集中配送是由几个物流据点共同协作制定的计划,共同组织车辆设备,对某一地区的货物进行配送。在具体执行配送作业计划时,可以共同使用配送车辆,提高车辆实载率,提高配送经济效益和效率,降低配送成本。

4. 按经营形式不同进行分类

(1) 销售配送

销售配送是指配送企业是销售型企业,或销售企业作为销售战略一环,进行的促销型配送,或者是和电子商务网站配套的销售型配送。这种配送的配送对象往往不是固定的,用户往往也不是固定的。各种类型的商店配送、电子商务网站配送一般都属于销售配送。用配送方式进行销售是扩大销售数量、扩大市场占有率、更多获得销售收益的重要方式。由于销售配送是在送货服务前提下进行的活动,因此也受到用户欢迎。

(2) 供应配送

供应配送的配送对象是确定的,用户的需求是确定的,所以这种配送可以形成较强的计划性、较为稳定的渠道,有利于提高配送的科学性和强化配送管理。

(3) 销售-供应一体化配送

销售-供应一体化配送是指对于基本固定的用户和基本确定的配送产品,销售企业可以在自己销售的同时,承担用户有计划供应者的职能,既是销售者又成为用户的供应代理人,起用户供应代理人的作用。

7.1.3 配送的要素

1. 集　货

集货即将分散的或小批量的物品集中起来,以便进行运输、配送的作业。集货是配送的重要环节,为了满足特定客户的配送要求,有时需要把从几家甚至数十家供应商处预订的物品集中,并按要求分配到指定容器和场所。集货是配送的基础工作,配送的优势之一,就是可以集中客户的需要进行一定规模的集货。

2. 分　拣

分拣是将物品按品种、出入库的先后顺序进行分门别类堆放的作业。分拣是配送不同于其他物流形式的功能要素,也是配送成败的一项重要支持性工作。它是完善送货、支持送货准备性工作,是不同配送企业在送货时进行竞争和提高自身经济效益的必然延伸。

3. 配　货

配货是使用各种拣选设备和传输装置,将存放的物品,按客户要求分拣出来,配备齐全,送到指定发货地点。

4. 配　装

在单个客户配送数量不能达到车辆的有效运载负荷时,就存在如何集中不同客户的配送货物,进行搭配装载以充分利用运能、运力的问题,这时就需要配装。跟一般送货不同之处在于,通过配装送货可以大大提高送货水平及降低送货成本,所以装配也是配送系统中有现代特点的功能要素,也是现代配送与以往送货的重要区别之一。

5. 配送运输

配送运输是较短距离、较小规模、额度较高的运输形式,一般使用汽车做运输工具。配送运输的路线选择问题是一般干线运输所没有的,干线运输的干线是唯一的运输线,而配送运输由于配送客户多,一般城市交通路线又较复杂,如何组合成最佳路线,是配送运输的特点,也是难度较大的工作。

6. 送达服务

要圆满地实现货物的移交,方便有效地处理相关手续并完成结算,应确定送货地点、卸货方式等。送达服务是配送的独特服务。

7. 配送加工

配送加工是按照配送客户的要求所进行的流通加工。在配送中,配送加工可以大大提高客户的满意程度。配送加工是流通加工的一种,但配送加工有其不同于流通加工的特点,即配送加工一般只取决于客户要求,加工的目的较为单一。

7.1.4 常见的电子商务物流配送模式

作为电子商务的支撑,配送是直接面向消费者的终端环节。各大电子商务企业为了突破配送"瓶颈",分别根据自身的实际情况选择了不同的配送模式,当前主要的电子商务物流配送模式可以分为三类。

1. 平台模式——以大数据为支撑的菜鸟联盟模式

当前电商物流领域标准不统一,物流服务体验差,严重制约了电子商务的发展。阿里巴巴旗下大数据物流平台菜鸟网络于2016年3月28日宣布出资10亿元,联合物流公司组成菜鸟联盟,申通快递、圆通速递、中通快递、韵达速递、天天快递和百世物流首批加入菜鸟联盟。

首先,菜鸟联盟是基于大数据计算的,不同的消费者在商家前端看到的物流选择是不一样的。菜鸟联盟系统会根据发货地、收货地、购买的商品品类等因素选择符合要求的优质物流服务,并将这个优质的物流特殊标记显示在前端页面上,以便消费者在网购时选择。其次,菜鸟联盟是基于行业协同的,它推出的任何一项优质的物流服务和任何一条优质线路,都不是哪一个公司独自完成的。在仓配、分拨、快递等环节上,联盟成员一起协同来完成优质的服务。这既能降低成本、提高效率,又可以带动行业服务水平的整体提升。

2. 自营模式——京东配送模式

电商兴起之初,社会提供不了可靠的物流配送服务,所以以京东商城为代表的电子商务平台投资建设、全程管理的物流配送模式能给用户提供更好的购物体验。

2009年,京东商城获得了2 100万美元的外部投资,其中70%用于自建物流体系,包括投资2 000万元建立自有快递公司。2010年2月,京东商城又获得老虎环球基金1.5亿美元投资,其中50%用于仓储、配送、售后等服务提升。2011年4月,京东商城又从俄罗斯DST基金、老虎基金、沃尔玛等投资人处募集15亿美元资金,几乎全部投入物流建设中。至2021年,京东物流助力约90%的京东线上零售订单实现当日和次日达,客户体验持续领先行业。截至2022年3月31日,京东物流运营约1 400个仓库,包含云仓管理面积在内,京东物流仓储总面积超过 2 500 万平方米。

自营配送可以提供更高的客户价值,该模式由网站自己筹资组建物流配送系统。从客户网上订单的签订到货物最终到达客户手中采用"一条龙"服务,没有第三者参与。自营配送的一般方法是在网民较密集的地区设置配送中心和配送点。自建物流系统最大的好处是拥有对物流系统运作过程的有效控制权,可以提升该系统对企业服务客户的专用性,因此配送速度和服务都很好。另外,它有利于企业内部各个部门之间的协调,对于获得第一手市场信息也有帮助作用,同时可以有效地防止企业商业秘密的泄露。

3. 外包配送模式——当当外包模式

与京东自营配送模式和天猫平台配送模式不同,当当选择外包配送模式,通过租赁物流中心,把配送环节全部外包。外包配送模式可以通过专业化的服务减轻当当网在物流配送方面的顾虑,使其能够专心经营网络商品,同时又可降低企业物流配送的成本。当当网上商品订单通常被直接派送到就近物流中心,再由该物流中心对外派货,当附近没有物流中心或物流中心无法提供货物时,就会由总部物流中心重新分派。

在运输配送环节,当当与国内上百家第三方物流企业建立合作关系,由第三方物流企业到当当的物流中心取货外送。为了控制服务品质,当当通常会收取一定押金,并对从物流中心派送出去的货物进行逐一检查。

外包配送模式虽然减轻了企业的资金压力,加速了资金周转,但它要求有一个专业化的第三方物流服务平台,包括高效的第三方物流公司,如果"第三方"的发展跟不上,则外包配送模式可能会面临服务品质下降的风险。

任务 7.2　配送合理化

7.2.1　配送合理化概述

1. 配送合理化的内涵

物流配送合理化是指"维持合理的物流结构",即"实现低成本的物流配送结构"。配送合理化的内涵包括以下几方面。

(1) 物流结构合理化

物流结构既指物流网络的布局构成,也泛指物流各个环节(装卸、运输、仓储、加工、包装、发送等)的组合情况。物流网点在空间上的布局,很大程度上影响物流的路线、方向和流程,而物流各环节的内部结构模式又直接影响着物流运动的成效。

(2) 物流过程优质化

在追求物流过程优质化中,通过物流过程各环节的合理化及最佳配合,以及与生产、销售等活动的最佳配合,实现物流整体的最优化。

(3) 物流配送体制科学化

物流是在一定的社会条件下存在的,物流水平直接受社会体制、物流政策,以及物流所赖以存在的基础设施,如公路、铁路、航空、仓储、信息服务等整体状况影响,社会整体物流环境是物流获得较大发展的基础。

2. 不合理配送的表现形式

对于配送的决策优劣,很难有一个绝对的标准。例如,企业效益是配送的重要衡量标志,但是在决策时常常考虑各个因素。所以,配送的决策是全面、综合决策。决策时要避免由于不合理配送所造成的损失,但有时某些不合理现象是伴生的,要追求大的合理,就可能派生小的不合理,下面列出常见的不合理配送形式。

(1) 资源筹措不合理

一般,通过规模效益来降低成本,使配送资源筹措成本低于用户自己筹措资源的成本,从而取得优势。资源筹措不合理的表现形式有配送量计划不准、资源筹措过多或过少、资源筹措时不考虑建立与资源供应者之间长期稳定的供需关系等。

(2) 库存决策不合理

配送应充分利用集中库存总量低于各用户分散库存总量,从而大大节约社会财富,同时降低用户实际平均分摊库存负担。因此,配送企业必须依靠科学管理来实现一个低总量的库存,否则就会出现只是库存转移,而未解决库存降低的不合理。配送企业库存决策不合理还表现在储存量不足,不能保证随机需求。

(3) 价格不合理

有时由于配送服务水平较高,价格稍高,用户也是可以接受的,但这不能是普遍的原则。如果配送价格普遍高于用户自己进货价格,损伤了用户的利益,就是一种不合理表现。如果价格制定过低,使配送企业处于无利或亏损状态下运行,会损伤销售者的利益,也是不合理的。

(4) 配送与直达的决策不合理

一般的配送总是增加环节,但是环节的增加,可降低用户平均库存水平,这样不但抵消了增加环节的支出,而且还能取得剩余效益。如果用户使用批量大,可以直接通过社会物流系统均衡批量进货,相较于通过配送中转送货可能更节约费用,因此,在这种情况下,不直接进货而通过配送,就属于不合理范畴。

(5) 送货中的不合理运输

配送与用户自提比较,尤其对于多个小用户来讲,可以集中配装一车送几家,与一家一户自提相比,可大大节省运力和运费。如果不能利用这一优势,仍然是一户一送,而车辆达不到满载(即时配送过多、过频时会出现这种情况),则就属于不合理运输。此外,不合理运输的若干表现形式,在配送中都可能出现,会导致配送变得不合理。

(6) 经营观念的不合理

在配送实施中,有许多是经营观念不合理,导致配送优势无从发挥,却损坏了配送的形象,这是在开展配送时尤其需要克服的不合理现象。例如,配送企业当库存过大时,强迫用户接货,以缓解自己库存压力;当资金紧张时,长期占用用户资金;当资源紧张时,将用户委托资源挪作他用获利等。

7.2.2 配送合理化策略

国内外推行配送合理化,有一些方法可以借鉴。

1. 推行一定综合程度的专业化配送

通过采用专业设备、设施及操作程序,取得较好的配送效果并降低配送过程综合化的复杂程度及难度,从而追求配送合理化。

2. 推行加工配送

通过加工和配送结合,充分利用中转追求配送合理化。同时,加工借助于配送,可使加工

专业化是必然要求

目的更明确,这两者有机结合,投入不增加太多却可追求两个优势、两个效益,是配送合理化的重要经验。

3. 推行共同配送

共同配送是由多家企业联合组织实施的配送活动。共同配送的本质是通过作业活动的规模化降低作业成本,提高物流资源的利用效率。共同配送是指企业采取多种方式,进行横向联合、集约协调、求同存异以及效益共享。通过共同配送,可以以最近的路程、最低的配送成本完成配送,从而追求合理化。

4. 实行送取结合

配送企业与用户建立稳定、密切的协作关系,配送企业不仅成了用户的供应代理人,而且承担用户储存据点,甚至是产品代销人,配送时将用户所需的物资送到,再将该用户生产的产品用同一车辆运回,这种产品也成了配送中心的配送产品之一,或者作为代存代储,免去了生产企业库存包袱。这种送取结合,可以充分利用运力,也可以充分发挥配送企业功能,从而实现配送合理化。

5. 推行准时配送系统

准时配送是配送合理化重要内容。配送做到准时,用户才有资源把握,可以放心地实施低库存或零库存,可以有效地安排接货的人力、物力,以追求最高效率的工作。另外,保证供应能力,也取决于准时供应。从国外的经验看,准时供应配送系统是现在许多配送企业追求配送合理化的重要手段。

6. 推行即时配送

即时配送是指配送企业完全按照用户突然提出的时间、数量方面的配送要求,随即进行配送的方式。即时配送是最终解决用户企业担心断供之忧,大幅度提高供应保证能力的重要手段。即时配送是配送企业快速反应能力的具体化,是配送企业能力的体现。

【案例 7.2】

无人配送车助力破解物流"最后一公里"难题

每天都有一批特殊的"快递小哥"——无人配送车,穿梭在高耸的写字楼之间,它们看上去像一个斗柜,不仅会在大马路上行驶,也会走街串巷"抄近路"。寄件人、收件人只需要通过手机 APP 填写相关信息,就可以约它们"跑腿"。当它们到达指定地点时,寄件人、收件人也只需要通过手机扫码,就可以打开柜子寄件或者取件。

无人配送车一次充电可以行驶 100 千米,相比固定式的"快递柜"更加灵活,相比有人配送,成本更低,可以很好解决"最后一公里"配送难题。无人配送车约一人高,最大载重为 400 千克,能适应室内、室外、地下车库、架空层等多种场景。相比运人,运货看似对安全性的要求降低了,但它既要混迹在车流之中,又要在路况复杂的小街小巷里行驶,技术难度并没有因此下降。

为了应对园区、景区、写字楼等缺乏交通标识且运行情况复杂的人车混行场景,基于时空对准的多源传感器可深度融合感知技术,使无人配送小车可以不依赖于 GNSS(卫星导航系统),实现室内外高精度定位的无缝切换。同时,无人配送车所配备的"超强大脑"可以实现每秒钟 30 万亿次计算,在低速行驶情况下,有足够的算力冗余来应对各种突发状况。

以写字楼场景为例。午休时间,写字楼周围的道路往往挤满了行人、非机动车、机动车。此时,无人配送车会综合应用雷达、视频影像、高精度地图等提供的信息,根据实际情况快速调整,不再是死板地"一条路走到底",而是像人一样根据实际情况做出避让或者绕道动作。

资料来源:新华网

【案例思考】

1. 什么是无人配送?
2. 无人配送能提升配送效率吗?

任务 7.3　配送中心

7.3.1　配送中心的含义

配送要实现货物的空间位移,必须由相应的活动主体来承担。配送中心就是专门完成特定货物空间位移服务的组织,它的布局、作业流程、设施设备投放等决定了配送作业的效率。

根据国家标准《物流术语》定义,配送中心是指从事配送业务并具有完善的信息网络的场所或组织。配送中心应基本符合下列要求:主要为特定的用户服务,配送功能健全,辐射范围小,品种多批量小批次多、周期短,主要为末端客户提供配送服务。

7.3.2　配送中心分类

1. 按照配送中心的功能分类

(1) 储存型配送中心

储存型配送中心是指有很强储存功能的配送中心。一般来讲,在买方市场下,企业成品销售需要有较大的库存支持,这种情况下配送中心可能有较强的储存功能;在卖方市场下,企业原材料、零部件供应需要有较大的库存支持,这种情况下配送中心也有较强的储存功能。大范围配送需要有较大的库存,这种情况下的配送中心也可能是储存型配送中心。

(2) 流通型配送中心

流通型配送中心是指基本上没有长期储存功能,仅以暂存或随进随出方式进行配货、送货的配送中心。这种配送中心的典型方式是采用大型分货机,进货时物品直接进入分货机传送带,分送到各客户货位或直接分送到配送汽车上,货物在配送中心里仅做少许停滞。

(3) 加工型配送中心

加工型配送中心是指具有加工职能,能根据用户的需要或市场竞争的需要对货物加工之后进行配送的配送中心。在这种配送中心内可进行分装、包装、初级加工、集中下料、组装产品等加工活动。

2. 按配送中心的流通职能分类

(1) 供应型配送中心

供应型配送中心是指具有供应的职能,专门为某个或某些客户(如连锁店、联合公司)组织供应的配送中心。例如,为大型连锁超级市场组织供应的配送中心,代替零件加工厂送货的零件配送中心(可使零件加工厂对装配厂的供应合理化)。供应型配送中心的主要特点是配送的客户有限并且稳定;客户的配送要求也比较确定,属于企业型客户。

(2) 销售型配送中心

销售型配送中心是指以销售经营为目的,以配送为手段的配送中心。销售型配送中心大体有三种类型:第一种类型是生产企业将自身产品直接销售给消费者的配送中心,在国外,这种类型的配送中心很多。第二种类型是流通企业作为自身经营的一种方式,建立配送中心以扩大销售。第三种类型是流通企业和生产企业联合协作性配送中心。当前大多配送中心都在向销售型配送中心方向发展。

3. 按配送中心的配送区域范围分类

(1) 城市配送中心

城市配送中心是指以城市范围为配送范围的配送中心。由于城市范围一般处于汽车运输的经济里程内,这种配送中心可直接采用汽车配送到最终客户。因此,这种配送中心往往和零售经营相结合,由于运输距离短、反应能力强,因而从事多品种、少批量、多客户的配送较有优势。

(2) 区域配送中心

区域配送中心是指以较强的辐射能力和库存准备向省际、全国乃至国际范围的客户配送的配送中心。这种配送中心配送规模较大,一般而言客户规模和配送批量也较大,而且往往是配送给下一级的城市配送中心,也配送给营业所、商店、批发商和企业用户,虽然也从事零星的配送,但这不是主体形式。

4. 按配送货物的种类分类

根据配送货物的种类,配送中心可以分为食品配送中心、日用品配送中心、医药品配送中心、化妆品配送中心、家用电器配送中心、电子产品配送中心、书籍产品配送中心、服饰产品配送中心、汽车零件配送中心和生鲜处理中心等。

7.3.3 配送中心的功能

电子商务物流配送中心是专门从事货物配送活动的场所或组织。换个角度说,它又是集加工、理货、送货等多种职能于一体的物流据点。有业内人士认为,配送中心实际上是集货中心、分货中心、加工中心功能的综合。具体来说,配送中心具有如下六种功能。

1. 储存功能

配送中心的服务对象是众多的企业和网点(如超级市场和快递门店),配送中心的职能和作用是按照客户的要求及时将各种配装好的货物送交到客户手中,满足其生产或消费需要。为了顺利而有序地完成向客户配送货物的任务及更好地发挥保障生产和消费需要的作用,配送中心通常都要兴建现代化的仓库并配备一定数量的仓储设备,同时储存一定数量的货物。

2. 分拣功能

作为物流节点的配送中心,其服务对象是为数众多的企业。在这些为数众多的客户中,彼此之间存在很多差异,不仅各自的性质不尽相同,而且其经营规模也不一样。订货或进货时,为了有效地进行配送,配送中心必须采取适当的方式对入库货物进行拣选,并且在此基础上按照配送计划分装和配装货物。因此,在商品流通实践中,配送中心除了具有储存货物的功能外,还应具有分拣货物的功能,能发挥分拣中心的作用。

3. 集散功能

配送中心凭借其特殊的地位和其拥有的各种先进的设施和设备,能够将分散在各个生产企业的商品集中到一起,经过分拣、配装后,向多家客户发运。与此同时,配送中心也可以做到把各个客户所需要的多种货物有效地组合在一起,形成经济合理的货载,批量进行配装。配送中心在流通实践中所表现出的这种集散功能,也被称为配货、分放功能。

集散功能是配送中心所具备的一项基本功能。实践证明,利用配送中心来集散货物,可以提高卡车的满载率,从而降低物流成本。

4. 衔接功能

通过开展货物配送活动,配送中心能把各种货物直接运送到客户手中,客观上可以起到衔接生产和消费的作用。这是配送中心衔接功能的一种重要表现。此外,通过集货和储存货物,配送中心又具有平衡供求的功能,可有效解决季节性货物的产需衔接问题。

5. 加工功能

为了扩大经营范围和提高配送水平,目前国内外许多配送中心都配备了各种加工设备,因此具备了一定的流通加工能力。配送中心能够按照客户提出的要求,根据合理配送货物的原则,将组织进来的货物加工成一定的规格、尺寸和形状。

加工货物是某些配送中心的重要活动。配送中心积极开展加工业务,不仅大大方便了客户,省去了客户不少烦琐的劳动,而且有利于提高物质资源的利用效率和配送效率。对于配送活动本身来说,开展加工业务客观上起着强化其整体功能的作用。

6. 信息提供功能

配送中心除了具有储存、分拣、集散、衔接和加工功能外,还能为配送中心本身及上下游企业提供各式各样的信息情报,为配送中心营运管理政策的制定、商品路线开发和商品销售推广政策的制定提供参考。例如,哪个客户订多少商品,哪种商品畅销,从配送中心的分析资料中就能非常清楚地知道,甚至可以将这些宝贵资料提供给上游的制造商及下游的零售商当作经营管理的参考。

7.3.4 电子商务物流配送中心的作业流程

不同类型、不同功能的配送中心,其作业流程长短不一。但作为一个整体,配送中心的作业流程又是统一的。从基本环节上看,配送中心的作业流程涵盖了备货、配货和送货三个环节。

1. 备货

备货是配送的准备工作或基础工作,其内容包括筹集货源、订货或购货、集货、进货及有关的质量检查、结算、交接等。配送的优势之一是可以集中客户的需求进行一定规模的备货。备货是决定配送成功的初期工作,如果备货成本太高,会大幅降低配送的效益。

2. 配货

(1) 订单处理

从接到客户订单到着手准备拣货之间的作业阶段称为订单处理,通常包括订单确认、存货查询、单据处理等内容。订单处理是与客户直接沟通的作业阶段,对后续的拣货、分货有直接的影响。订单处理首先要判断订单的有效性,有些情况下订单是无效的,如订单要求配送的时间在接到订单之前或者配送中心暂时没有库存而客户并不接受替代品和延迟交货。

(2) 拣货

拣货是依据客户的订货要求或配送中心的送货计划,迅速、准确地将货物从其储位或其他区域拣选出来,并按一定的方式进行分类集中,等待配装送货的作业过程。在配送作业的各环节中,拣货作业是非常重要的一环,是整个配送中心作业系统的核心工序。在配送中心搬运成本中,拣货作业搬运成本约占90%;在劳动密集型配送中心,与拣货作业直接相关的人力占50%;拣货作业时间约占整个配送中心作业时间的30%～40%。因此,合理规划与管理拣货作业,对提高配送中心作业效率和降低整个配送中心作业成本具有事半功倍的效果。

1) 确定拣选方式

拣货通常有订单别拣选、批量拣选及复合拣选三种方式。

① 订单别拣选。订单别拣选又被称为摘果式拣选,是指分拣人员按照每份订单所列商品及数量,将商品从储存区域或分拣区域拣选出来,然后集中在一起的拣选方式。

订单别拣选作业方法简单,接到订单可立即拣货,作业前置时间短,作业人员责任明确。但当商品品项较多时,拣货行走路径加长,拣选效率较低。订单别拣选适用于订单大小差异较大、订单数量变化频繁、商品差异较大的情况,如化妆品、家具、电器、高级服饰等的拣选。

② 批量拣选。批量拣选又称播种式拣选,是指将多张订单集合成批,按照商品类别汇总后进行拣货,然后依据不同客户或不同订单分类集中的拣货方式。

批量拣选可以缩短拣选商品时的行走时间,增加单位时间的拣货量。由于批量拣选需要订单累积到一定数量时才做一次性的处理,因此会有停滞时间产生。批量拣选适用于订单变化较小、订单数量稳定的配送中心和外形较规则、固定的商品出货,如箱装、扇袋装的商品的拣选。此外,需要进行流通加工的商品也适合批量拣选,然后批量加工,分类配送,有利于提高拣货及加工效率。

在电子商务配送拣货中,有种通俗的拣选方式,称为波次作业。波次作业是指为提高作业效率,将待出库的订单按照某种标准或规则汇总在一起进行出库作业。一批订单汇总起来的作业单称为波次单。

③ 复合拣选。为克服订单别拣选和批量拣选方式的缺点,配送中心也可以采取将订单别拣选和批量拣选组合起来的复合拣选方式。复合拣选即根据订单的品种、数量及出库频率,确定哪些订单适合订单别拣选,哪些适合批量拣选,分别采取不同的拣货方式。

除了上述三种常见的拣选方式之外,还有分区拣选、订单分割拣选等方式。

分区拣选是将拣选作业场地划分成若干区域,每个作业人员负责拣选固定区域内的商品的拣选方式。无论是订单别拣选还是批量拣选,配合分区原则,均可以提高工作效率。

订单分割拣选是将订单分成若干个子订单,由不同的拣货人员同时进行拣货作业的方式。当一张订单所订购的商品项目较多或打算设计一个及时快速处理的拣货系统时,可以采用订单分割拣选方式。订单分割拣选方式与分区拣选方式联合运用能发挥最佳效果。

2) 生成拣货单

配送中心将客户订单资料进行计算机处理,生成并打印出拣货单。拣货单上标明储位,并按储位顺序来排列货物编号,这样可以缩短作业人员拣货路径,提高拣货作业效率。

3) 确定拣货路线及分派拣货人员

配送中心根据拣货单所指示的商品编码、储位编号等信息,能够明确商品所处的位置,确定合理的拣货路线,安排拣货人员进行拣货作业。

4) 拣选货物

拣选的过程可以由人工或自动化设备完成。通常小体积、小批量、搬运重量在人力范围内且出货频率不是特别高的货物可以采取手工方式拣选;体积大、重量大的货物可以利用升降叉车等搬运机械辅助拣选作业;出货频率很高的货物可以采取自动拣货系统拣选。

5)分类集中

经过拣选的货物根据不同的客户或送货路线分类集中,有些需要进行流通加工的货物还须根据加工方法进行分类,加工完成后再按一定方式分类出货。多品种分货的工艺过程较复杂,难度也大,容易发生错误,因此必须在统筹安排、形成规模效应的基础上提高作业的精确性。在货物体积小、重量轻的情况下,既可以采取人工拣选,也可以采取机械辅助拣选作业,或利用自动分拣机自动将拣选出来的货物进行分类与集中。

(3)分　货

拣货作业完成后,将货物按客户或配送路线做分类的工作,即分货。分货大多以客户或配送路线为依据来进行。分货的方式一般有以下三种:

① 目视分货。目视分货是指所有的分货作业过程全部由工作人员根据订单判断来进行,不借助任何计算机或自动化的辅助设备。

② 自动分拣机分货。自动分拣机分货是指利用计算机及自动辨识系统来进行分货,这种方式迅速、省力、准确,尤其适用于多品种业务繁忙的配送。

③ 旋转架分货。旋转架分货是指将旋转架的每个格位当成客户的出货篮,分货时只要在计算机中输入各客户的代号,旋转架即会自动将其货篮转至作业人员面前。

(4)核　验

配货完成后要进行检查核对,根据客户订单信息对拣选货物的编码和数量进行核实,以及对货物状态、品质进行检查。出库核验最简单的做法是人工检查,即将货物一个一个点数并逐一核对出货单,进而查验配货是否正确。出库检查常见的方式有以下两种:

① 商品条码检查法。这种方法最大的原则就是要导入条码,让条码跟着货物流动。当进行出货检查时,将拣出货物的条码用扫描仪读出,计算机则会自动将资料与出货单比对,从而检查是否有数量或编码上的差异。

② 重量计算检查法。重量检验系统自动计算出货单上的货物重量,然后将拣出货物用计重器称出总重,再将两者互相比对。如果能利用装有重量检验系统的拣货台车拣货,则在拣选过程中就能利用此法进行检查,拣货员每拣选一样货物,台车上的计重器就会自动显示其重量并做查对,如此可完全省去事后的检查工作,提高拣货效率及准确性。

(5)配　装

合理配装是充分利用运输车辆容积、载重量来降低配送成本的重要手段。实现配装满载的基本方法是以车辆的最大容积和载重量为限,并根据各种货物的容量、单件货物的重量来确定装载方案。

常见的装车方式有两种:一种是用机械设备装载,批量较大的货物一般都放在托盘上,用叉车进行装车,部分电子商务物流配送中心也多用传送带进行装车;另一种是利用人力装车,这种方式随着物流技术的进一步发展将会逐步被机械设备装车所取代。配装一般应遵循轻重搭配、大小搭配等原则,尽量做到"后送先装"。

3. 送　货

送货作业是利用配送车辆把客户订购的货物从配送中心送到客户手中的过程。送货通常是一种短距离、小批量、高频率的运输形式,它以服务为目标,以尽可能满足客户需求为宗旨。国内配送中心的配送经济里程一般在30千米以内。送货是运输中的末端运输和支线运输,是直接面对客户的服务,其有如下特点:

① 时效性。时效性是电子商务客户最重视的因素，即确保在指定的时间内交货。送货是从客户订货到交货的最后一个环节，也是最容易引起时间延误的环节。影响时效性的因素有很多，除配送车辆故障外，所选择的配送线路不当、中途客户卸货不及时等均会造成时间上的延误。因此，必须在认真分析各种因素的前提下，用系统化的思想和原则有效协调、综合管理，选择合理的配送线路、配送车辆和送货人员，使每位客户能够在预定的时间收到所订购的货物。

② 可靠性。送货的任务就是要将货物完好无损地送到目的地。影响可靠性的因素有货物的装卸作业、运送过程中的机械振动和冲击、其他意外事故、客户地点及作业环境、送货人员的素质等。在配送管理中必须注意可靠性的原则。

③ 便利性。配送以服务为目标，以最大限度地满足客户要求为宗旨。因此，应尽可能地让客户享受到便捷的服务。通过采用高弹性的送货机制，如采用急送货、顺道送货与退货、辅助资源回收等方式，为客户提供真正意义上的便利服务。

④ 经济性。实现一定的经济效益是企业运作的基本目标。物流企业不仅要满足客户的要求，提供高质量、及时方便的配送服务，还必须提高配送效率，加强成本管理与控制。

课后练习

一、简答题

1. 什么是配送？
2. 配送的要素有哪些？
3. 什么是合理化配送？
4. 电子商务物流配送中心的作业流程有哪些？

二、实训任务题

调查饿了么、美团的配送模式，分析各自有何优势？是否有改进的地方？

三、案例分析题

【材料1】

浙江出台网络订餐配送省级标准

为加强网络餐饮服务食品安全监管，规范网络订餐配送食品安全操作，浙江省市场监督管理局批准发布了省级地方标准《网络订餐配送操作规范》，以下简称《规范》。《规范》适用于提供配送服务的餐饮服务提供者和网络订餐第三方平台在网络订餐配送中的食品安全相关操作。电话订餐配送可参照执行。

《规范》对网络订餐配送的配送箱（包）、配送人员、配送流程与要求、日常管理等与食品安全密切相关的操作进行了详细规范。例如，"无接触配送""外卖封签"等在外卖平台为疫情防控采取的操作流程被写进标准。

根据《规范》，提供配送服务的餐饮服务提供者和网络订餐第三方平台，应如实、完整记录网络订餐的订单信息，包括食品的名称、下单时间、配送人员、送达时间以及取餐地点，信息保存时间不得少于3年。第三方平台应制定投诉处理制度，公开投诉方式，及时处理涉及消费者食品安全的投诉。

资料来源:头条网

思　考:
1. 配送业务有必要制定标准吗?
2. 配送标准对物流企业和客户有何作用?

【材料2】

无人配送成为新趋势

随着自动驾驶技术的迅猛发展,商业落地的进程也逐步加快,城市末端配送最后三公里——无人配送作为一块巨大的市场,是自动驾驶技术最有望率先落地的场景之一,当然也成为了大厂和创业公司的青睐之地。

目前,末端无人配送最主要的场景是快递和即时配送,后者包括外卖、生鲜、商超、零售等。2021年我国末端配送市场规模超3 000亿元,无论是哪个场景,都蕴含着巨大的市场价值。现阶段,无人配送商业模型已经初步形成,技术已经能够支撑部分场景需求,大型互联网公司也拿出了自家的实体无人配送车解决方案。美团的自动配送车"魔袋20"已在北京的公开测试道路上实现了常态化的试运营,阿里的"小蛮驴"也已经成功进驻全国200多所高校运营配送,京东也推出了全新的第四代无人配送车,用于其末端的物流配送业务。可以说作为自动驾驶技术最有望落地的场景之一,无人配送吸引了包括众多互联网企业及初创公司的目光,其市场的前景也得到了诸多的认可,也促使了各家公司陆续更新迭代自家的无人配送车产品。

资料来源:腾讯新闻

思　考:
1. 为何无人配送会成为新趋势?
2. 对物流企业而言,无人配送有何意义?

项目 8　电子商务供应链管理

☞ **学习目标**

通过本项目的学习,应熟悉并掌握以下基本知识:供应链的概念,供应链管理方法。

☞ **重点和难点**

供应链管理方法。

☞ **导入案例**

【案例8.1】

一体化供应链物流服务企业典型案例——以京东物流为例

京东集团创办于1998年,其自身定位为"以供应链为基础的技术与服务企业",是一家业务活动涉及零售、科技、物流、健康、保险等多领域,同时具备实体企业基因和属性并拥有数智技术和能力的新型实体企业。

京东集团自2007年开始自建物流,并于2017年4月正式成立京东物流集团。2021年5月,京东物流于香港联交所主板上市。京东物流充分发挥"以实助实"的新型实体企业属性,不仅能通过扎实的基础设施,高效的数智化社会供应链,创新的技术服务能力,助力农贸、交通、通信、制造等实体经济行业大型企业数智化转型。还能不断开放完善的跨行业、跨产业、全球化的产业生态资源体系,通过多元化的解决方案帮助中小微企业降本增效。更能将专业化服务向下兼容,以数智化社会供应链为基础,从发展数智农业和物流、提升乡村治理和服务水平等方面入手,打通农村全产业链条,为乡村振兴提供解决方案。得益于从供应链安排、物流执行到消费产品分析的丰富经验,在一体化供应链物流领域,京东物流的专业化服务能力已经逐渐走向成熟。

1. 跨业务、全球化服务能力

业内领先的大规模、高智能的物流仓配网是京东物流持续高质量发展的核心竞争力。京东物流建立了包含仓储网络、综合运输网络、配送网络、大件网络、冷链网络及跨境网络在内的高度协同的六大网络,具备数智化、广泛和灵活的特点,且服务范围覆盖了中国几乎所有地区,由此成为可以实现多网、大规模一体化融合的供应链与物流服务提供商。京东物流的供应链物流网络具有"自营核心资源+协同共生"的特点。截至2021年6月30日,京东物流已在全国运营约1 200个仓库,其中38座大型智能仓库"亚洲一号",还拥有约20万名配送人员。2017年,京东物流创新推出"云仓"模式,将自身的管理系统、规划能力、运营标准、行业经验等用于第三方仓库。目前,京东运营的云仓数量已经超过1 400个,自有仓库与云仓总运营管理面积约达2 300万平方米。同时,京东物流还通过与国际及当地合作伙伴的合作,建立了覆盖超过220个国家及地区的国际线路,约50个保税仓库及海外仓库。

2. 新一代数智信息技术驱动

新发展阶段下，随着传统物流弊端的不断显现，京东物流前瞻性布局各类新一代数智技术，用科技手段赋能供应链和物流服务，突破行业发展瓶颈，提升长期竞争力，助力高效流通体系建设。京东物流于 2016 年 5 月成立 X 事业部（其前身是京东物流实验室），负责无人机配送、无人仓库、无人站、智能配送机器人等智慧物流技术的研发。同时，京东物流于 2016 年 11 月成立 Y 事业部，致力于用大数据和人工智能技术打造智慧供应链。

京东物流通过运用 5G、人工智能、大数据、云计算及物联网等底层技术来持续提升自身在自动化、数智化及智能决策方面的能力。京东物流的先进技术可以实现供应链关键环节的自动化及数智化。自动导引车（AGV）、智能快递车及搬运、分拣机器人等新型设备能够大大提升物流活动效率。专有仓库管理系统（WMS）使京东物流能够管理存货、劳动力及数据传输的整个流程，从而提升存货可视性及运营效率。专有运输管理系统（TMS）可以通过实时车辆和商品追踪，以及自动化的运力筛选和费用结算，更全面地管理运输过程。基于强大的数据分析能力，京东物流还可以向客户推荐最优区域仓库数目，并决定存货在不同区域仓库间的最佳分配。由算法计算出每个区域的最优库存水平，可以在库存水平最小化、营运资金有效运用及提高库存率三者之间取得平衡，为客户创造更优质的服务。

例如，通过京东物流，快速消费品牌"安利"的成品物流费用节约 10% 以上，现货率提升至 99.5% 以上，库存周转天数降低 40% 以上，分销计划运营效率提升 1 倍。与京东物流合作之后，鞋履品牌"斯凯奇"的加权平均履约成本减少了 11%，其在中国的加权平均交付时间减少了约 5 小时。

3. 一体化供应链物流服务解决方案

作为一家供应链和物流头部企业，京东物流长期致力于供应链和物流服务的专业化、标准化和模块化深耕，关注客户所在产业链的脉络及变化，提供一体化供应链物流服务柔性解决方案，以满足客户差异化和定制化需求。一是"方案一体化"或"垂直一体化"，即提供从产品制造到仓储、配送的一整套解决方案，使企业客户能够避免为协调多家服务供应商而产生的成本；二是"网络一体化"，即通过京东物流的六大网络，全面满足企业物流活动需求；三是"运营一体化"，即基于不同环节进行集中化运营，依托京东物流的服务网络形成规模化效应，帮助客户进一步降低供应链与物流成本。

例如，京东物流为服装行业提供的解决方案能够实现从当天多次配送、促销期履约能力保障，到全渠道存货管理与调拨、大量 SKU 管理、布料及衣物储存，以及退货贴标签、修理及重新包装等全方位一体化服务，由此获得核心竞争力。为了满足不同规模、不同行业的客户需求，京东物流通过服务"解耦"与模块化重组，实现了解决方案的定制化。中小企业客户在使用京东物流提供的配送服务后进一步转化为一体化服务客户，能够获得更为完整的运营支持，形成良性循环。

4. 行业影响与整合能力

京东物流在提供社会化开放服务的过程中十分重视关键客户（KA）。这些关键客户在行业中具有风向标意义。京东物流为之提供涉及多个链条，包括商业咨询、库存优化、全国网络规划、仓库管理、运输配送以及退换货等在内的全套定制化服务，能够产生重要的行业影响力。目前，京东物流所服务的关键客户数量已经超过 1 000 个，主要集中在快速消费品、服饰、3C 电子、家居家电、汽车后市场、生鲜等领域。雀巢、小米、上汽通用五菱等客户都通过京东的一体化供应链物流服务提升了智能化、自动化水平。由此带动一系列标准客户使用仓储、运输、快递、云仓、技术等服务产品,从而能够在更大范围内推进涵盖行业上下游的供应链物流整合与优化,产生积极的社会价值。

资料来源:知乎

【案例思考】

    1. 什么是供应链?

    2. 供应链有何特点?

任务8.1 供应链与供应链管理

电子商务供应链管理是电子商务与供应链管理的有机结合,它以顾客为中心,集成整个供应链过程,充分利用外部资源,实现快速敏捷反应。电子商务的全面扩展给企业供应链管理模式带来了巨大变化,利用电子商务对供应链进行整合成为企业发展的新趋势。

8.1.1 供应链

1. 供应链的概念

供应链的概念是20世纪80年代提出的,译自英文"Supply Chain"。供应链是指产品生产和流通过程中所涉及的原材料供应商、生产商、批发商、零售商以及最终消费者组成的供需网络,即由物料获取、物料加工到成品送到用户手中这一过程所涉及的企业和企业部门组成的一个网络。供应链是一个范围更广的企业结构模式,包含所有与之有关的上下游节点企业,从原材料供应开始,经过链中不同企业的制造加工、组装、分销等过程直到产品流向最终用户。它不仅是一条连接供应商和用户的物流链、信息链、资金链,还是一条增值链。物料在供应链上因加工、包装、运输等过程而增值,给相关企业带来效益。

目前供应链尚未形成统一的定义,许多组织和学者从不同的角度出发给出了不同的定义。美国供应链协会对供应链的定义如下:供应链是包括从供应商的供应商到顾客的顾客之间,所有对产品生产与配销相关的活动流程。

我国著名学者马士华在其《供应链管理》中对供应链的界定如下:供应链是围绕核心企业,通过对信息流、物流、资金流的控制,从采购原材料开始,制成中间产品以及最终产品,最后由销售网络把产品送到消费者手中的将供应商、制造商、分销商、零售商直到最终用户连成一个整体的功能网链结构模式。

我国2006年颁布实施的《物流术语》(GB/T 18354—2006)对供应链的定义如下:供应链是生产及流通过程中,涉及将产品或服务提供给最终用户所形成的网链结构。

2. 供应链的类型

(1) 内部供应链和外部供应链

根据涉及范围,供应链可以划分为内部供应链和外部供应链。内部供应链是指企业内部产品生产和流通过程中所涉及的采购部门、生产部门、仓储部门、销售部门等组成的供需网络。外部供应链是指企业外部的,与企业相关的产品生产和流通过程中涉及的原材料供应商、生产厂商、储运商、零售商以及最终消费者组成的供需网络。内部供应链和外部供应链共同组成了企业产品从原材料到成品再到消费者的供应链。可以说,内部供应链是外部供应链的缩小化。

(2) 直接型供应链、扩展型供应链和终端型供应链

根据复杂程度,供应链可以划分为直接型供应链、扩展型供应链和终端型供应链。直接型供应链由公司、公司的供应商和公司的客户组成。扩展型供应链是把直接供应商的供应商和直接客户的客户包含在内的供应链。终端型供应链包括从终端供应商到终端消费者的所有组织。

(3) 稳定的供应链和动态的供应链

根据存在的稳定性,供应链可以划分为稳定的供应链和动态的供应链。基于相对稳定、单一的市场需求而组成的供应链稳定性较强,而基于相对频繁变化、复杂的需求而组成的供应链动态性较高。在实际管理运作中,需要根据不断变化的需求,相应地改变供应链的组成。

(4) 平衡的供应链和倾斜的供应链

根据容量需求,供应链可以划分为平衡的供应链和倾斜的供应链。一个供应链具有一定的、相对稳定的设备容量和生产能力(所有节点企业能力的综合,包括供应商、制造商、运输商、分销商、零售商等),但用户需求处于不断变化的过程中。当供应链的容量能满足用户需求时,供应链处于平衡状态;而当市场变化加剧,造成供应链成本增加、库存增加、浪费增加等现象,企业不是在最优状态下运作时,供应链则处于倾斜状态。平衡的供应链可以实现各主要职能(采购/低采购成本、生产/规模效益、分销/低运输成本、市场/产品多样化和财务/资金运转快)之间的均衡。

(5) 有效性供应链、反应性供应链和创新性供应链

根据功能模式(物理功能、市场中介功能和客户需求功能),供应链可以分为有效性供应链、反应性供应链和创新性供应链。有效性供应链主要体现供应链的物理功能,即以最低的成本生产产品、运输产品等。反应性供应链主要体现供应链的市场中介功能,即把产品分配到满足用户需求的市场,对未预知的需求做出快速反应等;创新性供应链主要体现供应链的客户需求功能,即根据最终消费者的喜好或时尚的引导,调整产品内容与形式来满足市场需求。

(6) 盟主型供应链和非盟主型供应链

根据企业地位,供应链可以划分为盟主型供应链和非盟主型供应链。盟主型供应链中某成员的节点企业(生产商、中间商或者零售商)在整个供应链中占据主导地位,对其他成员具有很强的辐射能力和吸引能力,通常称该企业为核心企业或主导企业。非盟主型供应链中企业的地位彼此差距不大,对供应链的重要程度相同。

8.1.2 供应链管理

1. 供应链管理的概念

供应链管理虽有许多不同定义,但基本都认为是通过计划和控制实现企业内部和外部之间的高效合作。供应链管理的根本目的是增强企业竞争力、提高顾客的满意程度,把供应链上的各个企业作为个不可分割的整体,使供应链上各企业分担的采购、生产、分销和销售的职能成为一个协调发展的有机体,以达到在提高顾客满意度的同时实现销售的增长、成本的降低,从而全面提高企业竞争力。

马士华在《供应链管理》中对供应链管理的描述是:用系统的观点通过对供应链中的物流、信息流和资金流进行设计、规划、控制与优化,整合供应链的上、中、下游,最大限度减少内耗与浪费,实现供应链整体效率的最优化并保证供应链中的成员取得相应的绩效和利益,来快速满足顾客需要的整个管理过程。

我国国家标准《物流术语》(GB/T 18354—2006)中供应链管理的定义如下：利用计算机网络技术全面规划供应链中的商流、物流、信息流、资金流等，并进行计划、组织、协调与控制。

供应链管理思想内涵主要体现在以下几个方面：

① 供应链管理是系统地考虑供应链中的所有节点企业，并视其为一个有机联系的整体，在整体优化的前提下，寻求企业自身的局部优化。

② "供应"是整个供应链上各个企业和功能部门的共同目标，供应链的参与者将最终消费者的需求作为目标，共同努力以实现消费者的需求，实现利润最大化。

③ 不再被动地接受，以存货来降低风险，而是积极主动地对供应链中的所有联系体进行管理。

④ 通过优中选精，仔细地选择合作伙伴，并建立紧密的合作伙伴关系，共同解决问题与信息共享。

⑤ 供应链的形成并不是要实现统一，而是借助于供应链的优势，形成、维护甚至强化企业自身的核心竞争力。

2. 供应链管理的主要内容

首先，作为供应链中各节点企业相关运营活动的协调平台，供应链管理应把重点放在以下几个方面：

① 供应链战略管理。供应链管理本身属于企业战略层面的问题，因此，在选择和参与供应链时，必须从企业发展战略的高度考虑问题。其涉及企业经营思想，在企业经营思想指导下的企业文化发展战略、组织战略、技术开发与应用战略、绩效管理战略等，以及这些战略具体实施的过程。

② 信息管理。信息以及对信息的处理质量和速度是企业能否在供应链中获益的关键，也是实现供应链整体效益的关键。因此，信息管理是供应链管理的重要方面之一。信息管理的基础是构建信息平台，实现供应链的信息共享，通过 ERP 和 VMI 等系统的应用，将供求信息及时、准确地传递到相关节点企业，从技术上实现与供应链其他成员的集成化和一体化。

③ 客户管理。客户管理是供应链的起点。如前所述，供应链源于客户需求，同时也终于客户需求，因此供应链管理是以满足客户需求为核心来运作的。通过客户管理，详细地掌握客户信息，从而预先控制，在最大限度地节约资源的同时，为客户提供优质的服务。

④ 库存管理。供应链管理就是利用先进的信息技术，收集供应链各方以及市场需求方面的信息，减少需求预测的误差，用实时、准确的信息控制物流，减少甚至取消库存(实现库存的"虚拟化")，从而降低库存的持有风险。

⑤ 关系管理。通过协调供应链各节点企业，改变传统的企业间进行交易时的"单向有利"意识，使节点企业在协调合作关系基础上进行交易，从而有效地降低供应链整体的交易成本，实现供应链的全局最优化，使供应链上的节点企业增加收益，进而达到双赢的效果。

⑥ 风险管理。信息不对称、信息扭曲、市场不确定性以及其他政治、经济、法律等因素，会导致供应链上的节点企业运作风险，必须采取一定的措施尽可能地规避这些风险。例如，通过提高信息透明度和共享性、优化合同模式、建立监督控制机制；在供应链节点企业间合作的各个方面、各个阶段，建立有效的激励机制，促进节点企业间的诚意合作。

其次，从供应链管理的具体运作看，供应链管理主要涉及供应管理、生产计划、物流管理和需求管理四个领域。具体而言，包含以下管理内容：

① 物料在供应链上的实体流动管理；

② 战略性供应商和客户合作伙伴关系管理；
③ 供应链产品需求预测和计划；
④ 供应链的设计（全球网络的节点规划与选址）；
⑤ 企业内部与企业之间物料供应与需求管理；
⑥ 基于供应链管理的产品设计与制造管理、生产集成化计划、跟踪和设计；
⑦ 基于供应链的客户服务和物流（运输、库存、包装等）管理；
⑧ 企业间资金流管理（汇率、成本等问题）；
⑨ 基于 Internet/Intranet 的供应链交互信息管理。

3. 供应链管理的特点

传统供应链管理是对采购的原材料通过生产和销售，将产品转移到企业用户过程的管理，实现产品的价值增值。但是，由于传统供应链管理是按照生产商假想的客户需求，进行预测和生产的。这使得生产数量与市场需求的实际数量不相符，出现供大于求或者供不应求的情况。生产商对市场的反应表现迟钝，整条供应链存在着信息延迟反馈现象，效率低下。而真正的供应链管理是一种先进的管理理念，它的先进性体现在是以顾客和最终消费者为经营导向的，是以满足顾客和消费者的最终期望来生产和供应的。具体而言，供应链管理的特点应具备以下几个方面：

（1）供应链管理是基于全过程的战略管理

供应链管理把所有节点企业看作一个整体，实现全过程的战略管理。传统的管理模式往往以企业的职能部门为基础，但由于各企业之间以及企业内部职能部门之间的性质、目标不同，造成相互的矛盾和利益冲突，各企业之间以及企业内部职能部门之间无法完全发挥其职能效率。因而很难实现整体目标化。

供应链是由供应商、制造商、分销商、销售商、客户和服务商组成的网状结构。链中各环节不是彼此分割的，而是环环相扣的一个有机整体。供应链管理把物流、信息流、资金流、业务流和价值流的管理贯穿于供应链的全过程，覆盖了整个物流，从原材料和零部件的采购与供应、产品制造、运输与仓储到销售各个职能领域。它要求各节点企业之间实现信息共享、风险共担、利益共存，并从战略的高度来认识供应链管理的重要性和必要性，从而真正实现整体的有效管理。

（2）供应链管理是一种集成化的管理模式

供应链管理的关键是采用集成的思想和方法。它是一种从供应商开始，经由制造商、分销商、零售商直到最终客户的全要素、全过程的集成化管理模式，是一种新的管理策略，它把不同的企业集成起来以增加整个供应链的效率，注重企业之间的合作，以达到全局最优。

（3）供应链管理提出了全新的库存观念

传统的库存思想认为库存是维系生产与销售的必要措施，是一种必要的成本。因此，供应链管理使企业与其上下游企业之间在不同的市场环境下实现了库存的转移，降低了企业的库存成本。这也要求供应链上的各个企业成员建立战略合作关系，通过快速反应降低库存总成本。

（4）供应链管理以最终客户为中心

无论构成供应链节点企业数量有多少，也无论供应链节点企业的类型层次怎么样，供应链管理都是以客户和最终消费者的需求为导向的。

4. 牛鞭效应

"牛鞭效应"是经济学上的一个术语,指供应链上的一种需求变异放大现象。通常,信息流从最终客户端向原始供应商端传递时,无法有效地实现信息共享,使得信息扭曲而逐级放大,导致需求信息出现越来越大的波动,此信息扭曲的放大作用在图形上很像一个甩起的牛鞭,因此被形象地称为"牛鞭效应"。

"牛鞭效应"是供应链管理中普遍存在的风险现象,是销售商与供应商在需求预测修正、订货批量决策、价格波动、短缺博弈、库存责任失衡和应对环境变异等方面博弈的结果,会增加供应商的生产、供应、库存管理的不稳定性。企业可以从以下几个方面消除"牛鞭效应"的影响:

① 订货分级管理;
② 加强入库管理,合理分担库存责任;
③ 缩短提前期,实行外包服务;
④ 规避短缺情况下的博弈行为;
⑤ 参考历史资料,适当减量修正,分批发送;
⑥ 提前回款期限。

任务8.2 电子商务供应链管理方法

8.2.1 快速反应

快速反应(QR)要求零售商和供应商一起工作,通过共享信息来预测商品的需求,以便对消费者的需求快速做出反应。在运作方面,双方利用电子数据交换(EDI)来加速信息流,并通过共同组织活动来使前置时间最短和费用最低。QR的重点是对消费者需求做出快速反应。

1. 快速反应的含义

快速反应系统是指通过零售商和生产厂家建立良好的伙伴关系,利用EDI等信息技术,进行销售时点以及订货补充等经营信息的交换,用多频度、小数量配送方式连续补充商品,以此来实现销售额增长、库存降低、客户服务质量提升等目标的物流管理系统模式。

我国国家标准《物流术语》(GB/T 18354—2006)对快速反应的定义为:供应链成员之间建立战略合作伙伴关系,利用EDI等信息技术进行信息交换与信息共享,用高频率、小批量配送方式补货,以实现缩短交货周期、减少库存、提高顾客服务水平和企业竞争力为目的的供应链管理策略。

快速反应以交易企业间的"战略联盟"为基础,建立"适当的商品在适当的时期以适当的价格并在适当的场所供给"的系统",目标是在最短的供货周期和最小的风险下,构筑最大的竞争力。

2. 快速反应供应链的特征

快速反应供应链具有以下四个特征。

① 市场敏感性。能够快速对最终顾客的需求做出反应。
② 组织虚拟性。供应链所有的成员借助信息技术,为实现信息共享创建一条虚拟供应链。
③ 过程集成性。供应链各成员之间业务流程整合成一个整体,共同制定战略,各企业专

注于核心业务而将其他业务外包,相互依赖和信任。

④ 协作网络化。供应链中的各企业通过同步化运作和通力协作形成一个网络化的整体,充分利用各自优势和能力,从而提高供应链的灵活性。

3. 快速反应的供应链管理系统

快速反应供应链是从供需的角度出发,一方面意味对终端市场真实的需求能够快速、清晰地识别,另一方面能够将满足需求的产品快速地采购、制造、运送到终端市场。因此,可以通过提高需求的可见性和加快供给的速度来构建快速反应供应链,使共处于同一供应链上的各企业之间的物流、资金流和信息流顺畅、无阻、快捷、有效。

(1) 产品的快速设计和多样化开发

顾客需求多样化和快速反应要求加重了设计环节的负担。为了缩短设计周期,快速反应客户需求,可采用诸如 CAD 技术、款式检验技术,使产品设计数据和生产数据能够准确、快速地传送到生产部门。另外,CAD 技术也为产品款式检验技术创造了条件,使得产品款式可以在计算机上进行检验并修改。

(2) 电子数据交换技术及实施

信息技术是快速反应的基础。借助信息技术,可以实现各种信息快速、准确地获取和传递。通过信息共享,可以改变整个生产过程的运行。引进快速反应以后,企业可利用最终需求信息安排生产计划。另外,交货期的缩短可使预测精度提高,也可以降低库存水平。从订单信息的传递开始,快速反应的供应链实现了对商品流动的全过程监控,提高了供应链管理水平。

(3) 供应链业务流程再造

供应链业务流程再造是快速反应供应链战略发展的主流,合理的流程比信息技术更加重要。如果具体的条件和环节不同,流程再造的目的和方法也不一样。

① 基于增值的分销战术。该战术的指导思想是将整个供应链的活动分为基本生产和二次生产(最终装配和销售)两部分。在制造过程中根据顾客的要求尽可能地延迟产品的最后成型时间,尽可能地使产品在到达顾客手中之前的每一项工作都能增加产品的价值,以此来保持生产的灵活性,降低库存。

② 基于时间的配送战术。传统理论中,因受地理条件的影响,存在订货提前期。针对这种情况,人们开发出以集中配送为核心,以缩短反应时间为目的的配送战术。在新的战术中,零售商的供货可以由中心仓库直接完成,因此可以大大缩短货物的运输时间,从而提高对顾客需求的反应速度。

8.2.2 准时化管理

1. 准时化(JIT)

准时化,包括准时化生产、准时化运输、准时化采购、准时化供货等。它们的原理都一样,就是四个"合适",即在合适的时间,将合适的货物,按合适的数量,送到合适的地点。它们的管理控制系统一般采用看板系统,基本模式都是多频次、小批量连续送货。

2. 准时化管理思想在供应链管理中的运用

准时化管理虽然是产生于单个企业内部的一种管理模式,但是作为一种管理思想,在提高整个供应链对客户的响应时间、降低供应链的物流成本、实行按需准时生产等方面,仍然具有重要的意义。

（1）降低物流成本

1）降低库存成本

为了能够及时满足用户对产品的需求，供应链管理以需求为导向。供应链中每个企业可通过网络同时获得用户的需求信息。由于需求的牵动，原来存在供应商、制造商和零售商之间的缓冲库存可以取消，通过建立中心仓库集中管理整个供应链的库存，从而降低原来分散在各个企业中单独仓库的库存成本，以便利用库存的集成管理，最终降低整个供应链的库存成本。

2）降低运输成本和在制品成本

准时化管理模式的信息是一层一层传递的，在每一环节中，信息只有在该环节工作完成后才能向前传递，这样才能保证各环节的在制品数量最少、成本最低。

由于用户需求的多样化，需求批量小，以及供应商、制造商、零售商之间地理位置的远近不同，如果每个企业都按需求组织运输，显然会加大企业的运输成本，因此必须统一组织运输，在供应商与制造商之间建立转运中心，在制造商与销售商之间建立配送中心。这两个中心主要负责制品的运输安排和库存中转，通过合理规划转运中心和配送中心的运输计划和配送计划，降低整个供应链的运输成本，加快物流周转速度，从而使供应商备货、制造商生产、零售商销售的活动按照JIT的思想准时完成。

（2）准时生产

在供应链管理中，准时生产已经扩大到了整个供应链。供应商必须准时将原料或配件发送给制造商，制造商再准时将产品发送给零售商。供应链中每个企业根据网络传输的电子信息，生成同步的生产或发货计划，这是供应链准时生产的基础。供应链中的物流节奏由核心制造商的生产能力和柔性决定。

（3）加强供应链管理的计划与控制

供应链管理计划是保证供应链及时响应客户需求的基础。在供应链中，每个企业都要建立自己的基础数据库。编制供应链管理计划时，企业通过互联网，互访彼此的数据库，获得编制计划的信息。每个计划都包括上游企业的需求。它类似于准时化管理中的看板，拉动物流在供应链中流动。当市场需求发生变化时，需求信息通过网络依次传递，反映在每个企业的计划中，在需求相对稳定的情况下，它们独自完成各自的计划并进行自我控制，当需求发生大的变动时，核心企业通过网络和跨企业工作小组对供应链中的企业进行协调和控制。

8.2.3 供应链系统的同步运作

在市场需求快速多变、客户个性化需求日益增长的环境下，实现准时化管理和快速反应的立足点必须是整个供应链，而不是某个企业。因此，要想达到这个目标，就必须使供应链上的企业能够同步运作，减少由于企业之间的不同步而造成的库存或者延期交货的问题。

供应链实际上是一个多层级的网络结构，它包括的最基本的元素是供应商、制造商和客户。供应链网络实质上是建立在一系列经济人之间的契约上的委托代理关系链，而其中各个环节又存在不同的资源约束。从代理理论的角度来看，供应链并非是一个统一的追求利益最大化的经济实体。但在当前不确定的市场环境下，供应链却在某些行业中有效地降低了供应链整体的运行成本，缩短了供应链的响应周期，提高了市场响应敏捷性，产生这种效果的主要原因是通过跨越供应链的信息共享和业务流程达到了供应链的同步运作。

1．供应链同步运作的概念

（1）供应链同步运作的含义

供应链同步运作是指整个供应链业务流程协调地运作，使得整个供应链降低运作成本、缩短响应周期，以达到供应链整体利益的最大化。供应链同步运作强调的是供应链系统的整体利益，而不是供应链中某一节点企业或某一节点企业内部某一职能部门的局部利益。

（2）供应链同步运作的主要思想

供应链同步运作的主要思想包括以下内容：

① 供应链整体是一个由多节点企业组成并相互影响、相互作用的集成系统。

② 在供应链设计初期，同时考虑涉及产品全部生命周期过程的所有运作，以及相应的供应商选择、物流系统、销售布点等方面，确定供应链结构和物流通道。

③ 物流过程与制造过程交叉并行。

④ 所有节点企业全面参与和协同工作，实现整个供应链业务流程的高度集成。

⑤ 节点企业之间实行准时生产，在需要的时间和地点，按照需要的数量，提供需要的产品和服务，消除浪费，降低库存。

⑥ 充分考虑供应链中资源、信息、能力、时间等各方面的约束，找出瓶颈，突破瓶颈，实现各节点企业与企业内部的平衡生产。

（3）供应链同步化运作的价值观念

供应链同步化运作使供应链中的各种流（信息流、物流和资金流）能无缝地、顺畅地在供应链中传递，通过供应链成员之间的信息共享，将企业内部的供应链与外部的供应链有机地集成起来进行管理，实现全局利润最大化目标。

供应链同步化运作的价值观念，可以从经济价值、市场价值、关联价值三个角度来分析，如表 8.1 所列。首先，从经济价值来看，供应链同步化运作可以实现最低的总成本，产生规模经济效益，并促进产品/服务的生产；其次，从市场价值角度来看，可以通过吸引人的产品分类实现范畴效益，并有利于新产品/服务的推出；最后，从关联价值来看，从整个供应链管理的角度为客户实现个性化定制，注重产品分区的多样性差异，更准确地进行产品/服务的定位，从而实现整条供应链全局的动态最大化。

表 8.1　供应链同步化运作的价值观念

经济价值	市场价值	关联价值
最低的总成本	吸引人的产品分类	客户化定制
规模效益	范畴效益	产品分区的多样性差异
产品/服务的生产	新产品/服务的推出	产品/服务的定位
采购/生产制造策略	营销/分销策略	供应链策略

2．实现供应链同步运作的理论基础

（1）供应链节点企业之间的伙伴关系

供应链同步运作是以跨越供应链的信息与资源共享为基础的，对于虚拟组织中的经济人来说，如果仅从各自的利益最大化角度出发，几乎不存在实现同步运作的可能性。但从理论角度来看，供应链存在着实现同步运作的理论基础，即各经济人之间存在着基于伙伴关系的利他动机，或者说没有破坏多次合作的动机。

无论是企业内部职能部门的运作集成,还是企业之间的运作集成,都涉及一个以交易者之间相互信任的社会关系为基础的系统,它通过构造出基于每一交易者的内在控制机制来增强彼此的合作动机。当然这种机制是以重复交易和保持关系的长期性为基础的。

(2) 供应链运作的集成

供应链同步运作的关键问题在于如何实现供应链各节点企业内部与企业之间的运作集成与同步协调,实现资源、信息、能力和时间等约束条件下的平衡协同。供应链的运作集成可以通过两个维度进行描述:企业内部集成与企业外部集成。

1) 企业内部集成

在一个企业内部跨越各职能部门功能边界的运作集成称为"内部集成"。内部集成程度较高时,可以达到"企业内同步运作"。内部集成不是逐一优化各职能部门的功能子系统的运作过程,而是使企业像一个集成系统一样,运作活动在整个企业范围内达到同步,从而通过降低成本、缩短响应周期而获得收益。

2) 企业外部集成

运作集成的第二维度称为"企业外部集成",指的是供应链中跨企业运作活动的集成。外部集成是指通过在供应链的各个成员之间进行有效的协作,包括零售商、制造商和各个中间商,使一个企业的物流活动与它的供应商、客户的物流活动相集成。

(3) 供应链的同步运作

供应链各企业内部的运作集成程度对供应链整体是否能够实现同步运作有着重大的影响。对于某一企业,当规模既定时,其内部成本就受运作集成程度的影响,即集成程度越高,内部成本越小,集成程度越低,内部成本越高。两者之间成反比关系。

因此,在供应链管理中,如果仅强调企业之间运作的集成,而忽视了各企业内部运作集成的重要性,结果往往是因为内部协调成本的存在,并不能真正降低整个供应链的运作成本,提高需求响应的敏捷性。所以,当企业的外部集成程度较高而内部集成程度较低时,并不能达到供应链同步运作的最佳效果。

供应链各节点企业内部运作与外部运作都高度集成的状态是供应链同步运作的基础。在虚拟组织内,通过各企业内部与外部业务流程的高度集成和彼此之间相互作用的优化,使得每个企业都可分享彼此之间的信息和资源,更好地安排计划,更有效地进行产品运转,从而能够共同削减成本和分享利润。

3. 供应链同步运作的绩效

从实践角度来看,供应链同步运作对企业适应不确定性环境有着较强的现实意义。

(1) 供应链同步运作可以降低总成本

无论运用市场机制还是运用企业组织来协调经济活动,都是有成本的。这种成本可以划分为两类,即生产成本与协调成本。生产成本指产品生产过程本身的费用;协调成本的含义则更广,是指管理生产任务之间的相互关系的成本,包括企业内部与企业之间的交易费用。协调成本可以进一步分为内部协调成本与外部协调成本。一方面,企业内部运作集成的结果是内部协调成本的降低;另一方面,信息技术与供应链各企业之间外部运作集成的结果是在更大程度上降低了外部协调成本。

(2) 供应链同步运作可以缩短整体响应周期

如前所述,供应链是一个由多个节点企业构成的网链结构,各节点企业间的协同运作将影响供应链整体的市场响应周期。协调的同步运作能使供应链响应周期降低,不协调的运作会带来负面的效果。供应链整体响应周期从系统论的角度来看,是由各节点企业构成的一个非线性系统。

(3) 供、成、储同步运作可以提高企业适应不确定性环境的能力

在需求不确定性增加的市场环境以及数字化、网络化的制造环境中,供应链战略正经历着巨大的变化。供应链企业内及企业间的集成与协调同步运作的重要性愈加明显,它旨在借助现代网络信息技术的应用,实现地理上异地分布、组织结构上平等独立的供应链节点企业通过平等协商、密切合作,形成动态的同步运作模式,以此缩短产品市场的响应周期、降低供应链整体运作成本、提高企业适应不确定性环境的能力。

课后练习

一、思考题

1. 什么是供应链?
2. 供应链管理的核心思想是什么?
3. 电子商务供应链管理的方法有哪些?

二、实训任务

考察某电子商务企业,分析其供应链上下游对象,找出供应链管理存在的问题,并提出改进策略。

三、案例分析题

供应链案例之上海贝尔电子商务管理

在网络和信息技术迅速发展的今天,面对电子商务的出现和兴起,企业最关心的是如何通过电子商务解决供应链管理问题。下文通过研究上海贝尔有限公司(以下简称上海贝尔)的电子商务供应链管理战略实施案例,分析了基于电子商务的供应链管理的要素,并对应用的关键切入点进行了探讨。

1. 上海贝尔面临的供应链管理问题

中外合资的上海贝尔有限公司成立于1984年,是中国现代通信产业的支柱企业,连续名列全国最大外商投资企业和电子信息百强前茅。公司总注册资本12 050万美元,总资产142亿元,现有员工4 000多人,员工平均年龄29岁,72%以上的员工具有大学本科以上学历,其中具有研究生学历的员工500余人,科研开发人员占员工总数的40%。2000年,公司实现销售收入108亿元。

上海贝尔拥有国家级企业技术中心,在通信网络及其应用的多个领域具有国际先进水平。17年来,公司建立了覆盖全国和海外的营销服务网络,建成了世界水平的通信产品制造平台。公司的产品结构主要由两部分构成:①传统产品:S12系列程控交换机系列;②新产品:相对S12产品而言,由移动、数据、接入和终端产品构成。这两部分产值比例约为8:2。

上海贝尔企业内部的供应链建设状况尚可,例如,具有良好的内部信息基础设施、ERP系统,流程和职责相对明晰。但上海贝尔与外部供应链资源的集成状况不佳,很大程度上依然是传统的运作管理模式,而并没真正面向整个系统开展供应链管理。从1999年始,全球IT产品市场需求出现爆发性增长,但基础的元器件材料供应没及时跟上,众多IT行业厂商纷纷争夺

材料资源,同时出现设备交货延迟等现象。由于上海贝尔在供应链管理的快速反应、柔性化调整和系统内外响应力度上有所不够,一些材料不成套,材料库存积压,许多产品的合同履约率极低,如:2000 年上半年普遍履约率低于 70％,有的产品如 ISDN 终端产品履约率低于 50％。客观现状的不理想迫使公司对供应链管理进行改革。

2. 上海贝尔的电子商务供应链管理战略

电子商务是一种企业提高国际竞争力和拓展市场的有效方式,同时,它也给传统的供应链管理理论与方法带来了新的挑战。供应链管理与电子商务相结合,产生了电子商务供应链管理,其核心是高效率地管理企业的信息,帮助企业创建一条畅通于客户、企业内部和供应商之间的信息流。

上海贝尔的电子商务供应链管理战略的重点分别是供应商关系管理的 E 化,市场需求预测的 E 化,外包决策和跟踪控制的 E 化,以及库存管理战略的 E 化。

(1) 供应商关系管理的 E 化

对上海贝尔而言,其现有供应商关系管理模式是影响开展良好供应链管理的重大障碍,因此需要在以下几个方面作 E 化的调整:

供应商的遴选标准:

首先,依据企业/供应关系管理模型对上海贝尔的需求产品和候选供应商进行彼此关系界定;其次,明确对供应商的信息化标准要求和双方信息沟通的标准,特别关注关键性材料资源供应商的信息化设施和平台情况。传统的供应商遴选标准＋分类信息标准是供应商关系管理 E 化的基础。

供应商的遴选方式和范围:

上海贝尔作为 IT 厂商,其供应商呈现全球化的倾向,故供应商的选择应以全球为遴选范围。充分利用电子商务手段进行遴选、评价,如:运用网上供应商招标或商务招标,一方面,可以突破原有信息的局限,另一方面,可以实现公平竞争。

(2) 生产任务外包业务的 E 化

目前,IT 企业核心竞争优势不外乎技术和服务。上海贝尔未来的发展方向是提供完善的信息、通信解决方案和优良的客户服务,生产任务的逐步外包是当然选择。未来外包业务量的增大势必会加大管理和协调的难度和复杂度,因此需要采用电子商务技术管理和协调外包业务。

外包厂商的选择:

除原有的产能、质量、交货等条件外,增添对其生产计划管理系统和信息基础建设的选择标准,保证日后便于开展 E 化运行和监控,如:上海无线电 35 厂一直是公司的外包厂商,但其信息基础设施相对薄弱,一旦外包任务量大增,市场需求信息频繁变动,落后的信息基础设施和迟缓的信息响应,会严重影响供应链的效率。

外包生产计划的实时响应:

上海贝尔现拥有 Intranet 和 ERP 系统,外包厂商可借助 Internet 或专线远程接入 ERP 管理系统的生产计划功能延伸模块,与上海贝尔实现同步化生产计划,即时响应市场、需求的变动。

(3) 库存管理战略的 E 化

近几年,由于全球性的电子元器件资源紧缺,再加上上海贝尔自身的库存管理体系抗风险能力差,导致库存问题成为上海贝尔的焦点问题之一。面向供应链管理的库存管理模式有多种，根据上海贝尔的库存管理种类和生产制造模式，采用如下库存管理模式：

材料库存和半成品库存管理：

在上海贝尔，材料和半成品库存管理基本是对应订单生产模式的，市场需求的不确定性迫使企业备有一定的安全库存，这样就产生了库存管理问题。根据近年遇到的实际情况，对关键性材料资源，考虑采用联合库存管理策略。供应商和上海贝尔协商确定联合管理库存，在考虑市场需求的同时，也顾及供应商的产能。在电子商务手段的支持下，双方实现信息、资源共享、风险共担的良性库存管理模式。

成品库存管理：

由于上海贝尔的产品结构和近期市场需求旺盛两方面的原因，近年来基本无严重成品库存管理问题，但是因市场需求波动造成的缺货压力偏大。上海贝尔较终端产品的渠道和分销商信息IT系统和基础设施比较完善，能有力地支持库存管理；另外，企业实力、存储交货能力也较强，2000年公司已开始尝试运用总体框架协议、分批实施、动态补偿，同时实行即时的相关信息交换，采用供应商管理客户库存模式来实现终端成品库存管理。

（4）需求预测和响应的E化

上海贝尔要发展成为世界级的电信基础设施供应商，必然面对全球化的市场、客户和竞争，势必对市场研究、需求预测和响应作相应的变革。

E化的市场研究和需求预测：

上海贝尔的库存风险来自两方面：其一是库存管理模式，其二是市场预测的偏差大。强化市场研究、减少需求预测偏差势在必行。电子商务技术的应用可从研究范围、信息来源、反馈时间、成本费用等提高市场预测的水平。上海贝尔可以在公司原有Intranet的基础上，与各分公司、分销商专门建立需求预测网络体系，实时、动态地跟踪需求趋势、收集市场数据，随时提供最新市场预测，使上海贝尔的供应链系统能真正围绕市场运作。

E化的市场和客户响应：

现在，上海贝尔各大分公司通过传递合同文本至总公司审查确认，然后进入ERP运行，周期平均为7~10天，而现有的合同交货周期大量集中在20~30天，生产的平均周期为10~15天，运输周期为3~5天，如此操作，极易造成交货延迟，ERP系统在物理上的延伸的确能较大地改善需求和合同响应效率。

通过骨干网专线的延伸或Internet，建立公司内部ERP系统与分公司、专业分销商之间的电子联接，并将有关产品销售或服务合同的审查职能下放至各大分公司，使市场需求在合同确认时即能参与企业ERP运行；另外，在需求或合同改变时企业ERP系统及时响应，调整整个供应链的相关信息。

3. 电子商务供应链管理的要素和应用的关键切入点

（1）电子商务与供应链管理的集成

供应链管理模式要求突破传统的计划、采购、生产、分销的范畴和障碍，把企业内部及供应链节点企业间的各种业务看作一个整体功能过程，通过有效协调供应链中的信息流、物流、资金流，将企业内部的供应链与企业的供应链有机地集成，以适应新竞争环境下市场对企业生产和管理运作提出的高质量、高柔性和低成本的要求。基于电子商务的供应链管理的主要内容涉及订单处理、生产组织、采购管理、配送与运输管理、库存管理、客户服务、支付管理等几个方面。

电子商务的应用促进了供应链的发展，也弥补了传统供应链的不足。从基础设施的角度看,传统的供应链管理一般建立在私有专用网络上,需要投入大量资金,只有一些大型的企业才有能力进行自己的供应链建设,并且这种供应链缺乏柔性。而电子商务使供应链可以共享全球化网络,使中小型企业以较低的成本加入到全球化供应链中。

从通信的角度看,通过先进的电子商务技术和网络平台,可以灵活地建立起多种组织间的电子联接,从而改善商务伙伴间的通信方式,将供应链上企业各个业务环节孤岛联接在一起,使业务和信息实现集成和共享,使一些先进的供应链管理方法变得切实可行。

(2) 应用的切入点分析

企业的供应链管理是一个开放的、动态的系统,可将企业供应链管理的要素区分为两大类:①区域性因素,包含采购/供应、生产/计划、需求/分销三要素;②流动性因素,包含信息流、资金流和物流。根据供应链管理系统基本六元素的区域性和流动性,可形成供应链管理系统矩阵分析模型。

借助电子商务实现集成化供应链管理是未来供应链管理的发展趋势,管理者可以从供应链管理矩阵的角度,根据供应链管理系统的具体内容,系统地认识和分析电子商务应用的关键切入点,并充分发挥电子商务的战略作用。

基于电子商务的应用,可以有效地实现供应链上各个业务环节信息孤岛的连接,使业务和信息实现有效的集成和共享。同时,电子商务应用将改变供应链的稳定性和影响范围,也将改变传统的供应链上信息逐级传递的方式,为企业创建广泛可靠的上游供应网关系、大幅降低采购成本提供了基础,也使许多企业能以较低的成本加入供应链联盟中。上海贝尔的电子商务供应链管理实践表明,该战略的实施不仅可以提高供应链运营的效率,提高顾客的满意度;还可以使供应链管理的组织模式和管理方法得以创新,并使得供应链具有更高的适应性。

资料来源:百度文库

思　考:

1. 新环境下,上海贝尔供应链存在哪些问题?
2. 上海贝尔升级供应链的具体方法有哪些?

项目 9　电子商务物流信息技术

☞ 学习目标

通过本项目的学习,应熟悉并掌握以下基本知识:物流信息技术的概念,常用的物流信息技术(如条码技术、射频识别技术、电子数据交换),地理信息技术的工作原理。

☞ 重点和难点

条码技术的含义及应用,射频识别技术的含义及应用。

☞ 导入案例

【案例 9.1】

国家电网与顺丰供应链深入物流信息化合作

顺丰供应链宣布,将以科技赋能与国家电网深入物流信息化合作。自 2019 年起,顺丰集团正式成为国家电网战略合作伙伴,参与了包括武汉防疫物资运输保障、河南暴雨应急抢修物资保障的多项紧急保障业务,并稳扎稳打逐步开展多个省级公司的生产物资、营销设备的仓储物流服务。顺丰供应链在为客户服务过程中,凭借多年行业积累,为国家电网提供物资物流线上管理、履约交付、结算管理等建议,协助客户建设电力物流服务平台(ELP 系统)。

国家电网是关系国家能源安全和国民经济命脉的特大型国有重点骨干企业,经营区域覆盖我国 26 个省(自治区、直辖市),供电范围占国土面积的 88%,供电人口超过 11 亿。其服务范围广、应用场景复杂、电力物资品类多样,需要拥有资深专业的供应链服务商满足其高质量高时效的服务要求。

针对国家电网基建施工地理位置局限性、物流场景多复杂,以及电力物资具有价值高、异形多、重量大等挑战,顺丰供应链科学地增加了前置性勘线环节,并与专业团队全面评估难度与风险,制定详细操作流程,并模拟演练,以确保电力物资供应链服务按时按质地履约交付。

顺丰供应链整合科技资源优势,为国家电网着手搭建电力物流服务平台(ELP),从物流信息化过渡到物流数字化,最后实现整体物流供应链智能化。目前,国家电网的物流管理系统已经完成了一期建设,即将启动第二期。协助客户加速建设自主可控、安全稳定、具有国网特色的现代智慧供应链管理工具。

国家电网是高效快捷的能源输送通道和优化配置平台,是能源电力可持续发展的关键环节,关系国家能源安全。作为民营企业代表,顺丰供应链非常荣幸能与国家电网深化战略合作,为全国人民与社会提供现代化电力服务而献力。

资料来源:顺丰网站

【案例思考】

1. 顺丰为国家电网提供了哪些服务?

2. 什么是物流信息化？

任务 9.1　认识物流信息技术

9.1.1　物流信息的概念及特点

1. 物流信息的概念

电子商务物流的发展是以电子商务技术和物流技术为支撑的，信息化是实现电子商务物流系统提升的重要手段。条码技术、射频技术、电子数据交换技术、全球卫星定位系统（GPS）、地理信息系统（GIS）、物联网技术等的应用，推进了电子商务物流的变革，促进了电子商务物流的发展。

物流信息是反映物流各种活动内容的知识、资料、图像、数据、文件的总称。物流信息包含的内容可以从狭义和广义来看。从狭义来看，物流信息来源于客观物流活动的各个环节，是与物流活动有关的信息。在物流活动的管理和决策中，如运输工具的选择、仓库的有效利用等都需要详细和准确的物流信息，这些信息与物流过程中的运输、仓储、装卸和包装等各种职能有机结合在一起，保障整个物流活动的顺利进行。从广义来看，物流信息不仅包括与物流活动相关的信息，还包括大量与其他流通活动有关的信息，如商品交易信息、市场信息、消费者需求信息等。

2. 物流信息的特点

物流信息除具有信息的一般特点外，还具有自身的特殊性，具体体现在：

（1）趋于标准化

物流信息标准化包括 3 个方面的含义：①从物流系统的整体出发，制定其各子系统的设施、设备和专用工具等的技术标准以及业务工作标准；②研究各子系统技术标准和业务工作标准的配合性，按配合性要求，统一整个物流系统的标准；③研究物流系统与相关其他系统的配合性，谋求物流系统的标准统一。

（2）较强的时效性

信息都具有生命周期，在一定的时间内才具有价值。绝大多数物流信息动态性强、时效性强、信息价值的衰减速度快，这对信息管理的及时性和灵活性提出了很高的要求。

（3）量大且分布广

在物流活动中物流产生的信息都属于物流信息。这些信息从产生到加工、传播和应用，在时间和空间上存在不一致，因此需要能实现信息采集传输和存储功能的信息处理系统。

（4）种类多

物流信息不仅涉及物流系统内部各个环节不同种类的信息，还涉及与物流系统紧密联系的其他系统，如生产系统、销售系统和供应系统等，这使得物流信息的采集、分类、统计和研究等工作的难度增加。

（5）更新速度快

现代物流的特点之一是物流服务供应商千方百计地满足客户个性化的服务需求，多种小批量生产和多额度小数量配送，由此产生了大量的新信息，原有的数据需要不断更新并且更新速度越来越快。

3. 物流信息的作用

物流信息贯穿于物流活动的全过程。物流活动中的信息流可以分为两类：一类是信息流的产生先于物流，它控制物流产生的时间、流量的大小和流动方向，对物流起着引发、控制和调整的作用，如各种计划和用户的订单等，这类信息流被称作计划信息流或协调信息流；另一类是信息流与物流同步产生，反映物流的状态，如运输信息、库存信息和加工信息等，这类信息流被称为作业信息流。无论是计划流还是作业流，物流信息的总体目标都是要把涉及物流的各种企业具体活动综合起来，加强整体的综合能力。物流信息的作用主要表现在以下 3 个方面：

（1）有助于企业内部各业务活动之间的衔接

企业内采购、运输、库存和销售等各项活动互相作用，形成一个有机的整体系统，物流信息在其中充当桥梁和纽带。各项业务活动之间的衔接通过信息进行，基本资源的调度也通过信息的传递来实现。物流信息保证了整个系统的协调性和各项活动的顺利运转。

（2）有助于物流活动各个环节之间的协调和控制

在整个物流活动过程中，每一个环节都会产生大量物流信息，而物流系统则通过合理应用现代信息技术对这些信息进行挖掘和分析，得到每个环节下一步活动的指示性信息，进而对各个环节的活动进行协调和控制。

（3）有助于提高物流企业科学管理和决策水平

物流管理需要大量、准确、及时的信息和用以协调物流系统运作的反馈信息，任何信息的遗漏和错误都将直接影响物流系统运转的效率和效果，进而影响企业的经济效益。物流管理通过加强供应链中各活动和实体间的信息交流与协调，使其中的物流和资金流保持畅通，实现供需平衡，并运用科学的分析工具，对物流活动所产生的各类信息进行科学分析，从而获得更多有价值的信息。

9.1.2 物流信息技术的概念

信息在现代物流中起着非常重要的作用，信息化是物流现代化的重要标志。在物流领域中应用信息技术，可以使企业降低物流成本，提高物流运作效率和对市场反应的灵敏度，从而更好地满足客户的需求，增强企业的核心竞争力。虽然我国的物流信息化建设还处于初级阶段，但是具有广阔的发展空间，随着企业信息化基础设施的不断完善，物流信息化将进入高速发展时期。在企业的整个生产经营活动中，物流信息系统和各种物流作业活动密切相关，合理的物流信息系统能够助力企业更好、更快地发展。

物流信息技术是现代信息技术在物流各个作业环节中的综合应用。物流信息技术伴随着信息技术及现代物流的产生与发展，得到了广泛的应用，是物流各环节、各领域的信息处理与信息加工技术的总和。物流信息技术是现代物流区别于传统物流的根本标志，也是物流技术中发展最快的领域，尤其是计算机网络技术的广泛应用使物流信息技术达到了较高的应用水平。物流信息技术的发展也改变了企业的竞争方式，通过利用信息技术来提高供应链活动的效率，增强整个供应链的经营决策能力。

9.1.3 物流信息技术的内容

物流信息技术从数据采集的条形码系统，到办公自动化系统中的微机、互联网，各种终端设备和软件都在日新月异的发展。同时，随着物流信息技术的不断发展，产生了一系列新的物流理念和新的物流经营方式,推进了物流的变革。物流信息技术主要是指现代信息技术,包括计算机技术、网络技术、数据库技术、条码技术、射频识别技术、电子数据交换技术、地理信息系统、全球卫星定位系统等。

1. 基础技术

基础技术主要包括计算机技术、网络技术和数据库技术。在物流信息技术中,计算机技术主要是指计算机的操作技术;网络技术通过整合互联网分散的资源,实现资源的全面共享和有机协作,能够按需获取信息;数据库技术主要用于物流信息的存储、查询、提供信息支持和辅助决策。在物流管理中,网络技术为物流供应链管理提供技术实现手段,实现信息在企业间的交互与共享。

2. 信息采集技术

信息采集技术主要包括条形码技术和射频识别技术。

① 条形码技术又称条码技术,是20世纪产生和发展起来的一种自动识别技术,是集条码理论、光电技术、计算机技术、通信技术和条码印刷技术于一体的综合性技术。由于具有制作简单、信息收集速度快、准确率高、信息量大和成本低等优点,条码技术成为物流信息管理工作的基础,被广泛应用于物流的数据采集。

② 射频识别技术是一种基于电磁理论的通信技术,通过射频信号自动识别目标对象来获取相关数据,是一种非接触式的自动识别技术,适用于要求非接触数据采集和交换的场合。

3. 信息交换技术

信息交换技术即 EDI 技术,是指通过电子方式,采用标准化的格式,利用计算机网络进行结构化数据的传输和交换。EDI 技术的基础是信息,这些信息可以由人工输入计算机,也可以通过扫描条码获取。物流技术中的条码包含了物流过程所需的多种信息,与 EDI 技术相结合,确保了物流信息的及时可得性。

4. 地理分析与动态跟踪技术

地理分析与动态跟踪技术主要包括地理信息系统(GIS)和全球定位系统(GPS)。

① GIS 是以地理空间数据为基础,采用地理模型分析方法,适时地提供多种空间的、动态的地理信息,是一种为地理研究和地理决策服务的计算机技术系统。其基本功能是将表格型数据(可来自数据库、电子表格文件或直接在程序中输入)转换为地理图形显示,然后对显示结果进行浏览、操作和分析。结合其他软件,GIS 可以建立车辆路径模型、网络物流模型和设施定位模型等辅助进行物流决策。

② GPS 是利用空中卫星对地面目标进行精确导航与定位,以达到全天候、高准确度地跟踪地面目标移动轨迹的目的。系统在物流领域主要应用于汽车自定位及跟踪调度、铁路车辆运输管理、船舶跟踪及最佳航线的确定、空中运输管理和军事物流配送等方面。

9.1.4 物流信息系统

1. 物流信息系统的概念及功能

物流信息系统是指由人员、设备和程序组成的、为物流管理者执行计划、实施和控制等职能提供信息的交互系统,它与物流作业系统一样都是物流系统的子系统。

物流信息系统是建立在物流信息基础之上的,只有具备了大量的物流信息,物流信息系统才能发挥作用。在物流管理中,人们要寻找经济有效的方法来克服生产和消费之间的时间距离和空间距离,就必须传递和处理各种与物流相关的情报,这种情报就是物流信息。它与物流过程中的订货、收货、库存管理、发货、配送和回收等职能有机地联系在一起,使整个物流活动顺利进行。

物流信息系统是物流系统的神经中枢,其作为整个物流系统的指挥和控制系统,可以分为多种子系统或者说具备多种基本功能。通常可将其基本功能归纳为以下 5 个方面:

(1) 数据的收集和输入

物流数据的收集首先是将数据通过收集子系统从系统内部或者外部收集到预处理系统中,并整理成为系统要求的格式和形式,然后再通过输入子系统输入到物流信息系统中。

(2) 信息的存储

物流数据经过收集和输入阶段后,在其得到处理之前,必须在系统中存储下来。即使在处理之后,若信息还有利用价值,也要将其保存下来,以供以后使用。物流信息系统的存储功能就是要保证已得到的物流信息不丢失、不走样、不外泄、整理得当、随时可用。无论哪一种物流信息系统,在涉及信息的存储问题时,都要考虑存储量、信息格式、存储方式、使用方式、存储时间、安全保密等问题。如果这些问题没有得到妥善的解决,信息系统是不能投入使用的。

(3) 信息的传输

物流信息在物流系统中一定要准确及时地传输到各个职能环节,否则信息就会失去使用价值。因此,物流信息系统需要具有克服空间障碍的功能。物流信息系统在实际运行前,必须要充分考虑所要传递的信息种类、数量、频率和可靠性要求等因素。只有这些因素符合物流系统的实际需要时,物流信息系统才是有实际使用价值的。

(4) 信息的处理

物流信息系统的主要任务就是要将输入的数据加工处理成物流系统所需要的物流信息。数据和信息是有所不同的,数据是得到信息的基础,但数据往往不能被直接利用,而信息是由数据加工得到的,可以直接利用。只有得到了具有实际使用价值的物流信息,物流信息系统的功能才算发挥。

(5) 信息的输出

信息的输出是物流信息系统的最后一项功能,也只有在实现了这个功能后,物流信息系统的任务才算完成。信息的输出必须采用便于人或计算机理解的形式,在输出形式上力求易读易懂,直观醒目。

以上 5 项功能是物流信息系统的基本功能,缺一不可,并且只有各项基本功能都实现了,最后得到的物流信息才具有实际使用价值,否则会造成严重的后果。

【案例 9.2】

"北斗"开启智慧物流新篇章

"北斗三号"最后一颗卫星克服种种困难后成功上天,完成了"北斗三号"的"组网"计划。"北斗三号"的核心目标就是更高精准、更高性能服务全球。

北斗系统使运输更安全。对于货车司机来说,安装、使用北斗卫星定位装置可使运输更加安全。对比其他定位系统,"北斗"系统不仅提供位置、导航等基本功能,还提供通信功能,提供全球独家的短报文服务,北斗系统可发送文字,还可以传图像、打语音电话。北斗系统最突出的特点是增加了高轨道卫星,卫星越高抗遮挡能力就越强,尤其在低纬度地区性能更具优势。

"北斗"的多场景应用。网络货运平台核心竞争力之一就是实现高效率的车货匹配,精准定位则是其中最基础的数据源之一,定位数据通过智能配对技术,将货源以"一对多"的形式精准推荐给最为切合的承运人,充分利用承运人的返程运力资源,提升车辆运行效率,减少承运人配载找货、等货时间及成本。

"北斗"的安全预警。在货物运输保障方面,可通过轨迹定位进行安全预警。平台依据定位为所有在途车辆分别预测距离最短、收费最少、速度最快等多条运输线路,方便司机任意选择熟悉的路线行驶,当定位轨迹发现车辆严重偏离线路或长时间停留,便会进行在途预警,由专业客服与司机取得联系,提供必要的支持和服务。运输途中出现意外导致运输出现问题时,可通过定位功能快速找到故障车辆,并就近调度有效运力进行转运或安排线下维护人员到达现场进行处理。

资料来源:中国智慧物流网

【案例思考】

1. "北斗"对物流运输系统有何作用?
2. "北斗"的社会经济价值体现在哪些方面?

2. 物流信息技术的发展趋势

从企业的信息系统功能角度来看,物流企业的信息系统存在功能简单、功能层次低等问题。多数信息系统只有简单的记录、查询和管理功能,而缺少决策、分析、互动等功能。物流信息系统的未来发展有以下几个方向:

(1) 智能化

智能化是自动化、信息化的一种高层次应用。物流作业过程涉及大量的运筹和决策,如物流网络的设计与优化,运输搬运路径的选择、多种货物的拼装优化、运输工具的排程和调度、库存水平的确定、补货策略的选择等问题都需要进行优化处理,这些都需要管理者借助优化的智能工具和大量的现代物流知识来解决。同时,专家系统、人工智能、仿真学、运筹学、智能商务、数据挖掘和机器人等相关技术在国际上已经有比较成熟的研究成果,并在实际物流作业中得到了较好的应用。因此,物流的智能化已经成为物流发展的一个新趋势。

(2) 标准化

标准化技术也是现代物流技术的一个显著特征和发展趋势,同时也是现代物流技术实现的根本保证。货物的运输配送、存储保管、装卸搬运、分类包装、流通加工等各个环节中信息技术的应用,都要求必须有一套科学的作业标准。例如,物流设施、设备及商品包装的标准化等,只有实现了物流系统各个环节的标准化,才能真正实现物流技术的信息化、自动化、网络化、智能化等。特别是在经济全球化和贸易全球化的新世纪,如果国际上没有形成物流作业的标准化,就无法实现高效的全球化物流运作,这将阻碍经济全球化的发展进程。

(3) 全球化

随着企业规模和业务跨地域发展,物流企业的运营必然要走向全球化发展的道路。在全球化趋势下,物流企业的目标是为国际贸易和跨国经营提供服务,选择最佳的方式和路径,以最低的费用和最小的风险,保质、保量、准时地将货物从某国的供方运到另一国的需方,使各国物流系统相互"接轨"。面对信息全球化的浪潮,信息化已成为加快实现工业化和现代化的必然选择。

任务 9.2　条码技术

9.2.1　条码的概念及特点

1. 条码的概念

条码是一种信息代码,由一组宽度不同、反射率不同的条和空按规定的编码规则组起来,用以表示一定的字符、数字及符号组成的信息,它是一种通过光电扫描设备的识别将数据输入计算机的特殊代码。完整的条码由两侧空白区、起始/终止符、数据符、中间分割符(主要用于EAN条码)和校验符组成。

(1) 空白区

空白区没有任何印刷符或条码信息,通常是白的,位于条码符号的两侧。它是条码左右两端外侧与空的反射率相同的限定区域,能使扫描设备进入准备识读的状态。当两个条码距离较近时,空白区则有助于对它们加以区分。

(2) 起始/终止符

起始/终止符是指位于条码开始和结束位置的若干条与空,标志条码的开始和结束,同时提供了码制识别信息和识读方向的信息。

(3) 数据符

数据符是位于条码中间的条、空结构,包含条码所表达的特定信息。

(4) 中间分割符

中间分割符是位于条码中间位置的若干条与空。

(5) 校验符

有些码制的校验符是必需的,而有些码制的校验符则是可选的。校验符是通过对数据符进行一种算术运算而确定的。当符号中的各字符被解码时,译码器将对其进行同一种算术运算,并将结果与校验符比较。若两者一致,则说明读入的信息有效。

构成条码的基本单位是模块,模块是指条码中最窄的条或空,模块的宽度通常以毫为单位。构成条码的一个条或空称为一个单元,一个单元包含的模块数是由编码方式决定的。有些码制中,如 EAN 条码,所有单元由一个或多个模块组成;而另一些码制,如条码,所有单元只有两种宽度,即宽单元和窄单元,其中的窄单元即为一个模块。

2. 条码技术的特点

条码技术是电子与信息科学领域的高新技术,所涉及的技术领域较广,是多项技术有结合的产物。经过多年的长期研究和应用实践,条码技术现已发展成为较成熟的实用技术。

在信息输入技术中,采用的自动识别技术种类很多。条码技术作为一种图形识别技术与其他识别技术相比有如下特点:

(1) 简　单

条码由简单条空组成,编写简单、制作容易,被称为"可印刷的计算机语言"。

(2) 信息采集速度快

普通计算机的键盘录入速度是每分钟 200 字符,而扫描条码录入信息的速度是键盘录入的 20 倍。

(3) 采集信息量大

条码上可包含从商品的生产、加工、包装和运输等各个过程的信息,利用条码扫描,依次可以采集几十位字符的信息,而且可以通过选择不同码制的条码增加字符密度,使录入的信息量成倍增加。

(4) 可靠性高

采用键盘录入数据误码率低,而采用条码扫描方式,误码率仅有百万分之一,并且首次读取的正确率高达98%以上。

(5) 成本低

与其他自动化识别技术相比,条码技术仅需要一小张贴纸和相对构造简单的光学打蜡仪,成本较低,而且条码识别设备操作容易,无须专门训练,节省费用。

(6) 灵活、实用

条码输入方式多样,可以通过手工键盘键入,也可以和有关设备组成识别系统实现自动化识别,也可以和其他控制设备联合使用实现系统的自动化管理。条码包含多样信息,并且在外包装上占用面积小,可印刷在物品的任何合适部位。

9.2.2 物流条码的概念及特征

1. 物流条码的概念

物流条码是供应链中用以标识物流领域中具体实物的一种特殊代码,包括生产厂家、配销业、运输业、消费者等环节的共享数据。物流条码的使用贯穿整个贸易过程,并通过物流条码数据的采集、反馈,可提高整个物流系统的经济效益。

【知识链接】

公认的物流条码码制

国际上通用的和公认的物流条码码制有3种:ITF-14条码、UCC/EAN-128条码和EAN-13条码。根据货物和商品包装的不同,采用不同的条码码制。单个大件商品,例如电视机、电冰箱、洗衣机等商品的包装箱往往采用EAN-13条码,而储运包装箱常常采用ITF-14条码或UCC/EAN-128条码。

2. 物流条码的特征

(1) 货运单元的唯一标识

物流条码作为货运单元的唯一标识,可标识多个或多种类商品的集合,用于物流的现代化管理。

(2) 服务于物流的全过程

物流条码应用于物流现代化的管理,贯穿物流的全过程。产品从厂家生产出来,经过包装、运输、仓储、分拣、配送等众多环节,最后到达零售商店,物流条码应用于这些环节之中,实现了对物品的跟踪和数据的共享。

(3) 存储多种信息

物流条码作为可变的、能存储多种含义和信息的条码,可以标示货物的体积、重量、生产日期、批号等信息。

(4) 可变性

随着国际贸易的不断发展和贸易伙伴对各种信息的需求不断增加,物流标识的应用在不断扩大,标识内容也在不断丰富,物流条码的新增和删除时有发生,从而满足贸易的需求。

(5) 维护性

由于物流条码具有可变性的特点,物流条码的标准也是需要经常维护的,因此要及时了解用户需求,并及时传达标准化机构的编码变更内容,以确保国际贸易物流现代化和信息化管理。

3. 物流条码的应用

目前国际公认的物流条码有通用商品码、交叉 25 条码和贸易单元 128 码,这几种码可以满足物流条码体系的应用要求。

(1) 通用商品条码

通用商品条码由国际物品编码协会和统一代码委员会制定,分为标准版的商品条码(EAN-13 条码)和缩短版的商品条码(EAN-8 条码)。

① EAN-13 条码。EAN-13 条码由 13 位数字组成,包括厂商识别代码(包括 3 位前缀码和 4~6 位厂商代码),产品代码(3~5 位)和校验码(1 位)。国际物品编码协会分配给中国物品编码中心的前缀码为 690~695,厂商识别代码由中国物品编码中心负责分配和管理,中国物品编码中心负责确保每个厂商识别代码在全球范围内的唯一性。产品代码占 5 位,代表单项产品的号条码,由厂商根据规定自己编制,必须保证产品编码的唯一性原则;校验码占 1 位,由一定的规则计算得出,用于校验厂商识别代码和产品代码的正确性。EAN-13 条码的代码机构见表 9.1。

表 9.1　EAN-13 条码的代码结构

结构类型	厂商识别码	商品项目代码	校验码
结构 1	$X_{13} X_{12} X_{11} X_{10} X_9 X_8 X_7$	$X_6 X_5 X_4 X_3 X_2$	X_1
结构 2	$X_{13} X_{12} X_{11} X_{10} X_9 X_8 X_7 X_6$	$X_5 X_4 X_3 X_2$	X_1
结构 3	$X_{13} X_{12} X_{11} X_{10} X_9 X_8 X_7 X_6 X_5$	$X_4 X_3 X_2$	X_1

备注:$X_i(i=1,\cdots,13)$ 表示从右至左第 i 位数字代码。

目前,我国使用了表 9.1 中的前两种结构,当前缀码为 690 或 691 时,代码结构为结构 1;当前缀码为 692 时,代码结构为结构 2。EAN-13 条码见图 9.1。

图 9.1　EAN-13 条码

② EAN-8 条码。EAN-8 条码由 8 位数字组成,包括前缀码(2 位)、商品项目代码(5 位)及校验码(1 位)。其中,每一项产品的商品项目代码均须逐一申请个别号码,校验码的计算方式与标准版类似。在中国,凡须使用 EAN-8 条码的产品生产厂家,须将本企业欲使用 EAN-8 条码的商品目录及其外包装报至中国物品编码中心或其分支机构,由中国物品编码中心统一赋码。EAN-8 条码见图 9.2。

(2) 交叉 25 条码

交叉 25 条码由美国的 Intermec 公司于 1972 年发明。初期广泛应用于仓储及重工业领域,1981 年美国开始将其用于运输包装领域。1987 年,日本引入交叉 25 条码,标准化后用于储运单元的识别与管理。交叉 25 条码是一种密度较高的条码。由于条与空均表示信息,没有条码字符间隔,因此交叉 25 条码是连续型条码。由于交叉 25 条码可表示不同个数的数字字符,故也是一种非定长的条码。

交叉 25 条码的编码方法是利用条码中条与空的宽窄设置不同,宽单元表示二进制的"1",窄单元表示二进制的"0",当条码字符个数为偶数时,所有奇数位置上的数据以条编码,偶数位置上的数据以空编码。如果个数为奇数,则在数据前补一位 0,以使数据为偶数数位。交叉 25 条码由左侧空白区、起始符、数据符、终止符及右侧空白区构成。

交叉 25 条码常应用于商品批发、仓库、生产/包装识别、运输及国际航空系统的机票顺序编号等,条码的识读率高,可适用于固定扫描器可靠识读。表示"251"的交叉 25 码见图 9.3。

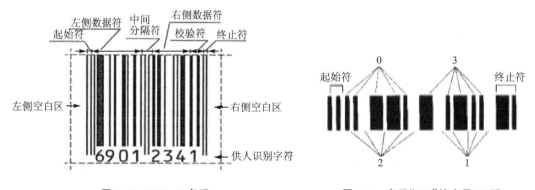

图 9.2　EAN-8 条码　　　　图 9.3　表示"251"的交叉 25 码

(3) 贸易单元 128 条码

通用的商品条码和交叉 25 条码都属于不携带信息的标识码,如果在物流配送中要将生产日期、有效日期、运输包装序号、重量等重要信息条码化,则需要利用贸易单元的 128 条码。

贸易单元 128 条码是一种长度可变的连续型自校验数字式条码。它采用 4 种字符,分别是起止符、数据符、校验符和终止符。与其他一维条码相比,贸易单元 128 条码的结构较为复杂,因此它能支持的字符个数也比其他一维条码的多。表 9.2 所列为 EAN-128 条码结构,图 9.4 所示为 EAN-128 条码。

表 9.2　EAN-128 条码结构

左侧空白区	起始符	数据符	校验符	终止符	右侧空白区
10 个模块	22 个模块	11N 个模块	11 个模块	13 个模块	10 个模块

备注:N 表示包括辅助字符的数据符的个数。

目前,EAN-128 条码是贸易单元 128 条码中应用最多的,其具有完整性、紧密性和高可

图9.4　EAN-128条码

靠性特征。由于EAN-128条码可携带大量信息，因此应用范围较广，如制造业的生产流程控制、物流业的仓储管理、车辆调配、医院血液样本的管理、政府对管制药品的追踪等。表9.3所列为EAN-128条码的内容。

表9.3　EAN-128条码内容

代号	码别	长度	说明
A	应用标识符	2	代表其后的字符内容为运输包装序号
B	包装性能指示码	1	代表无定义的包装指示码
C	前置码与公司码	7	代表EAN-128条码的前置码与公司码
D	自行编定的序号	9	由公司指定的序号
E	校验码	1	校验正误
F	应用标识符	—	代表其后的字符为配送邮政编码
G	配送邮政编码	—	代表配送邮政编码

备注：A～G是从左至右的顺序。

【知识链接】

物流条码主要应用标准

在物流条码标准体系中，主要的应用标准有国家标准GB/T 16828—2007《商品条码参与方位置编码与条码表示》、国家标准GB/T 16830—2008《商品条码储运包装商品编码与条码表示》和国家标准GB/T 16986—2008《商品条码应用标识符》（简称条码应用标识符）。

4. 二维条码的应用

（1）二维条码的概念

二维条码是用某种特定的几何图形按一定规律在水平和垂直方向的二维空间上分布的黑白相间的图形记录数据符号信息的。二维条码在代码编制上巧妙地利用了构成计算机内部逻辑基础的"0""1"比特流的概念，使用若干个与二进制相对应的几何图形来表示文字数值信息，通过图像输入设备或光电扫描设备自动识读以实现信息自动处理。

二维条码能够在横向和纵向两个方位同时表达信息，因此能在很小的面积内表达大量的信息，信息容量接近2 000 B。采用压缩技术能将凡是可以数字化的信息，包括字符、照片、指纹、声音等进行编码，在远离数据库和不便联网的地方实现信息的携带、传递和防伪。二维条码具有条码技术的一些共性，如每种码制有其特定的字符集，每个字符占有一定的宽度，并且具有一定的校验功能等。二维条码还具有对不同行的信息自动识别功能及处理图形旋转变化等特点。在目前几十种二维条码中，常用的码制有 Data Matrix、PDF417 条码、49 条码和 16K 条码等。

二维条码和一维条码都是携带和识读信息的手段，但二维条码具有信息容量大、安全性高、读取率高和纠错能力强等特性，这些都是一维条码所不具备的。二维码和一维码的区别见表 9.4。

表 9.4 一维码和二维码比较

条码类型	比较内容					
	信息密度	信息容量	安全性	垂直方向是否携带信息	主要用途	对数据库和通信网络的依赖
一维条码	低	小	低	否	识别物品	多场合依赖
二维条码	高	大	高	是	描述物品	可单独使用

（2）二维条码的特点

二维条码的主要特点是二维条码符号在水平和垂直方向均表示数据信息。二维条码除了具有一维条码的优点外，还具有信息容量大、可靠性强、可表示汉字及图像等多种信息、保密防伪性强等优点。

1）信息容量大

根据不同的条空比例，每平方英寸（1 平方英寸≈6.45 平方厘米）可以容纳 250～1 100 个字符。在国际标准的证卡有效面积上（相当于信用卡面积的 2/3，约 76 毫米×25 毫米），二维条码可以容纳 1 848 个字母字符或 2 729 个数字字符，约 500 个汉字信息。这种二维条码比普通条码信息容量高几十倍。

2）编码范围广

二维条码可以对照片、指纹、掌纹、声音、文字等信息进行编码，编码范围很广。

3）保密、防伪性能好

二维条码具有多重防伪特性，可以采用密码防伪、软件加密以及利用所包含的信息如指纹、照片等进行防伪，因此具有极强的保密防伪性能。

4）译码可靠性高

普通条码的译码错误率约为百万分之二左右，而二维条码的译码错误率不超过千万分之一，译码可靠性极高。

5）修正错误能力强

二维条码采用了世界上最先进的数学纠错理论，如果破损面积不超过 50% 或者条码被玷污、破损等，均可以照常译出全部信息。

6）容易制作且成本很低

利用现有的点阵、激光、喷墨、热敏/热转印、制卡机等打印技术，即可在纸张、卡片、PVC，甚至金属表面印出二维条码。由此所增加的费用仅是油墨的成本，因此人们又称二维条码是"零成本"技术。

7）条码符号的形状可变

对于同样的信息量，二维条码的形状可以根据载体面积进行自我调整。由于二维条码具有成本低、信息可随载体移动、不依赖于数据库和计算机网络、保密防伪性能强等优点，结合我国人口多、底子薄、计算机网络投资资金难度较大,对证件的防伪措施要求较高等特点,二维条码在我国极有推广价值。

(3) 二维条码的分类

通常,二维条码可以分为以下 2 种类型。

1) 行排式二维条码

行排式二维条码又称堆积式二维条码或层排式二维条码,其编码原理是在一维条码基础上,按需要堆积成二行或多行。行排式二维条码在编码设计、校验原理、识读方式等方面继承了一维条码的一些特点,扫描设备与条码印刷与一维条码技术兼容。但由于行数的增加,需要对行进行判定,其译码算法与软件也不完全与一维条码相同。具有代表性的行排式二维条码有 16K 条码、49 条码、PDF417 条码等见图 9.5。

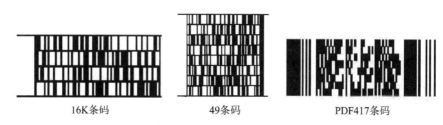

16K条码　　　　　　49条码　　　　　　PDF417条码

图 9.5　不同的行排式二维码

2) 矩阵式二维条码

矩阵式二维条码又称棋盘式二维条码,它是在一个矩形空间根据黑、白像素在矩阵中的不同分布来进行编码的。在矩阵相应元素位置上,用点(方点、圆点或其他形状)的出现表示二进制"1",点的不出现表示二进制的"0",点的排列组合确定了矩阵式二维条码所代表的意义。具有代表性的矩阵式二维条码有 Code One、Maxi Code、QR 条码、Data Matrix 等,见图 9.6。

Code One　　　　Maxi Code　　　　QR条码　　　　Data Matrix

图 9.6　不同的矩阵式二维码

实训任务

调查生活中常见的条码,如超市商品条码、快递包裹条码等,分析它们属于何种条码,了解不同条码的异同点。

9.2.3　物流条码的识读

1. 物流条码识读的原理

条码识读的原理是:首先由扫描器光源发出的光通过光系统照射到条码上;然后条码符号反射的光经过光系统成像在光电转换器上;接着光电转换器接收光信号,产生一个与扫描点处光强度成正比的模拟电压,模拟电压通过整形,转换成矩形波;最后译码器将矩形波所表示的二进制脉冲信号译成计算机可直接采集的数字信号。

2. 物流条码识读系统的组成

条码符号是图形化的编码符号,需要借助一定的专用设备将条码符号中的编码信息转换成计算机可识别的数字信息。条码识读系统由扫描系统、信号整形、译码等组成,见图9.7。

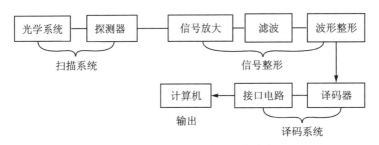

图 9.7　条码识读系统构成

① 扫描系统由光学系统、探测器和光学系统组成。扫描系统负责对条码符号进行光学扫描,并通过光电转换器将条码图案的光信号转换成电信号。条码扫描系统可采取不同的光源、扫描形式、光路设计来实现其功能。

② 信号整形部分由信号放大、滤波、波形整形组成。信号整形的功能在于将条码的光电扫描信号处理成为标准电位的矩形波信号,其高低电平的宽度和条码符号的条空尺寸相对应。各种条码扫描设备都有自己的条码信号处理方法,随着条码扫描设备的发展,判断条码符号条空边界的信号整形方法日趋科学、合理和准确。

③ 译码系统的功能是对得到的条码矩形波信号进行译码,并将结果输入条码应用系统中的数据采集终端。各种条码符号的标准译码算法来自各个条码符号的标准,不同的扫描方式对译码器的性能要求也不同。

3. 扫描设备

由于商业POS系统能给企业管理带来巨大效益,因此国内各大商场、连锁店等纷纷建立商业POS网络系统。常见的商业条码扫描设备主要有电荷耦合元件(CCD)扫描仪、手持激光扫描仪和全角度激光扫描仪,见图9.8。

CCD扫描仪　　　　手持激光扫描仪　　　　全角度激光扫描仪

图 9.8　常用扫描仪

(1) CCD扫描仪

CCD扫描仪利用光电耦合原理,对条码印刷图案进行成像,然后再译码。采用发光二极管的泛光源照亮整个条码,再透过平面镜与光栅将条码符号映射到由光电二极管组成的探测器阵列上,经探测器完成光电转换,再由电路系统对探测器阵列中的每一光电二极体依次采集信号,辨识出条码符号,完成扫描。CCD 扫描仪具有无转轴、使用寿命长和价格便宜等优势。

选择 CCD 扫描仪时,主要参考以下 2 个指标:

① 景深。CCD 扫描仪的成像原理类似于照相机,景深越大,背景清晰程度越高。

② 分辨率。要提高 CCD 扫描仪的分辨率,就必须增加成像处光敏元件的单位像素。低价的 CCD 一般是 5 像素,识读 EAN 条码、UPC 条码等已经足够,但对于其他条码识读就会困难一些。中档的 CCD 以 1 024 像素为多,有些甚至达到 2 048 像素,能分辨最窄单位元素为 0.1 毫米的条码。

(2) 手持激光扫描仪

手持激光扫描仪是利用激光二极管作为光源的单线式扫描仪,主要有转镜式和颤镜式两种类型。转镜式扫描仪采用高速马达带动一个棱镜组旋转,使二极管发出的单点激光变成一线。颤镜式扫描仪的制作成本低于转镜式扫描仪,但这种类型的激光枪扫描速度不高,一般为 33 次/秒,个别型号,如 POTICON 可以达到 100 次/秒。

选择手持激光扫描仪时,需要注意扫描速度和分辨率,而景深并不是关键因素。因为当景深加大时,分辨率会大大降低。高质量的手持激光扫描仪应当是高扫描速度,并且在固定景深范围内具有很高的分辨率。

(3) 全角度激光扫描仪

全角度激光扫描仪是通过光学系统使激光二极管发出激光折射的条码扫描仪。全角度激光扫描仪使用方便且识读正确率高。

任务 9.3 射频识别技术

9.3.1 射频识别技术概述

1. 射频识别技术的概念

射频识别(RFID)技术是一项利用射频信号通过空间耦合交变磁场或电磁场实现无接触信息传递,并通过所传递的信息达到识别目的的技术。射频识别是一种突破性的技术。第一,采用 RFID 技术可以识别单个的非常具体的物体,而不是像采用条形码技术那样只能识别一类物体。第二,RFID 技术采用无线电射频,可以透过外部材料读取数据,而采用条形码技术必须靠激光来读取信息。第三,采用 RFID 技术可以同时对多个物体进行识读,而采用条形码技术只能一个一个物体进行识读。此外,存储的信息量也非常大。

2. 射频识别技术的特点

RFID 技术是一项易于操控,简单实用并且适用于自动化控制的应用技术,它不仅支持只读工作模式,也支持读写工作模式,可以在恶劣环境下工作。具体来说,RFID 有以下几个方面的特点。

① 全自动快速识别多目标。RFID 阅读器利用无线电波,可全自动瞬间读取标签的信息,并且可以同时识别多个 RFID 电子标签。

② 动态实时通信。RFID 标签所附着的物体出现在解读器的有效识别范围之内,就可以对它的位置进行动态追踪和监控。

③ 应用面广。由于电子标签很小，因此可以轻易地嵌入或附着在不同类型、形状的产品上，而且利用RFID读取时不受尺寸大小与形状限制。

④ 数据容量大。数据容量最大的二维条形码可存储200～30 000 B，RFID系统中电子标签包含存储设备，可以根据用户的需要扩充到数MB，而且随着存储技术的进一步发展，存储容量会越来越大。

⑤ 环境适应性强。RFID电子标签将数据存储在芯片中，可识别高速运动物体，对水、油和药品等物质具有强力抗污性，而且可以在黑暗或者是脏污的环境中读取数据。

⑥ 可重复使用。RFID电子标签中的数据可以被重复增加、修改、删除，提高利用率，降低电子污染。

⑦ 防碰撞机制。RFID标签中有快速防碰撞机制，能防止标签之间出现数据干扰。因此，阅读器可以同时处理多张非接触式标签。

⑧ 可无屏障阅读。在被覆盖的情况下，RFID标签可透过纸张、木材和塑料等非金属或非透明的材质与读写器进行信息交换。

⑨ 易读取数据。RFID标签采用的是无线电射频，可以透过外部资料读取数据，而条形码必须靠激光来读取数据。

⑩ 安全性能高。RFID电子标签承载的是电子信息，其数据内容可通过密码保护、冗余校验等措施，使其不易被伪造及修改，因此，使用RFID电子标签更具安全性。

9.3.2　射频识别技术的原理

RFID系统因应用不同，其组成会有细微差别，但基本都由3个部分组成，即主机系统、阅读器和电子标签，见图9.9。电子标签和阅读器内都装有天线。

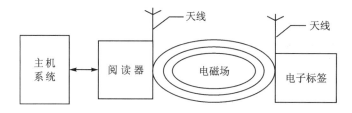

图 9.9　RFID 系统组成

1. 主机系统

主机系统是针对不同行业的特定需求而开发的应用软件系统，可以有效地控制阅读器对标签信息的读写，并对收到的目标信息进行集中的统计与处理。主机系统可以集成到现有的电子商务和电子政务平台中，通过与其他系统集成，提高工作效率。

2. 阅读器

阅读器又称读出装置或读写器，一般认为是RFID系统的读写终端装备，可以实现对条码的识别以及内存数据的读取或写入，同时接收来自主制系统的控制指令。

3. 电子标签

电子标签是射频识别系统的信息载体，即存储可识别数据的电子装置。电子标签一般保存有约定格式的电子数据，由耦合元件及芯片组成，内置射频天线，用于与阅读器通信。电子标签可根据工作方式和读写性的不同进行分类。

(1) 根据工作方式分类

根据工作方式的不同,电子标签可分为主动式标签、被动式标签和半主动式标签。一般来说,主动式标签采用无源系统,即标签内无电池;被动式和半主动式标签采用有源系统,即工作电源由标签内电池提供。

(2) 根据可读写性分类

根据可读写性的不同,电子标签可分为只读标签、可读写标签、一次写入多次写出标签。

任务9.4 其他物流信息技术

9.4.1 电子数据交换

电子数据交换(EDI)技术于20世纪60年代末产生于美国,当时的贸易商发现人工录入数据存在大量重复性工作,影响了数据的准确性和工作效率,因此开始尝试在贸易伙伴之间使用能够自由交换的数据系统,EDI应运而生。

1. EDI概述

EDI是20世纪80年代发展起来的一种新的电子化贸易工具,是计算机、通信和现代管理技术相结合的产物。国际电信联盟电信标准化部门将EDI定义为"从计算机到计算机之间的结构化的事务数据互换"。由于使用EDI可以减少甚至消除贸易过程中的纸制文件,因此EDI又被人们通俗地称为"无纸贸易"。实际上,EDI技术的应用并不局限于贸易领域,还广泛应用于其他领域,如医院中的信息交流也已采用EDI技术,并在国外得到了实际应用。

(1) EDI的定义

简单来说,EDI就是供应商、零售商、制造商和客户等在其各自的应用系统之间利用EDI技术,通过公共EDI网络,自动交换和处理商业单证的过程。EDI技术是近年来出现的利用计算机进行商务工作的新技术,它用一种国际公认的标准格式,将贸易、运输、保险、银行和海关等行业的信息,通过计算机通信网络在各有关部门、公司与企业之间进行数据交换与处理,并完成以贸易为中心的全部业务过程。需要强调的是,EDI不是用户之间简单的数据交换,用户需要按照国际通用的消息格式发送信息,接收方也需要按国际统一规定的语法规则,对消息进行处理。整个数据交换过程都是自动完成的,无须人工干预,减少了数据传输中可能会出现的差错,提高了工作效率。

(2) 物流EDI的定义

物流EDI是指货主、承运业主及其他相关的单位之间,通过EDI系统进行物流数据交换,并以此为基础实施物流作业活动的方法。物流EDI参与单位有发送货物业主(如生产厂家、贸易商、批发商、零售商等)、承运业主(如独立的物流承运企业等)、实际运送货物的交通运输企业(如铁路企业、水运企业、航空企业、公路运输企业等)、协助单位(如政府有关部门、金融企业等)和其他的物流相关单位。

2. EDI的特点

EDI作为一种全球性的电子化贸易手段,具有以下显著的特点。

(1) 单证格式化

EDI输入的是格式化的数据。如订购单、报价单、发票、货运单、装箱单报关单等,这些信息都具有固定的格式与行业通用性，而信件、公函等非格式化的文件不属于 EDI 处理的范畴。

(2) 报文标准化

EDI 传输的报文符合国际标准或行业标准，这是计算机能自动处理的前提条件。

(3) 处理自动化

EDI 信息的传递路径是从计算机到数据通信网络，再到商业伙伴的计算机。信息最终被传递到计算机应用系统，计算机应用系统可以自动处理 EDI 系统传递的信息。因此，EDI 是一种机-机模式或应用-应用模式的数据交换技术，不需要人工干预。

(4) 软件结构化

EDI 功能软件由 5 个模块组成，即用户接口模块、报文生成及处理模块、格式转换模块、通信模块和内部接口模块。这 5 个模块功能分明、结构清晰，形成了较为成熟的 EDI 商业化软件。

(5) 运作规范化

任何一个成熟、成功的 EDI 系统，都以相应的规范化环境为基础，如联合国国际贸易法委员会制定了《电子贸易示范法》，国际海事委员会制定了《CMI 电子提单规则》等。此外，EDI 主要用于传递重要的业务票据或合同等，因此要求其按照相关规范进行运作。

3. EDI 系统

(1) EDI 系统的特点

EDI 系统的最大特点就是利用计算机与通信网络来完成标准格式的数据传输，不需要人为地重复输入数据。也就是说，数据在物流公司的应用程序（如采购系统）与货物业主的应用程序（如订单输入系统）之间进行电子化转移，不需人为干预或重复输入数据。

数据不仅在物流公司与货物业主之间电子化流通，还在每一个物流公司和货物业主内部的应用程序之间电子化流通，同样不需要重新用人工输入。例如，物流公司的订单进入货物业主的订单输入系统后，同样的数据就会传递到货物业主的仓储、运输、加工、财会等应用程序，并由各程序自动地产生相应的加工安排表、库存更新记录、货运单、发票等。由于报文结构与报文含义有公共的标准，交易双方所往来的数据能够由对方的计算机系统识别与处理，因此大幅度提高了数据传输与交易的效率。

(2) EDI 系统结构

一般地，EDI 系统的基本结构包括报文生成和处理模块、格式转换模块、通信模块、用户接口模块、内部接口模块 5 个部分。

1) 报文生成和处理模块

报文生成和处理模块的一个功能是接受来自用户接口模块和内部接口模块的命令和信息，并按照 EDI 的公共标准生成所需要的订单、发票、合同及其他各种 EDI 报文和单证，然后经格式转换模块处理后交给其他模块处理。另一个功能是自动处理由其他 EDI 系统发来的 EDI 报文，按照不同的报文类型，采用不同的处理方式。

2) 格式转换模块

格式转换模块的主要功能是把企业自己生成或其他企业发来的各种 EDI 报文，按照一定的语法规则进行处理，从而形成标准化、结构化的报文以方便其他模块进行处理。转换过程包括语法上的压缩、嵌套，代码的替换，以及添加必要的 EDI 语法控制字符。同样，通信模块接收到的结构化的 EDI 报文，也要做非结构化处理，以便对本单位内部的信息做进一步处理。该模块实现的具体功能可总结如下：① 形成统一的国际标准和行业标准；② 将所有 EDI 单证转换成标准的报文,转换过程中进行语法检查;③对其他系统的EDI报文的逆处理。

3) 通信模块

通信模块是企业本身的EDI系统和其他企业EDI系统的接口。通信模块负责在接收到EDI用户报文后,进行审查和确认。根据EDI通信网络的结构不同,该模块功能也有所不同。其主要功能是执行呼叫、自动应答、确认身份和报文传送等。除此之外本模块还具有自动重发、合法性和完整性检查、出错报警及报文拼装和拆卸等功能。

4) 用户接口模块

用户接口模块也称为联系模块,是EDI系统和本单位内的其他信息管理系统或数据库的接口。其主要功能是为EDI用户提供良好的接口和人机界面,业务管理人员可通过此模块进行输入、查询、统计、中断、打印等操作,以便及时了解市场变化,调整应对策略。此模块也是EDI系统和企业内部其他系统进行信息交换的纽带。由于EDI不是将订单直接传递或简单打印,而是通过订单审核、生产组织、货运安排及海关手续办理等事务的EDI处理后,再将有关结果通知其他信息系统,或打印必要文件进行物理存档,因此一个单位的信息系统应用程度越高,用户接口模块也就越复杂。

5) 内部接口模块

内部接口模块是连接EDI系统与企业内部其他信息系统或数据库的接口。企业的信息系统应用程度越高,内部接口也就越复杂。

4. EDI系统的工作原理

(1) EDI的工作方式

根据接入EDI网络的方式不同,可以将EDI的工作方式分为以下3种。

① 单机方式:具有单一计算机应用系统的用户接入方式。用户通过连接电话交换网的调制解调器直接接入EDI交换中心,该计算机应用系统中需要安装EDI系统的专用通信软件及相应的映射和翻译软件。

② 多机方式:具有多个计算机应用系统的用户接入方式。多个应用系统(如销售系统、采购系统、财务系统等)采用联网方式将各个应用系统首先接入负责与EDI中心交换信息的服务器中,再由服务器接入EDI交换中心,服务器不仅负责各个应用系统与EDI中心的统一通信,还承担EDI标准格式的翻译、企业各部门EDI的记账。

③ 企业内联网方式:通过企业内联网的用户接入方式。可以采用建立企业内部专用网络来接入EDI交换中心。外联网概念的提出使内联网由企业内部走向外部,通过给主要的贸易伙伴添加外部连接来扩充企业内部网络。目前,很多EDI系统中,用户已经可以使用浏览器通过EDI中心的Web服务器访问EDI系统。

(2) EDI的工作流程

简单来说,EDI是指用约定的标准编排有关的数据,通过计算机传送业务往来信息。其实质是通过约定的商业数据表示方法,通过网络实现数据在贸易伙伴所拥有的计算机应用系统之间进行交换和自动处理。EDI的工作流程可以分为以下3个阶段。

① 文件的结构化和标准化处理。用户将原始的纸面商业和行政文件,经计算机处理,形成符合EDI标准的、具有标准格式的EDI数据文件。

② 传输和交换。用户用自己的本地计算机系统将形成的标准数据文件,经由EDI数据通信和交换网,传送到登录的EDI服务中心,继而转发到对方用户的计算机系统上。

③ 文件的接收和自动处理。对方用户计算机系统收到发来的报文后,立即按照特定的程

序自动进行处理,如有必要,则输出纸面文档。

5. EDI 在物流中的应用

EDI 是一种信息管理或处理的有效手段,可以对物流供应链上的物流信息进行有效的运作,比如传输物流单证等。物流运作中应用 EDI 的目的是充分利用现有计算机及通信网络资源,提高交易双方信息的传输效率,降低物流成本。

(1) EDI 在物流公司中的应用

物流公司是供应商与客户之间的桥梁,对调节产品供需、缩短流通渠道、解决经济的流通规模及降低流通成本起着极为重要的作用。如果物流公司引入 EDI 是为了运输数据,则可以低成本引入出货单的接收。如果希望引入 EDI 改善作业流程,可以依次引入各单证,并与企业内部信息系统集成,逐步改善接单、配送、催款的作业流程。对物流公司来说,出货单是客户发出来的出货指示。物流公司引入 EDI 出货单后可与自己的拣货系统集成,生成拣货单,这样就可以加快内部作业速度,缩短配送时间;出货完成后,可将出货结果用 EDI 通知客户,使客户及时知道出货情况,也可尽快处理缺货情况。对于每月的出货配送业务,物流公司可引入 EDI 催款对账单,同时开发对账系统,与 EDI 出货配送系统集成来生成对账单。从而减轻财务部门每月对账工作量,降低对账错误率以及业务部门的催款人力。除数据传输及改善作业流程外,物流公司还可以以 EDI 为工具进行企业流程再造。

(2) EDI 在生产企业中的应用

相对于物流公司而言,生产企业与其交易伙伴间的商业行为大致可分为接单、出货、催款及收货作业,其间往来的单据包括采购进货单、出货单、催款对账单及付款凭证等。生产企业引入 EDI 是为了数据传输时,可选择以低成本的方式引入采购进货单,接收客户传来的 EDI 订单报文,并将其转换成企业内部的订单形式。优点是:第一,不需要为配合不同供应商而使用不同的电子订单系统;第二,不需要重新输入订单数据,节省了人力和时间,同时减少人为错误。如果生产企业应用 EDI 的目的是改善作业,则可以同客户合作,依次引入采购进货单、出货单、催款对账单及转账系统,并与企业内部的信息系统集成,逐步改善接单、出货、对账及收款作业。

生产企业为改善作业流程而引入 EDI 时,必须要有相关业务主管积极参与,才可能获得成果。例如,对生产企业来说,退货处理非常麻烦,退货原因可能是商品瑕疵。对于有瑕疵的商品,退货只会增加处理成本;对于下架商品,如果处理及时,还有机会再次销售。因此,引入 EDI 退货单并与客户重新拟定退货策略,对双方都有好处。

(3) EDI 在批发商中的应用

批发商相关业务包括向客户提供产品以及向厂商团购商品。

① 批发商的交易对象若是厂商,可引入 EDI 采购进货单,将采购进货单转化成 EDI 报文传给厂商。优点是:不需要为了配合不同厂商而使用不同的电子订货系统;厂商可提前收到订单,及时处理,加快送货速度。

② 批发商若为了改善作业流程而引入 EDI,则可逐步引入各项单证,并与企业内部信息系统集成,逐步改善接单、出货、催款的作业流程,或订购、验收、对账、付款的作业流程。对于旨在改善订购、验收、对账、付款流程的批发商来说,可依次引入采购进货单、验收单、催款对账单以及付款明细单,并与企业内部的订购、验收、对账及转账系统集成。其做法与零售商的做法类似。对于旨在改善接单、出货、催款流程的批发商来说,可依次引入采购进货单、出货单及催款对账单,并与企业内部的接单、出货及催款系统集成,其做法与生产企业的做法类似。

9.4.2 地理信息系统

1. GIS 的概念

地理信息系统(GIS)是一种特定的十分重要的空间信息系统。它是在计算机硬件、软件系统支持下,对整个或部分地球表层(包括大气层)空间中的有关地理分布数据进行采集、存储、管理、处理、分析、显示和描述的技术系统。GIS 处理、管理的对象是多种地理空间实体数据及其关系,包括空间定位数据、图形数据、遥感图像数据、属性数据等,用于解决复杂的规划、决策和管理问题。

2. GIS 的组成

完整的 GIS 主要由 4 个部分组成,即计算机硬件系统,计算机软件系统,地理空间数据及系统开发、管理和使用人员。其核心部分是计算机硬件系统和软件系统。空间数据库反映 GIS 的地理内容,而管理人员和使用人员(用户)则决定系统的工作方式和信息的表现方式。

(1) 计算机硬件系统

计算机硬件是计算机系统中实际物理装置的总称,是 GIS 的物理外壳,系统的规模、精度、速度、功能、形式、使用方法,甚至软件都与硬件有极大的关系,受硬件指标的制约。GIS 硬件配置一般包括计算机主机、数据输入设备、数据存储设备、数据输出设备。

(2) 计算机软件系统

计算机软件系统是指 GIS 运行所必需的各种程序,通常包括计算机系统软件、GIS 软件和其他支撑软件、应用分析程序。

(3) 地理空间数据

地理空间数据是指以地球表面空间位置为参照的自然、社会和人文景观数据,可以是图形、图像、文字、表格和数字等。

(4) 系统开发、管理和使用人员

人是 GIS 的重要构成因素,仅有系统软硬件和数据还不能构成完整的 GIS,GIS 需要人进行系统组织、系统管理、系统维护和数据更新。因此,GIS 的技术人员是 GIS 的重要组成部分。

3. GIS 的功能

GIS 具有数据采集与编辑、空间信息查询等功能。GIS 的工作原理为把地理事物的空间数据和属性数据以数字的形式存储在计算机中,再利用计算机图形技术、数据库技术及各种数学方法来管理、查询、分析和应用,最终输出各种地图和地理数据。

一般的 GIS 需要完成以下 5 个任务或过程:数据采集与输入、数据编辑与更新、数据存储与管理、空间统计与分析、数据显示与输出。GIS 将表格类数据转换为地理图形显示出来,用户可以对显示的结果进行浏览、操作和分析。地图的显示范围可以从洲际到非常详细的街区,显示对象包括人口、销售情况、运输路线及其他内容。GIS 具有以下基本功能。

(1) 数据采集与编辑功能

GIS 的核心是地理数据库,为此必须将地面上实体图形数据和描述它的属性数据输入数据库中。输入的数据要求有统一的地理基础,并要求对输入的图形及文本数据进行编辑和修改。

(2) 空间信息查询和分析功能

空间信息的查询和分析是 GIS 的基本功能。GIS 不仅能提供静态的查询和检索,还可以进行动态的分析,如空间信息量测与分析、地形分析、网络分析、叠置分析等。

（3）可视化功能

GIS通过对跨地域的资源数据进行处理、分析,揭示其中隐含的模式,发现其内在的规律和发展趋势,而这些在统计资料和图表里并不能很直观地表示出来。GIS把空间和信息结合起来,实现了数据的可视化。对于许多类型的地理信息操作,最好的结果是以地图或图形显示出来。GIS把数据显示集成于三维动画、图像或多媒体中输出,用户能在短时间内对资料数据有直观的、全面的了解。

（4）制图功能

制图功能是GIS非常重要的一项功能,对多数用户来说,也是应用最多、最广的一项功能。GIS的综合制图功能包括专题地图制作,即在地图上显示出地理要素,并赋予数值范围,同时可以放大和缩小以表明不同的细节层次。

（5）辅助决策功能

GIS技术被用于辅助完成一些任务,如为计划调查提供信息,为解决领土争端提供信息服务,以最小化视觉干扰为原则设置路标等。GIS可以用来帮助人们在低风险、低犯罪率的地区,离人口聚集地近的地区进行新房选址。所有的这些数据都可以用地图的形式清晰地显示出来,或者出现在相关的报告中,使决策的制订者不必将精力浪费在分析和理解数据上。

4. GIS的原理

GIS的基本原理是GIS把地理事物的空间数据和属性数据以数字的形式存储在计算机中,再利用计算机图形技术、数据库技术及各种数学方法来管理、查询、分析和应用,输出各种地图和地理数据。

（1）GIS中的信息存储方式

计算机GIS存储的地图（即数字地图）,不是传统观念上的计算机图形文件。数字地图是以数据库的形式存储的。数据库是GIS的中心概念,也是GIS与绘图系统或仅能产生好的图形输出的地图制作系统的主要区别。常用的GIS软件都结合了数据库管理系统。

数字地图同样包含两种类型的信息：空间信息和描述性信息。它们都以一系列的数据库文件的形式存储于计算机中。

（2）数字地图的显示与输出

GIS并不是以图形或图像文件的形式保存地图,而是以存储着地图元件的空间信息数据库和描述性信息数据库形式保存地图。显示数字地图时,GIS能实时地访问空间信息数据库并读取其中的数据进行分析处理,然后在计算机屏幕上显示出相应的图形。

在输出方面,GIS提供了多种地图版式供用户选择。用户选择了某个版式以后,还可以按自己的喜好对版面重新设置,如标题字体、字号、颜色,图例大小、位置,比例尺的样式、位置等,甚至还可以添加或删除某些成分,直到满意后再将结果输送到打印机或绘图仪。

（3）GIS的数据来源

GIS可用的数据非常广泛,包括现有的地图、以计算机图形图像文件形式存放的影像资料和表格资料、绘图软件（如AutoCAD）绘制的图形等。GIS可直接利用表格资料；对于影像资料和CAD图形资料,GIS可通过一定的方法对其进行数字化处理。

5. GIS在物流领域中的应用

GIS已广泛应用于土地管理、资源管理和环境监测等方面。在现代物流中,GIS也发挥了重要作用,主要体现在以下几个方面。

(1) GIS 在物流配送系统中的应用

GIS 不仅具有对空间和属性数据采集、输入、编辑、存储、管理、空间分析、查询、输出和显示功能,而且还可为系统用户进行预测、监测、规划管理和决策提供科学依据。可见,将 GIS 应用于物流信息系统中,可大大加强对物流过程的全面控制和管理,实现高效、高质的物流服务。GIS 技术与物流管理技术的集成将是未来发展的必然方向。

(2) GIS 在物流分析中的应用

GIS 在物流分析中的应用主要是指利用 GIS 特有的、强大的地理数据处理功能来完善物流分析技术中的"软技术"。物流技术是物流现代化的关键,也可分为狭义和广义两种。狭义的物流技术,是指与物流诸要素全部活动有关的专业技术的总称,即根据物流活动实践经验和自然科学原理发展而成的各种操作方法和技能,如包装技术、流通加工技术等;而广义的物流技术,则既包括物流设备等"硬技术",又包括物流规划、物流设计、物流评价等"软技术",例如物流策略、物流结构等。传统的物流分析主要是针对狭义的物流技术而言,只有计算机等技术出现并逐渐在科研工作中发挥重要作用后,广义的物流技术中的"软技术"的高度发展才能成为可能。

(3) GIS 技术与数字物流

随着网络时代的来临,基于互联网技术的地理信息系统 Web GIS 也得到了迅速发展。全球任意客户通过互联网访问 GIS 服务器,根据用户的权限可以进行浏览 Web GIS 站点中的空间数据、制作专题图,以及进行各种空间检索和空间分析,甚至更改数据。由于大部分 Web GIS 可以使用通用浏览器进行浏览查询,降低了终端用户的经济和技术负担,很大程度上扩大了 GIS 的潜在用户范围,从而 Web GIS 更加容易推广。

9.4.3 全球卫星定位系统

全球定位系统(GPS)是由美国国防部研制建立的一种具有全方位、全天候、全时段、高精度的卫星导航系统,能为全球用户提供低成本、高精度的三维位置、速度和精确定时等导航信息,是卫星通信技术在导航领域的应用典范,极大地提高了社会的信息化水平,有力地推动了数字经济的发展。

GPS 导航系统以全球 24 颗定位人造卫星为基础,向全球各地全天候地提供三维位置、速度等信息。其基本工作原理是测量出已知位置的卫星到用户接收机之间的距离,然后综合多颗卫星的数据来确定接收机的具体位置。

1. GPS 系统构成

GPS 系统包含空间部分(GPS 卫星星座)、地面监控部分(地面监控系统)、用户设备部分(GPS 信号接收机),见图 9.10。

(1) 空间部分——GPS 卫星星座

GPS 卫星星座由均匀分布在 6 个轨道平面上的 24 颗(其中有 3 颗备用卫星)高轨道工作卫星构成,每条轨道上均匀地分布着 4 颗卫星,相邻轨道之间的卫星彼此成 30°角,以保证全球均匀覆盖的要求。

(2) 地面监控部分——地面监控系统

地面控制站是由美国国防部控制的,主要工作是追踪及预测 GPS 卫星、控制 GPS 卫星状态及轨道偏差、维护整套 GPS 卫星工作正常。GPS 工作卫星的地面监控系统由主控站(1

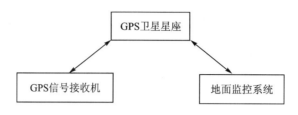

图 9.10 GPS 的构成

个)、注入站(3个)和监测站(5个)3部分组成。地面监控系统主要用于追踪卫星轨道,根据接收的导航信息计算相对距离、校正数据等,并将这些资料传回主控制站,以便分析。

(3) 用户设备部分——GPS 信号接收机

GPS 的空间星座部分和地面监控部分是用户应用该系统进行导航定位的基础,用户只有使用 GPS 信号接收机才能实现其定位、导航的功能。GPS 信号接收机能够捕获卫星信号,解译出 GPS 卫星所发送的导航电文,实时地计算出监测站的三维位置,甚至三维速度和时间。

2. GPS 的工作原理

GPS 的基本定位原理是卫星不间断地发送自身的星历参数和时间信息,用户接收到这些信息后,经过计算求出接收机的三维位置、三维方向及运动速度和时间信息。

3. GPS 的定位方式

GPS 依据不同标准有多种定位方式,不同的定位方式各具特色,在一定的环境条件下有其各自合理的使用范围。

(1) 根据定位的模式不同分类

1) 绝对定位

绝对定位又称为单点定位,通常是指在协议地球坐标系中,采用一台接收机,直接确定监测站相对于坐标系原点(地球质心)绝对坐标的一种定位方法。利用 GPS 进行绝对定位的基本原理,是以 GPS 卫星和用户接收机天线之间的距离(或距离差)基础,并根据已知的卫星瞬时坐标,来确定用户接收机天线所对应的点位。

这种定位模式的特点是作业方式简单,可以单机作业,一般用于对导航和精度要求不高的作业。

2) 相对定位

相对定位又称为差分定位,这种定位方式是采用两台或者两台以上的接收机,同时对一组相同的卫星进行观测,以确定接收机天线间的相互位置关系。

相对定位是高精度定位的基本方法,广泛应用于精密工程测量、地震监测网和导弹火箭测量方面。

(2) 根据获取定位结果的时间不同分类

1) 实时定位

实时定位是根据接收机观测到的数据,实时地解算出接收机天线所在的位置。

2) 非实时定位

非实时定位又称后处理定位,是对接收机接收到的数据先处理再定位。

(3) 根据定位时接收机的运动状态不同分类

1) 静态定位

静态定位就是 GPS 接收机在捕获和跟踪 GPS 卫星的过程中固定不变,接收机测量 GPS 信号的传播时间,利用 GPS 卫星在轨的已知位置,解算出接收机天线所在位置的三维坐标。

2) 动态定位

动态定位就是在进行 GPS 定位时,认为接收机的天线在整个观测过程中的位置是变化的,是 GPS 接收机对物体运动轨迹的测定。装有 GPS 信号接收机的运动物体叫载体(如航行中的船舰、空中的飞机、行驶的车辆等),载体上的 GPS 信号接收机可以实时地测得运动载体的状态参数(瞬间三维位置和三维速度)。

4. GPS 在物流中的应用

GPS 是 21 世纪的高新技术之一,其全球性、全能性、全天候的导航定位、定时、测速优势必然会在诸多领域中得到越来越广泛的应用。在发达国家,GPS 技术已经应用于多方面。GPS 技术在中国物流等领域的应用还不成熟,随着我国经济的发展,GPS 技术的应用研究将逐步深入,其在物流管理中的应用也会更加广泛和深入,并发挥更大的作用。

(1) GPS 在物流管理中的应用

1) 用于汽车导航、跟踪调度、陆地救援

汽车导航系统是在 GPS 基础上发展起来的一门实用技术。它通常由 GPS 导航、自律导航、车速传感器、陀螺传感器、微处理器、CD-ROM 驱动器、LCD 显示器组成。汽车导航系统通过 GPS 接收机接收到多颗 GPS 卫星的信号,经计算得到汽车所处位置的经纬度坐标、汽车行驶速度和时间信息。如通过车速传感器检测出汽车行驶速度,通过陀螺传感器检测出汽车行驶的方向,再依据时间信息就可计算出汽车行驶的动态轨迹。汽车导航系统将汽车实际行驶的路线与电子地图上的路线进行比较,并将结果显示输出,可以帮助驾驶人员在正确的行驶路线上行驶。

通过采用 GPS 对车辆进行定位,在任何时候,调度中心都可以知道车辆所在位置、离目的地的距离,同时还可以了解到货物尚需要多长时间才能到达目的地,其配送计划可以精确到小时。这样就提高了整个物流系统的效率。另外,借助于 GPS 提供的准确位置信息,可以对故障或事故车辆实施及时的救援。

2) 用于铁路运输管理

我国铁路部门开发了基于 GPS 的计算机管理信息系统。该系统可通过 GPS 和计算机网络实时收集全路列车、机车、车辆、集装箱以及所运货物的动态信息,可实现列车、货物的追踪管理。只要知道某一货车的车种、车型和车牌号信息,就可以立即从近 10 万千米的铁路网上流动着的几十万辆货车中查找到该货车,从而得到该货车在何处运行或停在何处,以及其所载货物情况等信息。

3) 用于内河及远洋船队最佳航程和安全路线的测定、航向的适时调度、监测及水上救援

在我国,GPS 最早是被应用于远洋运输船舶的导航。我国三峡工程也利用了 GPS 来改善航运条件,提高运航能力。若国内船运物流公司都能采用 GPS 技术,必然能提高其运营效率,并取得更好的经济和社会效益。

4) 用于军事物流

全球卫星定位系统是为军事目的所建立的,其已被广泛应用于军事物流中的后勤保障方面。

(2) GPS 在货物配送中的应用

目前,GPS 技术备受人们关注,其中一个重要原因是 GPS 在物流领域的运用已被证明是

卓有成效的,尤其是在货物配送领域中。由于货物配送过程是实物空间位置的转移过程,因此在货物配送过程中,对可能涉及的货物的运输、仓储、装卸、快递等处理环节,对各个环节所涉及的问题如运输路线的选择、仓库位置的选择、仓库容量的设置、运输车辆的调度和投递路线的选择等都可以运用GPS的车辆追踪。利用信息查询等功能进行有效的管理和决策分析,无疑将有助于配送企业有效地利用现有资源,降低消耗,提高效率。

军事安全的重要性

1) 车辆跟踪功能

GPS与地理信息系统(GIS)技术、无线移动通信系统(如GSM)及计算机车辆管理信息系统相结合,可以实现车辆跟踪功能。借助GPS和GIS技术,可以在电子地图上实时显示出车辆所在位置,并可以进行放大、缩小、还原、地图更换等操作;可以使显示区域跟随目标移动,从而使目标始终显示在屏幕上;还可以实现多窗口、多车辆、多屏幕同时跟踪,从而对重要的车辆和货物进行跟踪运输。使用车辆跟踪功能,人们能够掌握车辆基本信息、对车辆进行远程管理,可有效避免车辆的空载现象。

2) 货物配送路线规划功能

货物配送路线规划是GPS的一项重要辅助功能。通过与GIS软件相结合,可以进行自动路线规划,即驾驶员指定起点与终点后,由计算机软件按照要求自动设计出最佳行驶路线,包括行驶时间最短的路线、最简单的路线、通过高速公路段数次数最少的路线等。如果驾驶员没有按照指定的路线行驶,其行驶信息将会以偏航报警的方式显示在计算机屏幕上。

3) 信息查询

客户能够在电子地图上根据需要进行某些目标的查询,查询结果以文字、语音或图像的形式输出,并在电子地图上显示被查询目标的位置。另外,检测中心可以利用监测控制台对区域内任意目标的所在位置进行查询,车辆信息能够被很方便地显示在控制中心的电子地图上。

4) 话务指挥

指挥中心可以监测区域内车辆的运行状况,对被监控车辆进行合理调度;指挥中心可随时与被跟踪目标进行通话,实行有效管理。

5) 紧急救援

通过GPS的定位和监控功能,相关部门可以对遇有险情或发生事故的车辆进行紧急援助。监测控制台的电子地图可显示出报警目标和求助信息,并以声、光报警方式提醒值班人员进行快速应急处理。

(3) GPS在第三方物流中的应用

GPS在物流中得到普及应用后,可通过互联网实现信息共享,使用方、运输公司、接货方对物流中的货车位置及运行情况等都能及时准确地掌握。这有利于物流三方协商好商务关系,从而制定出最佳的物流方案,并获取最大的经济效益。

1) 车辆使用方

运输公司可以将自己的车辆信息部分开放给合作客户(车辆使用量),让客户能够在协商环节,提高车辆的使用频率,缩短运输配货的时间。在货物发出之后,发货方(车辆使用方)可随时通过互联网或者手机来查询车辆在运输过程中的运行情况和已到达的位置,掌握货物在途的实时信息,确保货物运输时效。

2) 运输公司

运输公司可以通过互联网实现对车辆的动态监控管理和货物的及时合理配载,以加强对车辆的管理，减少资源浪费和费用开销。同时将有关车辆的信息开放给客户后，既方便了客户的使用，又减少了不必要的协商环节，同时提高了公司的知名度和可信度，拓展了公司的业务面，提高了公司的经济效益与社会效益。

3）接货方

接货方只需要通过发货方所提供的相关资料与权限，就可通过互联网实时查看到货物信息，掌握货物在途的情况和大概的运输时间，以此来提前安排货物的接收、存储以及销售等环节，提前完成货物的运输过程。

课后练习

一、思考题

1．什么是条码技术？
2．什么是射频识别技术？
3．射频识别技术的工作原理是什么？
4．EDI的工作流程是怎样的？
5．GIS由哪些部分组成？
6．GPS由哪些部分构成？

二、实训任务

1．调查菜鸟公司在物流信息技术应用方面有何优势？
2．调查建立一个全自动化仓库会用到哪些物流信息技术？

三、案例分析题

十大物流科技趋势

菜鸟物流联合浙江大学物流与决策优化研究所发布了"2022物流科技十大趋势"报告。报告提出，精准射频识别技术（以RFID为代表的第三方识别技术迎来规模化商用）、低速无人驾驶（快递末端低速无人驾驶孕育下一个物流万亿市场）、氢能源（燃料电池重卡进入商用快车道，将变革干线物流）、供应链数字化（将成为产业互联网标配）、绿色包装（碳中和目标，加速催生绿色包装和碳循环技术）、物流全链路在线协同（物流链路基于人工智能形成组织数字化和在线高效协同）、乡村网点自动化（物流自动化伴随"快递进村"战略持续下沉），以及XR技术（增强现实让一线工人作业更高效）、LPWAN技术（广泛连接物流要素）、AI技术（物流成AI技术重要的落地场景），在物流场景的加速应用将成为2022年的十大物流科技趋势。

据悉在识别技术方面，菜鸟物流通过优化芯片与识别算法，将射频识别技术（RFID）的准确率提高到了99.8%，而借助RFID等创新技术打造的全新供应链管理方案，将能够实现物流信息的全程数字化，让人、货、场等要素的信息透明度得到加强。在快递末端的无人驾驶场景中，菜鸟已经部署了全国最大规模的无人车配送集群，在2021年的"双11"活动中，全国200余所高校有超过350台菜鸟无人车投入运营。而在未来的发展趋势上，快递末端配送"最后一公里"这一物流成本最高的环节，目前已经成为了低速无人驾驶技术应用最为广泛的领域，并且随着5G、AI等技术的发展和人力成本不断提升，低速无人驾驶的价值在2022年得到更大的释放，并且实现规模化应用后将使成本大幅下降。

在数字供应链领域,目前跨国消费品巨头宝洁、联合利华、雀巢,国内的上汽通用五菱、宝武集团、徐福记、五粮液等公司,也正在与菜鸟物流科技合作改造数字供应链。在绿色技术领域,目前菜鸟电子面单、智能装箱、循环中转袋、瘦身胶带、驿站绿色回收和寄件等技术和举措,已得到全面推广。2021年"双11"活动期间,菜鸟绿色物流全链路赋能的各类商家与消费者绿色行为给全社会减碳5.3万吨。不仅是菜鸟,国内各大快递公司基本都在网点布置了快递包装物的回收箱,践行绿色回收。在乡村网点自动化方面,以菜鸟为例,其乡村供配中心以及经过自动化改造的农产品产地仓,通过自动化设备分拣的农产品能够帮助农户获得更高的收入。该报告中还预测,2022年成熟的物流自动化技术将伴随"快递进村"战略的持续推进,"下沉"到县乡,甚至村一级的快递网点,实现网点自动化,满足农村地区的物流和供应链需求。

资料来源:腾讯新闻

思　考:

1. 物流信息技术的发展趋势是什么?
2. 物流信息技术与信息技术之间是什么关系?

项目 10　电子商务物流服务与成本管理

☞ **学习目标**

通过本项目的学习,应熟悉并掌握以下基本知识:物流服务的概念及特征,物流成本管理的概念及意义,物流成本管理的内容,物流成本的构成及分类,物流成本的核算,物流成本管理的方法。

☞ **重点和难点**

物流服务的概念及特征,物流成本管理的概念及内容,物流成本的构成及分类,物流成本的核算。

☞ **导入案例**

【案例 10.1】

物流成本持续攀升,需求潜力还须深挖

2022 年上半年,受原材料、燃油等成本影响,物流成本持续高位运行,衡量经济运行效率的指标之一是社会物流总费用与 GDP 的比值,上半年这一比值比第一季度以及去年同期都略有提高。专家建议,还须通过进一步扩大新技术、新模式的创新应用来提高物流企业的整体竞争力。

社会物流总费用同比增长 6.1%,社会物流总费用与 GDP 的比值为 14.8%,比今年第一季度增长 0.1 个百分点,显示经济恢复期供应链尚未恢复到正常水平,物流成本持续高位运行。

另外,在物流企业经营成本持续攀升的同时,企业利润有所回落。2022 年上半年,物流企业经营成本明显上升,重点企业营收成本持续攀升,同比增长 1.6%。特别是原材料、燃油成本增长较快,水上、航空、公路运输等领域的成本涨幅均高于重点企业平均水平。

从后期走势看,随着高效统筹疫情防控和经济社会发展,有力推进稳经济的各项政策措施效应不断显现,国民经济将继续保持在合理区间,物流需求有望同步回暖。但随着高温天气、雨季等的到来,物流业务活动也将迎来传统淡季。

中国物流的韧性还会进一步显现,但是也要看到在物流的需求方面,还要寻求新的动力来推动物流需求的进一步增长。

资料来源:央视网

【案例思考】

1. 物流成本与企业利润有何关系?
2. 如何降低企业物流成本?

任务 10.1　物流服务概述

10.1.1　物流服务的概念

1. 物流服务的定义

物流服务是现代市场经济发展的枢纽,是联接产业链和供应链的血管,良好运作的物流服务对现代经济发展具有重要的作用和意义。

物流服务是指将商品从接收顾客订单开始到将商品送到顾客手中为止所发生的所有服务活动,可使交易的产品或服务实现增值。物流服务的本质是更好地满足顾客需求,即保证顾客需要的商品在顾客要求的时间内准时送达,服务能达到顾客所要求的水平等。

2. 物流服务的意义

物流服务是为了提供更多能满足客户要求的服务,扩大与竞争对手之间的差距,通过销售额的增加来获得或增加企业的利润。物流服务的发展有其特定的意义。

① 物流是企业生产和销售的重要环节,是保证企业高效经营的重要因素。对于一个制造型企业来说,物流包括从采购、生产到销售这一供应链环节中所涉及的仓储、运输、搬运、包装等各项物流活动,它是贯穿企业活动始终的。只有物流顺畅,才能保证企业的正常运行。同时,物流服务还是提高企业竞争力的重要因素,及时准确地为客户提供产品和服务,已成为企业之间除了价格以外的重要竞争因素。

② 物流服务水平是构建物流系统的前提条件。物流服务水平不同,物流的形式将随之变化,因此,物流服务水平是构建物流系统的前提条件。企业的物流网络如何规划,物流设施如何设置,物流战略怎样制定,都必须建立在一定的物流服务水平之上。

③ 物流服务水平是降低物流成本的依据。物流在降低成本方面起着重要的作用,而物流成本的降低必须首先考虑物流服务水平,在保证一定物流服务水平的前提下尽量降低物流成本。从这个意义上说,物流服务水平是降低物流成本的依据。

④ 物流服务起着联接厂家批发商和消费者的作用,是国民经济不可缺少的部分。

10.1.2　物流服务的特征

1. 从属性

企业客户对物流服务的需求以商务流为基础,只有商务活动达成后,才需要有物流服务促进商务活动更进一步推进。因此,物流服务从属于市场的商务活动,物流企业根据客户的需求,提供相应的物流服务。

2. 不可存储性

物流服务属于服务型产品,它是无形的、非物质化的,是一种伴随销售和消费同时发生的即时服务,是不可储存的。

3. 移动性和分散性

物流服务对象是广泛而不固定的各种客户群体,因此,具有移动性以及面广、分散的特性,它的移动性和分散性会使产业局部的供需不平衡,也会给经营管理带来一定的难度。

4. 需求波动性

物流服务随着商务活动孕育而生,因此物流服务的需求变动是跟随商务活动的周期进行变化的,有较强的波动性。经济低迷时期,物流服务需求少;经济复苏和繁荣期间,物流服务的需求又会增加,因此容易造成物流服务的供需失衡。

5. 差异性

差异性是指物流服务的构成成分及其质量水平经常变化,很难统一界定。物流企业提供的服务不可能完全相同,由于从业人员及提供物流服务的环境存在差异,物流企业难以制定和执行完全一致的服务质量标准,因此不易保证服务质量。

6. 可替代性

物流服务的提供方既可以是单独的物流企业,也可以由需求物流服务的客户自己提供,所以物流服务是可替代的。只有客户自身提供物流服务的成本高于市场成本时,他才会向市场购买性价比更高的物流服务。同时物流行业中也存在着激烈的竞争,物流企业之间具有可替代性。

10.1.3 物流服务的内容

1. 运输类服务

运输类服务包含整体运输服务计划的设计和规划,并为客户提供一站式全方位的运输服务,包括运输工具的选择,运输路线的规划,商品的存储及保险,运输风险的管理等。

2. 仓储配送类服务

仓储配送类服务是运输类服务的延续。仓储服务是物流公司为商务活动提供合适、合理的商品保存和储备服务,帮助客户在商务活动中顺利地提交或提取商品。配送类服务是物流公司近些年来发展的新业务,将物品或者货物直接送到客户手中,有利于提升客户体验,促进物流行业的发展。

3. 增值服务

随着互联网信息时代的发展,物流服务除了常规服务外,还发展了增值服务。各种增值服务的发展是伴随着市场产业结构的升级而不断创新出来的,包括供应链管理、小件快送、货运付费、咨询服务及售后服务等。

4. 信息服务

信息服务在物流服务中起着关键的作用。随着互联网技术的发展,物流服务信息通过数字化、可视化的管理,为物流服务的升级提供了不可或缺的资源。利用专业的物流信息平台,可以对物流服务的信息进行收集、传递、存储、处理和输出,这些信息是物流服务管理的决策依据,对整个物流活动起指挥协调、支持和保障的作用。常见的信息服务包括信息平台服务、物流过程跟踪及物流售后服务等。

任务 10.2 物流成本管理的概念及意义

10.2.1 物流成本管理的概念

物流成本管理是对物流相关费用进行计划、协调与控制。物流成本管理是通过成本去管理物流,即管理的对象是物流而不是成本。物流成本管理可以说是以成本为手段的物流管理方法,通过管理物流活动,将物流成本进行合理管理,让物流企业尽量取得更大的利润。

10.2.2 物流成本管理的发展历程

1. 物流成本管理理论的起源

物流成本管理理论最早是由日本早稻田大学的西泽修教授提出的。西泽教授在研究物流成本时指出,现行的财务会计制度和会计核算方法不适合现代物流的费用管理,不能掌握物流费用的实际情况,导致人们对物流费用的了解甚少,存在很大的虚假性。通常在企业内部,物流成本的支出混合在其他费用支出中,且不同的企业计算范围也有所不同,所以传统的费用成本核算不适合物流成本的计算,需要对物流成本进行单独管理。

2. 我国物流成本管理的发展

我国是在改革开放以后才引入的物流理念,物流行业发展四十多年来,物流成本管理的理念也随着行业不断的发展和创新进行着完善。进入 21 世纪后,我国物流行业随着国内产业链的不断完善和跨境贸易的不断发展,逐渐迈向全球化。在开展物流活动中,企业开始不断引进国外理论与实际相结合,形成了物流成本预算和核算管理制度,但仍旧存在一些问题。

从微观上看,物流成本统计数据的缺乏会给企业的物流成本管理与控制带来困难。同时,由于各个企业的计算口径不同,相同行业或类型相似的企业之间的物流服务成本水平无法进行横向比较,这对于评估企业物流作业的绩效,促进企业的物流合理化也是很不利的。

10.2.3 物流成本管理的意义

物流成本管理可使企业对产业链的各个环节的物流成本费用支出做出明细记录,方便企业在经营过程中,对不同的成本费用来源进行合理的管理,提升企业的经营效率。

物流成本管理在物流管理中占有重要的位置,是物流管理的重要内容。降低物流成本与提高物流服务水平是企业物流管理最基本的课题。物流成本管理的意义在于通过对物流成本的有效把握,利用物流要素之间的效益关系,科学、合理地组织物流活动,加强对物流活动中费用支出的有效控制,降低物流活动中的物化劳动和活劳动的消耗,从而达到降低物流总成本、提高企业利润的目的,同时也提高了生产要素的利用效率,避免了社会资源的浪费。

任务 10.3 物流成本管理的内容

10.3.1 物流成本核算

物流成本核算是物流成本管理的基础环节,也是后续工作得以正常展开的保障。物流成本核算是根据企业确定的成本计算对象,采用相适应的成本计算方法,按照规定的成本项目,将一系列的物流费用汇集与分配,从而计算出各物流环节成本计算对象的实际总成本和单位成本。物流成本核算的目的是促进企业加强物流管理,提高物流管理水平,进行物流管理技术的创新,提高企业的经济效益。

1. 物流成本分析

物流成本分析是在成本核算及其他有关资料的基础上,运用一定的方法,揭示物流成本水平的变动,进一步查明影响物流成本变动的各种因素。物流成本分析是贯穿整个物流服务活动中的,其目的就是为物流成本管理提供合理整改的依据。通过对物流成本的分析,工作人员可以提出合理的整改意见,并依据意见有效地控制物流成本,提高物流效益。

2. 物流成本预测

物流成本预测是根据有关成本数据和企业具体的发展情况,运用一定的技术方法,对未来的成本水平及其变动趋势做出科学的估计。成本预测是成本决策、成本计划和成本控制的基础工作,可以提高物流成本管理的科学性和预见性。

3. 物流成本决策

物流成本决策对科学地进行物流作业起着关键的作用。物流成本决策是依据物流成本的分析和预测得到的数据资源进行整合,以经济效益提升为目的,制定出实事求是,适合企业实际操作的、科学合理的物流成本费用调节方案的过程。

物流成本决策关系着企业成本费用支出,影响着企业利润的调节,同时也引导着企业物流作业的可操作性。物流成本决策是企业管理体制改革的客观要求,是企业提高经济效益的迫切需要,是企业内外部环境条件变化的必然结果,更是现代化成本管理的重要特征。

科学的物流成本决策环节可以帮助企业以更少的费用成本支出获得更多的利润,并帮助企业顺利完成物流服务工作,促进市场经济商品流通环节顺畅地推行。

10.3.2　物流成本控制

物流成本控制是根据物流服务计划的目标,对成本产生及形成过程以及影响成本的各因素条件施加主动影响,以保证实现物流成本计划管理的一种行为。

物流成本控制包括成本的事前控制、事中控制和事后控制。成本事前控制是整个成本控制活动中最重要的环节,直接影响以后各作业流程成本的高低。事前成本控制活动主要有物流配送中心的建设控制,物流设施、设备的配备控制,物流作业过程改进控制等。成本的事中控制是对物流作业过程实际劳动耗费的控制,包括设备耗费的控制、人工耗费的控制、劳动工具耗费和其他费用支出的控制等。成本的事后控制是通过定期对过去某一段时间成本控制的总结、反馈来控制成本。通过成本控制,可以及时发现存在的问题,采取纠正措施,保证成本目标的实现。

任务 10.4 物流成本的构成及分类

10.4.1 物流成本的构成

关于物流成本的构成,主要是按照全国物流标准化技术委员会发布的国家标准《企业物流成本构成与计算》来确定的。

按成本项目划分,物流成本由物流功能成本和存货相关成本构成。其中物流功能成本包括物流活动过程中所发生的包装成本;运输成本、仓储成本、装卸搬运成本、流通加工成本、物流信息成本和物流管理成本;存货相关成本包括企业在物流活动过程中所发生的与存货有关的资金占用成本、物品损耗成本、保险和税收成本。

1. 物流功能成本

物流功能成本主要指物流活动中为满足物流业务正常作业,在物流业务过程中所有活动环节造成的成本支出。

(1) 包装成本

包装成本指一定时期内,企业为完成货物包装业务而发生的全部费用,包括包装业务人员费用,包装材料消耗,包装设施折旧费、维修保养费,包装技术设计、实施费用以及包装标记的设计、印刷等辅助费用。

(2) 运输成本

包装成本指一定时期内,企业为完成货物运输业务而发生的全部费用,包括从事货物运输业务的人员费用,车辆(包括其他运输工具)的燃料费、折旧费、维修保养费、租赁费、年检费,养路费、过路费、事故损失费,相关税金等。

(3) 仓储成本

仓储成本指一定时期内,企业为完成货物储存业务而发生的全部费用,包括仓储业务人员费用,仓储设施的折旧费、维修保养费,水电费、燃料与动力消耗等。

(4) 装卸搬运成本

装卸搬运成本指一定时期内,企业为完成装卸搬运业务而发生的全部费用,包括装卸搬运业务人员费用,装卸搬运设施折旧费、维修保养费,燃料与动力消耗等。

(5) 流通加工成本

流通加工成本指一定时期内,企业为完成货物流通加工业务而发生的全部费用,包括流通加工业务人员费用,流通加工材料消耗,加工设施折旧费、维修保养费,燃料与动力消耗费等。

(6) 物流信息成本

物流信息成本指一定时期内,企业为采集、传输、处理物流信息而发生的全部费用,即与订货处理、储存管理、客户服务有关的费用,具体包括物流信息人员费用,软硬件折旧费、维护保养费,通信费等。

(7) 物流管理成本

物流管理成本指一定时期内,企业物流管理部门及物流作业现场所发生的管理费用,具体包括管理人员费用,差旅费,办公费,会议费等。

2. 存货相关成本

存货相关成本是由于物流企业在对存货进行管理过程中所需要支付的相关成本。

(1) 资金占用成本

资金占用成本指一定时期内,企业在物流活动过程中负债融资所发生的利息支出(显性成本)和占用内部资金所发生的机会成本(隐性成本)。

(2) 物品损耗成本

物品损耗成本指一定时期内,企业在物流活动过程中所发生的物品跌价、损耗、毁损、盘亏等损失。

(3) 保险和税收成本

保险和税收成本指一定时期内,企业支付的与存货相关的财产保险费以及因购进和销售物品应交纳的税金。

10.4.2 物流成本的分类

1. 按支付形态分类

按支付形态,物流成本可以分为本企业支付的物流费用和其他企业支付的物流费用。

(1) 本企业支付的物流费用

本企业支付的物流费用主要指企业在进行一系列物流活动中由企业自己支付的成本。

(2) 其他企业支付的物流费用

其他企业支付的物流费用主要指企业由于一系列商务活动如采购、销售等业务中发生的与供应链企业或其他客户有关的,并由其他企业或个人支付的费用。

2. 按物流活动范围分类

按物流活动范围,物流成本可以分为供应物流成本、企业内物流成本、销售物流成本、回收物流成本和废弃物物流成本。

(1) 供应物流成本

供应物流成本指采购环节所发生的费用,包括采购活动,及企业将生产资料运回企业仓库储存物流过程中发生的物流费用。

(2) 企业内物流成本

企业内物流成本指货物在企业内部流转所发生的物流费用,包括材料入库、出库、制造,产成品入库、出库等过程中所发生的费用。

(3) 销售物流成本

销售物流成本指产品在销售过程中,从出库经过流通环节,运输至客户或终端销售点等活动中所发生的物流费用。

(4) 回收流程成本

回收流程成本指产品退货、返修及周转使用的包装容器从需求方返回供给方的物流活动中所发生的物流费用。

(5) 废弃物物流成本

废弃物物流成本指物品失去了原有使用价值后被送往专门分类处理场所的物流过程中所发生物流费用。

3. 按物流成本投入后是否发生数量上的变化分类

按物流成本投入后是否发生数量上的变化分类,物流成本可以分为固定成本和变动成本。

(1) 固定成本

固定成本主要指成本支出在一定时期和一定业务量范围内总额保持不变的成本支出,其不受业务量及其他因素的变化而发生变动。这类成本主要包括固定资产的折旧、机器设备的租金等,属于企业在短期运营周期内的一次性的成本投入。

(2) 变动成本

变动成本是指随着物流业务量的变动导致的总额发生变化的成本支出。

任务 10.5　电子商务物流成本的核算

物流成本的核算是物流管理的工作重心。对于企业而言,加强物流成本核算最基础的工作是建立科学、统一、规范的成本核算标准,使用科学、合理、可行的核算方法,为企业管理、项目决策、第三方物流服务等提供成本决策依据。

10.5.1　品种法

1. 品种法的概念

品种法是产品成本计算品种法的简称,是以产品品种为成本计算对象来归集生产费用,计算产品成本的方法。它是工业企业计算产品成本最基本的方法之一,主要适用于大批量生产的简单生产或管理上不要求分步骤计算成本的复杂生产,如发电、供水、采掘、玻璃制品和水泥生产等。简单生产是指,由于技术上的不可间断或工作地点的不可分离,只能由一个企业单独完成,不能由几个企业进行协作和分工的生产。同时,由于简单生产过程较短,产品单一,一般没有在产品,即使有,也为数不多,数量也较稳定。在这种情况下,按产品品种归集的生产费用一般不须进行费用分配,也不存在产品成本的计算问题。因此,生产单一产品,没有在产品或可以不考虑在产品的成本计算方法称为简单法或简易成本计算法。

2. 品种法的适用范围

① 品种法主要适用于大批量的单步骤生产企业。

② 在大批量多步骤生产的企业中,如果企业规模较小,而且管理上又不要求提供各步骤的成本资料时,也可以采用品种法计算产品成本。

③ 企业的辅助生产车间可以采用品种法计算产品成本。

3. 品种法的计算程序

① 按产品品种设置成本明细账,并按各成本项目设置费用专栏。

② 编制各种费用要素分配明细表,对于各种产品发生的直接费用,按各种产品计入各自

的产品成本明细账;对于间接费用,则应选择适当的分配标准按照相应的分配方法进行分配,计入各产品成本明细账中。

③ 月末将归集各产品成本的明细费用。

④ 根据总成本与产品产量计算该产品的单位成本。

品种法核算程序见图 10.1。

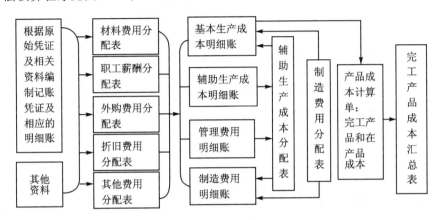

图 10.1 品种法核算程序图

10.5.2 分批法

1. 分批法的概念

分批法是指按照产品批别归集生产费用、计算产品成本的一种方法。在小批单件生产的企业中,企业的生产活动基本上是根据订货单位的订单签发工作号来组织生产的,按产品批别计算产品成本,往往与按订单计算产品成本相一致,因而分批法也称订单法。

2. 分批法的特点

① 成本核算对象是产品的批别。由于产品的批别大多是根据销货订单确定的,因此,这种方法又称订单法。

② 产品成本的计算是与生产任务通知单的签发和结束紧密配合的,因此,产品成本计算是不定期的。成本计算期与产品生产周期基本一致,但与财务报告期不一致。

③ 由于成本计算期与产品的生产周期基本一致,因此,在计算月末在制品成本时,一般不存在完工产品和在产品之间分配成本的问题。

3. 分批法的适用范围

① 单件、小批生产的重型机械、船舶、精密工具、仪器等制造企业。

② 不断更新产品种类的时装等制造企业。

③ 新产品的试制、机器设备的修理作业以及辅助生产的工具、器具、模具的制造等,亦可采用分批法计算成本。

4. 分批法的计算程序

① 按产品批别设置产品基本生产成本明细账、辅助生产成本明细账,账内按成本项目设

置专栏,按车间设置制造费用明细账。同时,设置待摊费用、预提费用等明细账。

② 根据各生产费用的原始凭证或原始凭证汇总表和其他有关资料,编制各种要素费用分配表,分配各要素费用并登账。

对于直接计入费用,应按产品批别列示并直接计入各个批别的产品成本明细账;对于间接计入费用,应按生产地点归集,并按适当的方法分配计入各个批别的产品成本明细账。

③ 月末根据完工批别产品的完工通知单,将计入已完工的该批产品的成本明细账所归集的生产费用,按成本项目加以汇总,计算出该批完工产品的总成本和单位成本,并转账。如果出现一批内产品跨月陆续完工并已销售或提货的情况,这时应采用适当的方法将生产费用在完工产品和月末在产品之间分配,计算出该批已完工产品的总成本和单位成本。

10.5.3　作业成本法

1. 作业成本法的相关概念

(1) 作业的概念及特征

广义的作业是指产品制造过程中的一切经济活动。这些经济活动事项,有的会发生成本,有的不会发生成本;有的能创造附加价值,即增值作业,有的不能创造附加价值,即非增值作业。由于人们的目的是计算产品成本,因此只考虑会发生成本的作业。从管理角度出发,无附加价值的作业要尽量剔除。故,作业成本法的作业是指能产生附加价值,并会发生成本的经济活动,即狭义的作业。

作业具有以下几个基本经济特征:

① 作业是"投入—产出"因果联动的实体,其本质是一种交易。

② 作业贯穿于动态经营的全过程,构成联系企业内部与外部的作业链。

③ 作业是可以量化的基准。

(2) 作业价值链

作业价值链,简称价值链,是指企业为了满足顾客需要而建立的一系列有序的作业及其价值的集合体,是由诸多作业构成的链条。

通过对作业价值链的分析,能够明确各项作业,并计算最终产品增值的程度。

(3) 成本动因

成本动因理论是由库珀和卡普兰于1987年在《成本会计怎样系统地歪曲了产品成本》一文中提出来的。该理论认为:作业是组织内消耗资源的某种活动或事项。作业是由产品引起的,而作业又引起资源的消耗;成本是由隐藏其后的某种推动力引起的。这种隐藏在成本之后的推动力就是成本动因。或者说,成本动因就是引起成本发生的因素。

成本动因有以下两种形式:

① 资源动因。是指决定一项作业所耗费资源的因素,反映作业量与资源耗费间的因果关系。

② 作业动因。作业是将资源消耗与最终产出相沟通的中介,成本产生于作业流程中。

(4) 成本库

成本库是指作业所发生的成本的归集。在传统的成本会计中以部门进行各类制造费用的归集,而在作业成本法中,将每一个作业中心所发生的成本或消耗的资源归集起来作为一个成本库。一个成本库是由同质的成本动因组成的,它对库内同质费用的耗费水平负有责任。

(5) 作业成本法的含义

作业成本法(简称 ABC 分析法)是一种比传统成本核算方法更加精细和准确的成本核算方法,是西方国家于 20 世纪 80 年代末开始研究、20 世纪 90 年代在先进制造企业首先应用起来的一种全新的企业管理理论和方法。

作业成本法又称作业成本计算法或作业量基准成本计算方法,是以作业为核心,确认和计量耗用企业资源的所有作业,将耗用的资源成本准确地计入作业,然后选择成本动因,将所有作业成本分配给成本计算对象(产品或服务)的一种成本计算方法。

作业成本核算的基本思维是:作业消耗间接资源,产品消耗作业,生产导致作业的发生,作业导致间接费用或间接成本的发生。可以看出,作业成本的实质就是在资源耗费与产品耗费之间借助作业这一"桥梁"来分离、归纳、组合,然后形成各种产品成本。作业成本法把直接成本和间接成本(包括期间费用)作为产品(服务)消耗作业的成本同等地对待,拓宽了成本的计算范围,使计算出来的产品(服务)成本更准确、真实。

作业是成本计算的核心和基本对象,产品成本或服务成本是全部作业的成本总和。作业成本法在精确成本信息,改善经营过程,为资源决策、产品定价及组合决策提供完善的信息等方面,深得企业青睐。

2. 作业成本法的特点

① 作业成本法提供的会计信息,并不追求传统成本会计法下的"精确"计算,只要求数据能够准确到保证制订计划的正确性即可。

② 作业成本有利于企业进行产品成本控制。在产品设计阶段,可以通过分析产品成本动因对新产品的影响,达到降低产品成本的目的;而在产品生产阶段,则可以通过成本系统反馈的信息,降低新成品成本,并减少无价值的作业活动。

③ 作业成本可用于分析企业生产能力的利用情况。以成本动因计算的作业量,能更准确地反映企业实际消耗的作业量水平。

④ 作业成本法可用于制定产品生产种类的决策。产品的开发、减产和停产等决策与企业未来经营活动密切相关。作业成本信息则为预测这些未来成本数据提供了基础。

3. 作业成本法的计算

作业成本法在计算产品成本时,将着眼点从传统的"产品"转移到"作业"上,以作业为核算对象,首先根据作业对资源的消耗情况将资源的成本分配到作业,再由作业依成本动因追踪到产品成本的形成和积累过程,由此而得出最终产品成本。

根据作业成本计算的基本思想,其计算过程可归纳为以下几个步骤:

(1) 直接成本费用的归集

直接成本包括直接材料、直接人工及其他直接费用,其计算方法与传统的成本计算方法一样。直接材料易于追溯到成本对象上,通常在生产成本中占有较大的比例,它计算得正确与否,对产品成本的高低和成本的正确性有很大影响。为了加强控制、促进节约、保证费用归集的正确性,直接材料从数量到价格等各个方面,都必须按成本核算的原则和要求来进行核算,直接人工费用是直接用于产品生产而发生的人工费用。

(2) 作业的鉴定

在企业采用作业成本核算系统之前,首先要分析确定构成企业作业链的具体作业,这些作业受业务量而不是产出量的影响。作业的确定是作业成本信息系统成功运行的前提条件。作业的鉴定与划分是设计作业成本核算系统的难点与重点,作业划分得当,能确保作业成本信息系统的正确度与可操作性。

(3) 成本库费用的归集

在确定了企业的作业划分之后,就需要以作业为对象,根据作业消耗资源的情况,归集各作业发生的各种费用,并把每个作业发生的费用集合,分别列作一个成本库。

(4) 成本动因的确定

成本动因即为引起成本发生的因素。为各成本库确定合适的成本动因,是作业成本法成本库费用分配的关键。通常的情况下,一个成本库有几个成本动因,有的成本动因与成本库费用之间存在弱线性相关性,有的成本动因与成本库费用之间存在着强线性关系,这一步的关键就在于为每一成本库选择一个与成本库费用存在强线性关系的成本动因。

(5) 成本动因率计算

成本动因率是指单位成本动因所引起的制造费用的数量。成本动因率的计算用下式表示:

成本动因率=成本库费用÷成本库成本动因总量,即

$$R = C/D$$

式中:R——成本库的成本动因率;

C——成本库的费用;

D——成本库的成本动因总量。

(6) 成本库费用的分配

计算出成本动因费率后,根据各产品消耗各成本库的成本动因数量进行成本库费用的分配,每种产品从各成本库中分配所得的费用之和,即为每种产品的费用分配额。

(7) 产品成本的计算

产品的作业成本等于该产品所消耗某一作业的成本动因总量乘以该作业的成本动因率。计算公式为

$$作业成本 = 成本动因率 \times 作业成本动因总量$$

生产产品的总成本即生产产品所发生的直接成本与制造费用之和:

$$总成本 = 直接材料 + 直接人工 + 制造费用$$

4. 作业成本法的实施步骤

作业成本的实施一般包括以下几个步骤:

① 设定作业成本法实施的目标、范围,组成实施小组;

② 了解企业的运作流程,收集相关信息;

③ 建立企业的作业成本核算模型;

④ 选择/开发作业成本实施工具系统;

⑤ 作业成本运行;

⑥ 分析解释作业成本运行结果;

⑦ 采取行动。

作业成本法核算程序见图10.2。

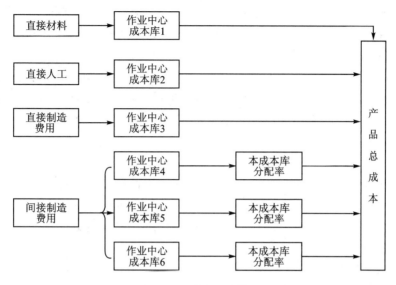

图 10.2 作业成本法核算程序图

任务 10.6　电子商务物流成本管理的方法

物流成本管理,就是通过成本去管理物流,即管理的对象是物流而不是成本。物流成本管理可以说是以成本为手段的物流管理方法。物流成本管理的意义在于,通过对物流成本的有效把握,科学、合理地组织物流活动,加强对物流活动过程中费用支出的有效控制,降低物流活动中的物化劳动和活劳动的消耗,从而达到降低物流总成本,提高企业和社会经济效益的目的。要准确地进行物流成本管理,必须掌握好物流成本管理方法。

10.6.1　建立标准化物流体系

标准化,实际上就是经过优选之后的共同规则,为了推行这种共同规则,世界上大多数国家都成立了标准化组织,例如英国的标准化协会(BSI)、我国的国家技术监督局等。

物流体系是物品在供应地向接受地的实体流动过程中,将运输、储存、装卸、搬运、包装、流通加工、配送、信息处理等基本功能实现有机结合组合而成的一个整体。

物流体系标准化是以物流体系为对象,围绕运输、存储、装卸、包装以及物流信息处理等物流活动制定、发布和实施有关技术和工作方面的标准,并按照技术标准和工作标准的配合性要求,统一整个物流系统标准的过程。

全国标准信息
公共服务平台

物流体系的标准化涉及面广泛,能体现科学性、民主性和经济性,有非常强的国际性。我国国家标准化内容涉及各行各业与物流作业相关的行为规范,但这些国家标准是非强制性标准,需要多方机构进行磋商制定共同的、可操作性的标准化物流体系操作要求。

10.6.2 建立合理的供应链管理体系

供应链管理就是整合供应商、制造部门、库存部门和配送商等供应链上的诸多环节,减少供应链的成本,促进物流和信息流的交换,以求在正确的时间和地点,生产和配送适当数量的正确产品,提高企业的总体效益。

供应链管理通过多级环节,提高整体效益。每个环节都不是孤立存在的,它们之间存在的错综复杂的关系,形成了网络系统。同时这个系统也不是静止不变的,不仅网络间传输的数据不断变化,而且网络的构成模式也在实时进行调整。

供应链管理体系建设的内容如下:

(1) 供应链战略管理

供应链管理属于企业战略层面的问题,因此,在选择和参与供应链时,必须从企业发展战略的高度考虑问题。它涉及企业经营思想,在企业经营思想指导下的企业文化发展战略、组织战略、技术开发与应用战略、绩效管理战略等,以及战略的具体实施。

(2) 信息管理

信息以及对信息的处理质量和速度,是企业能否在供应链中获益的关键,也是实现供应链整体效益的关键。信息管理的基础是构建信息平台,实现供应链的信息共享,通过 ERP 和 VMI 等系统的应用,将供求信息及时、准确地传递到相关节点企业,从技术上实现与供应链其他成员的集成化和一体化。

(3) 客户管理

客户管理是供应链的起点。供应链源于客户需求,同时也终于客户需求,因此供应链管理是以满足客户需求为核心来运作的。通过客户管理,详细地掌握客户信息,从而预先控制,在最大限度地节约资源的同时,为客户提供优质的服务。

(4) 库存管理

供应链管理就是利用先进的信息技术,收集供应链各企业以及市场需求方面的信息,减少需求预测的误差,用实时、准确的信息控制物流,减少甚至取消库存,实现"零库存"。

(5) 关系管理

通过协调供应链各企业,改变传统的企业间进行交易时的"单向有利"意识,使节点企业在协调合作关系基础上进行交易。从而有效地降低供应链整体的交易成本,实现供应链的全局最优化,使供应链上的节点企业增加收益,进而达到双赢的目的。

(6) 风险管理

信息不对称、信息扭曲、市场不确定性以及其他政治、经济、法律等因素,会导致供应链上的节点企业运作的风险,必须采取一定的措施尽可能地规避这些风险。

例如,通过提高信息透明度和共享性、优化合同模式、建立监督控制机制,在供应链各企业间合作的各个方面、各个阶段,建立有效的激励机制,促使各企业间诚意合作。

10.6.3 利用现代信息技术进行管理

物流信息技术是现代信息技术在物流各个作业环节中的综合应用,是现代物流区别传统物流的根本标志。随着互联网信息技术的发展,越来越多的信息技术被广泛地运用到物流行业中,以降低物流运输成本。

10.6.4 建立高效的配送体系

物流配送体系包括管理中心、订货中心、采购中心、结算中心和配送中心。

① 管理中心是物流体系的总部,是整个体系的最高权力机构,负责整个体系的宏观管理、关键业务管理以及体系运作分析等。

② 订货中心是接收客户的订单的部门,是系统主要的销售渠道。

③ 采购中心是向供应商下订单的部门,是系统的进货渠道。

④ 结算中心是财务部的一个分支机构,主要负责同供应商及客户结算物流活动中的各种费用。

⑤ 配送中心是物流体系的主要储运配送机构,负责货物的验收、储存、货位管理、分拣、退货及相关区域的配送工作。在体系中可以有多个配送中心,特殊情况下,体系中可能还有配送中心所属的配送站,这是配送中心的一个延伸。

畅通、创新、融合,构建城乡高效配送体系

高效的配送体系,是具备有效的组织实体,运用大量先进的技术与合适的工具,将贯穿于生产与流通环节中的物料与货品,严格按照标准化的规范从生产流程的前端至后端、从产业链的上游至下游经由多次的存储和运送活动,在规定的时间内完成物料与货品的转移进而实现其价值体现的活动载体。

课后练习

一、简答题

1. 物流服务的内容包含哪些?
2. 物流成本的分类有哪些?
3. 什么是品种法?
4. 什么是作业成本法?

二、综合实训题

选择一家企业,调查分析该企业物流成本构成,并测算物流成本占其企业成本的比例,给出降低物流成本的具体方案。

三、案例分析题

"湾区海铁通"助企节省物流成本

一辆满载43个出口货物集装箱的列车从平湖南国家物流枢纽缓缓驶出,车上集装箱已提前办好通关手续,通过平盐铁路直达盐田港装船发运,该批货物从报关到"上船"只用了2天时间,企业综合物流成本降低了约25%。

面对疫情下企业发货时间紧、发货数量大而传统卡口模式无法及时验放的难题,深圳海关在全国范围内首创"湾区海铁通"模式,让企业实现了在物流枢纽一次办结通关、查验手续,放行货柜到港口后直接"上船"。通过该模式,每货柜平均减少约2小时时间成本,在物流成本持平的情况下,随着业务量逐步增加,规模效应显现,成本将进一步降低。

据深圳海关统计,自2021年8月26日"湾区海铁通"首发以来,已累计发运海铁通货柜

3 204 个标箱,货重约 1.9 万吨。

深圳海关口岸监管处相关负责人介绍,目前"湾区海铁通"项目主要针对出口货物,这是深圳海关优化海铁联运的一项物流便利化举措,以"海铁联运"疏港替代传统公路运输,压缩了货物转场滞港等待时间,极大节省了企业的时间和综合物流成本。

2021 年以来,深圳海关以企业需求为导向,创新打造"软接硬采"智能卡口,实现了全天 24 小时智能验放。综合运用箱号识别、卡口自动核放、关锁多维校验等技术,将海关辅助监管系统与多方系统联通并数据共享,确保 24 小时不间断多式联运物流一体化自动调拨登船。

资料来源:中华人民共和国海关总署网站

思 考:

1. 深圳海关是如何帮助企业降低物流成本的?
2. 现代信息技术对降低企业物流成本有何作用?

项目11 电子商务物流发展方向

☞ 学习目标

通过本项目的学习,应熟悉并掌握以下基本知识:绿色物流、冷链物流、智慧物流、国际物流的概念,现代物流发展方向。

☞ 重点和难点

绿色物流、冷链物流和智慧物流的概念。

☞ 导入案例

【案例 11.1】

投资上亿,传化物流拟打造智能城市物流中心

国内公路物流行业巨头传化物流宣布称,成都传化公路港投资上亿资本实施"三位一体"提档升级战略,在成都打造智能城市物流中心,这也是传化物流在全国的示范项目。

"三位一体"战略内容为:打造西部首个物流供应链总部基地;打造城际物流集配中心;打造物流小镇。作为国家"一带一路"倡议和长江经济带战略支点城市,成都正借助区位优势打造国际物流大通道,加快建设综合保税区、物流园区及口岸服务体系等物流基础设施。这给现代物流业发展带来了新一轮机遇,吸引着国内外物流业巨头在蓉竞相提档升级,抓住难得机遇实施新的战略布局。

通过实施上述"三位一体"战略,传化物流将进一步巩固在西部地区的地位,助推成都现代物流业的健康发展,同时也抢抓创新驱动、转型升级战略下的发展机遇。

资料来源:物流技术装备行业网

【案例思考】

1. 智慧物流有何特点?
2. 电子商务物流发展方向是什么?

任务 11.1 绿色物流

11.1.1 绿色物流的概念

随着经济全球化的不断深化,各类生产要素的获取和产品营销范围的日益扩大,专业化分工和物流技术的不断发展,现代物流在社会再生产中发挥着越来越重要的作用。但是,伴随着大量生产、流通和消费而产生的大量废弃物对经济社会产生了严重的影响。这一方面造成资源的枯竭,使人类面临因资源减少带来的生存危机;另一方面大量废弃物的产生对生态环境

和人类健康构成严重的危害。面对严酷的现实,人们不得不对传统的从生产到消费的线性经济运作模式产生怀疑。

21世纪的物流理论,要求改变过去物流主体之间的单向作用关系,设计和建立环形的、循环的物流系统,使物流与环境能和谐相处。物流行业要把有效利用资源和维护地球环境放在发展的首位,建立全新的从采购、生产、分销、消费直到废弃全过程有效率的、使信息流与物品流循环进行的绿色物流系统。

推行绿色物流是世界物流业发展的趋势。目前,世界各国都在尽力把绿色物流的推广作为物流业发展的重点,积极开展绿色环保物流的专项技术研究,促进新型环保材料的研发和广泛应用,进行逆向物流的理论和实践探讨,并且积极出台相应的绿色物流政策、法规和相应标准,努力为物流的绿色化和经济的可持续发展奠定基础。

【知识链接】
绿色物流的定义
2001年版的国家标准《物流术语》(GB/T 18354—2001)将绿色物流定义如下:在物流过程中抑制物流对环境造成危害的同时,实现对物流环境的净化,使物流资源得到充分利用。

绿色物流是一个多层次的概念,既包括企业的绿色物流活动,又包括社会对绿色物流活动的管理、规范和控制。从物流活动的范围来看,绿色物流既包括各个单项的绿色物流作业(如绿色运输、绿色包装、绿色流通加工等),也包括为实现资源再利用而进行的废弃物循环物流。

绿色物流具有以下几方面的内涵。

(1) 绿色物流的实质是可持续发展

绿色物流即对生态环境友好的物流,亦称环境保护型物流或生态型物流。绿色物流通过降低环境污染,减少资源的使用,实现物流系统与环境的协调发展。其实质是实现经济利益、社会利益和环境利益的统一。这也正是可持续发展的基本要求。

传统物流活动的目标是以最低的成本满足顾客的需求,其实质是追求单一组织经济利益的最大化。而绿色物流的目标除了单一组织的经济利益之外,更重要的是追求环境保护和资源充分利用。尽管从宏观角度和长远的利益看,节约资源、保护环境与经济利益的目标是一致的,但在某一特定时期或就某一特定的组织而言,二者可能存在着矛盾。绿色物流要求企业在制定物流发展战略和组织物流活动时,兼顾短期效益和长期效益的统一,不但追求企业的经济利益,更注重物流对环境的影响和资源的合理利用。

(2) 绿色物流是绿色供应链的重要组成部分

物流是供应链的一部分,物流活动贯穿供应链的始终,涉及货物、服务和相关信息从起源地到消费地的正向和反向流动的全过程,这一过程中的每一环节都会对环境造成影响,因此,绿色物流的活动范围覆盖了整个供应链。绿色供应链包括绿色采购、绿色设计、绿色生产、绿色物流、绿色营销和绿色消费。绿色物流只有与绿色供应链的其他部分相互协调,才能实现绿色供应链的可持续发展。

在供应链的不同阶段,所涉及的绿色物流内容不同。从物流活动的对象分析,绿色物流分别体现为绿色供应物流、绿色生产物流、绿色分销物流、废弃物物流和逆向物流;从物流活动的作业环节分析,绿色物流包括绿色运输、绿色包装、绿色流通加工、绿色装卸搬运和绿色仓储等。

(3) 绿色物流的主体包括企业、政府、物流行业协会及公众

绿色物流活动覆盖整个供应链,供应链的各成员企业是绿色物流的直接实施者。供应企业担负原材料采购物流的绿色化,制造企业负责产品设计、生产工艺和产品包装的绿色化,分销企业对产品营销过程中的环保问题负责,第三方物流企业对产品的运输、包装、流通加工、仓储等物流作业环节的绿色化负有责任和义务。

各级政府和物流行业协会是宣传、推广和实施绿色物流战略的重要保障者。由于绿色物流具有涉及的范围广泛、内容复杂、技术先进以及社会效益和生态效益明显的特点,依靠单个企业的努力或单个区域的实施是无法实现的,仅靠企业的道德和责任也是不能主动实现的。绿色物流需要政府的法规约束、政策支持以及物流行业协会的技术服务。例如,对运输车辆废气排放标准的制定、对包装材料及包装工艺的要求、对资源的有效利用、对物流设施的规划建设、对先进物流技术的引进等,都有利于绿色物流战略的实施和推广。

共同构建人类命运共同体

公众是环境污染的最终受害者,也是物流活动的直接参与者。公众的环保意识和行为方式能促进绿色物流战略的实施,并对绿色物流的实施起到监督的作用。因而,公众也是绿色物流不可缺少的主体。

11.1.2 绿色物流的特点

绿色物流除了具有一般物流所具有的特征外,还具有目标多、涉及学科多、层次多、范围广、动态性等特征。

1. 绿色物流具有多重目标

与传统物流系统的单一目标不同,绿色物流系统具有多目标的特性。作为社会经济系统的子系统,绿色物流系统追求经济效益的最大化,即以最低的成本满足客户的服务需求;作为社会系统的子系统,绿色物流系统追求良好的社会效益;作为生态环境系统的子系统,绿色物流系统追求生态效益,即保护生态环境和减少资源消耗。

2. 绿色物流涉及多门学科

绿色物流不但涉及物流管理、物流工程等物流学科的相关知识,而且涉及环境保护、资源利用等生态经济学、环境科学方面的知识。因此,绿色物流具有多学科相互交叉的边缘学科的特性。一方面,由于全球环境问题的日益突出、公众环保意识的增强以及物流活动与环境之间不可分割的联系,因此在研究物流战略和物流策略时必须考虑环境影响问题和资源问题;另一方面,由于生态环境系统对物流系统具有制约和限制的作用,因此物流系统的规划和执行,又必须结合应用环境科学、生态经济学、生态伦理学的理论和方法。交叉科学的特性使得绿色物流的研究内容非常广泛,研究方法相当复杂。

3. 绿色物流是由多层次组成的完整体系

绿色物流是由宏观管理层、中观管理层和微观管理层组成的完整体系。其中,宏观管理层

的主要职能是通过经济手段、法律手段、行政手段和教育手段传播绿色物流理念,规范、指导和约束企业物流行为;中观管理层的任务则是从供应链管理的角度和企业战略高度,协调与供应链上、下游企业的关系,共同规划和管理企业的绿色物流系统及供应链的绿色物流系统,建立有利于资源再利用和减少环境影响的循环物流系统;微观管理层主要涉及各项物流活动的绿色化,如运输的绿色化、包装的绿色化、流通加工的绿色化和仓储活动的绿色化等。

4. 绿色物流具有空间的广泛性

物流活动具有地理上的分散性,这就使得绿色物流也必然涉及广阔的地理范围。特别是在经济全球化的大背景下,物流活动不但突破了地区限制,而且形成了跨越一个国界甚至多个国界的发展趋势,因此,对物流活动绿色化的管理也具有跨地区、跨国界的特性。

绿色物流管理策略的实施涉及供应链上所有成员企业,这些企业很可能分布在不同的城市、不同的地区甚至不同的国家。例如,美国、日本等国家对产品的包装制定了严格的标准,欲进入其市场的其他国家的产品包装必须达到其标准要求。空间的广泛性导致绿色物流的管理和控制难度加大,复杂性增强。

5. 绿色物流的相对性和动态性

绿色物流的相对性是指由于各地区、各国家的经济发展水平、资源状况、科技水平以及人们的思想意识的不同,其对绿色物流的界定和实施措施也会有所不同。绿色物流的动态性是指随着科学技术的发展以及人们认识水平的提高,绿色物流的理论和方法也在不断变化与发展之中。

【案例 11.2】

厦门打造全流程绿色物流

厦门的现代物流业已经成为当地经济的主要支柱产业之一。厦门城市人口密集且总量持续增长,随之快速增长的还有网购快递包裹数量。每年,这里可产生两亿多件快递包裹,消耗大量纸箱、塑料包装和胶带等资源。这使得厦门道路交通运行、交通环境、交通安全、能源消耗都面临极大挑战。

如何破局,续写现代化物流新篇章?答案是,得在"绿"上下功夫。厦门市日前与中华环境保护基金会、菜鸟网络联合启动"绿色物流城市合作项目",下定决心建设一座绿色物流新城。从包装、配送及末端打造全过程的绿色物流。

易降解与减量化的绿色包装。"剁手"和"吃土",于消费者而言代表着购物狂欢的快感,但其背后堆积如山的快递盒与包装箱,于环境而言则是沉重的负担。快递包装业期待着一场变革。为了给包装添点"绿",菜鸟网络开发了全生物降解快递袋,不仅更易降解,而且在生产环节,每个快递袋相比传统快递袋平均减少30%的石油消耗,对环境更友好。

追求绿色循环,让快递包装重获新生。2018年12月7日,菜鸟网络在厦门启动全国首个全城循环回收创新项目。使用循环箱替代传统纸箱,无需塑料胶带和填充物,每个循环箱可以反复使用至少25次以上。

新能源物流配送车生态体系逐渐成型。去年6月,厦门成功入选全国城市绿色货运配送示范工程创建城市。绿色发展标准化、经济补助和奖励支持、主体市场培育、税费减免、新能源车出行保障等一系列具体举措相继出台,带动厦门绿色物流城市发展的那根轴转了起来。

厦门城市绿色物流体系从物流基础设施、车辆便利通行停靠、信息化建设、市场培育等多方面全面搭建。技术加持让末端智慧化。绿色的物流,也是智慧物流。厦门市加大交通数据整合力度,借信息化实现智慧化。物流产业运行监测系统逐步搭建,综合交通运行信息指挥中心平台渐渐成型,而公共物流信息平台建设前期工作也正在推开。

厦门市扶持了一系列现代物流产业项目,使绿色物流信息共享机制绽放出独特魅力。厦门唯捷民生消费仓配中心自主研发的"天穹"仓配一体化智能城配系统,运营效率则可提升80%以上。技术创新和"大数据"的广泛运用给绿色物流城市发展注入活力,让末端也"绿"了起来。

资料来源:中国智慧物流网

【案例思考】

1. 厦门为何推行绿色物流?
2. 厦门是如何发展绿色物流的?

11.1.3 绿色物流发展的意义

绿色物流的最终目标是可持续性发展,实现该目标的准则是经济利益、社会利益和环境利益的统一。绿色物流不仅能为企业节约成本,还能为环境可持续发展提供条件。

1. 绿色物流是全球经济一体化的需要

随着全球经济一体化的发展,一些传统的关税和非关税壁垒逐渐淡化,环境壁垒逐渐兴起,为此,ISO14000成为众多企业进入国际市场的通行证。ISO14000的两个基本思想就是预防污染和持续改进,它要求企业建立环境管理体系,使其经营活动、产品和服务的每一个环节对环境的不良影响最小。而国外物流企业起步早,物流经营管理水平相当完善,势必给国内物流企业带来巨大冲击。进入WTO后,我国物流企业要想在国际市场上占一席之地,发展绿色物流将是其理性选择。

2. 绿色物流是可持续发展的一个重要环节

绿色物流与绿色制造、绿色消费共同构成了一个节约资源、保护环境的绿色经济循环系统。绿色制造是制造领域的研究热点,指以节约资源和减少污染的方式制造绿色产品,是一种生产行为。绿色消费是以消费者为主体的消费行为。三者之间相互渗透、相互作用。

3. 绿色物流是最大限度降低经营成本的必由之路

产品从投产到销出,制造加工时间仅占10%,而几乎90%的时间为储运、装卸、分装、二次加工、信息处理等物流过程。因此,物流专业化无疑为降低成本奠定了基础。绿色物流强调的是低投入大物流的方式。绿色物流不仅是一般物流成本的降低,更重视的是绿色化和由此带来的节能、高效、少污染。

4. 绿色物流还有利于企业取得新的竞争优势

日益严峻的环境问题和日趋严格的环保法规,使企业为了持续发展,必须积极解决经济活动中存在的环境问题,改变危及企业生存和发展的生产方式,建立并完善绿色物流体系,通过绿色物流来追求高于竞争对手的相对竞争优势。

📌 **实训任务**

选择一家物流企业,调查其有无践行绿色物流理念,提出发展绿色物流的建议或措施。

任务 11.2 冷链物流

【案例 11.3】

物联网+冷链——冷链物流发展新动能

随着人们对食品安全意识的日益提高和消费升级的促进,以及生鲜电商发展的日益完善,冷链物流作为与新零售结合最为紧密的行业之一,已经成为资本关注的焦点。我国冷链物流正持续向好发展,其主要驱动因素有以下几点:

1. 城镇化趋势稳步推进

联合国发布的《2013 中国人类发展报告》指出,预计到 2030 年,中国城市人口总数将超过 10 亿,城镇化率将达 70%。城市居民无法实现农产品等食品的自产自销,进一步带动了肉禽蛋、水产品、乳制品等易腐食品和反季节蔬菜水果的消费总量;城镇化进一步推动了农产品规模化、集中化、区域化生产,因此加大了食品消费需要通过冷链物流方式实现由产地向城市输送的需求。

2. 生鲜电商快速崛起

近年来生鲜电商备受资本和市场青睐,不断涌出,生鲜网络零售额快速增长。以电商为主体的生鲜食品配送、自提业务,对于城市工作生活节奏快的白领阶层有较大吸引力,也将带动着冷链物流设备的发展,尤其是运输及配送环节的冷链设备厂商。食品配送对时效性和品质的要求越来越高,而由分销网点向消费者配送的最后一公里还处于蓝海市场阶段。以轻型冷藏设备、生鲜自提设备为代表的冷链终端,是解决需求多样化、配送个性化、食品品质保证的最后一道环节。

3. 无人零售渐成趋势

未来,无人零售店将逐步替代传统便利店,同时,由于成本降低和便利性的提升,无人零售店的铺设规模可能远超传统便利店的数量。参考占地 15 平方米的缤果盒子 10 万元造价,无人零售店的投资额将达 200 亿元。假设每个无人零售店配置 5~10 台商用冷链产品设施,无人零售店对于商用冷链终端设施的新增需求就可达到 100~200 万台;如果每台冷链产品设施单价 5 000 元,则无人零售店对应的冷链产业链规模将达到 50~100 亿元。

4. 国家政策大力支持

近年来,我国食品安全问题频现,新《食品安全法》倒逼完善冷链体系。食品腐烂变质是造成食品安全隐患的主要原因之一,因此食品在由生产环节最终到达消费者手中的整个产业过程中,离不开现代冷链物流。冷链物流是对食品安全最强有力的保证,食品冷链是食品从生产到流通整个过程的特殊供应链系统,在食品运输中应用。

5. RFID 等物联网技术推动冷链智慧化发展

物联网技术的发展,为巨大的冷链产业带来了新的机遇。很多物流企业以往以采用人工操作为主,在向现代化转型过程中,第一步就是采用条码以及 RFID 技术的采集设备,来提升其运作效率。RFID技术可识别高速运动物体并可同时识别多个标签,操作快捷方便,被广泛应用于冷链生鲜食品行业。物联网技术在冷链上下游中的渗透,使冷链物流成本更低。

资料来源:中国智慧物流网

【案例思考】
1. 什么是冷链物流?
2. 冷链物流有何特点?

11.2.1　冷链物流的概念

冷链物流是冷藏冷冻类食品在生产、贮藏运输、销售,到消费前的各个环节中始终处于规定的低温环境下,以保证食品质量、减少食品损耗的一项系统工程。它是随着科学技术的进步、制冷技术的发展而建立起来的,是以冷冻工艺学为基础、以制冷技术为手段的低温物流过程。冷链物流的要求比较高,相应的管理和资金方面的投入也比普通的常温物流要大。冷链物流比一般常温物流系统的要求更高、更复杂,建设投资更多,是一个庞大的系统工程。

冷链物流一般适用于以下几类商品:
① 蔬菜、水果;肉、禽、蛋;水产品、花卉产品。
② 速冻食品、禽、肉、水产等包装熟食、冰淇淋和奶制品,巧克力;快餐原料。
③ 特殊商品,如药品。

【知识链接】
《"十四五"冷链物流发展规划》(国办发〔2021〕46号)

2021年11月,国务院办公厅印发了《"十四五"冷链物流发展规划》(国办发〔2021〕46号)。《规划》提出:推动冷链物流高质量发展,是减少农产品产后损失和食品流通浪费,扩大高品质市场供给,更好满足人民日益增长美好生活需要的重要手段;是支撑农业规模化产业化发展,促进农业转型和农民增收,助力乡村振兴的重要基础;是满足城乡居民个性化、品质化、差异化消费需求,推动消费升级和培育新增长点,深入实施扩大内需战略和促进形成强大国内市场的重要途径;是健全"从农田到餐桌、从枝头到舌尖"的生鲜农产品质量安全体系,提高医药产品物流全过程品质管控能力,支撑实施食品安全战略和建设健康中国的重要保障。

11.2.2　冷链物流的运输方式

企业选择冷链运输的目的是运输中将物品一直保持在低温下,并且要完好无损地运送到目的地。而这种运输之所以可以很快地将物品邮寄到目的地,也是因为冷链运输有着快速的运输方式。

1. 装有冷链集装箱的陆上运输工具

冷链运输使用较多的运输工具是卡车、拖车等,而通常也会在卡车以及拖车上固定冷链箱,通过发电机驱动制冷机让运输的物品保持低温,然后通过缓慢平安的运送方式,将运输物品运送到目的地。

2. 装有温控集装箱的水运交通方式

水运交通工具使用较多的是船,而水上运输除了在船上装置温控集装箱之外,也会直接使用冷链船进行水上运输。

3. 运用更高速度的空中运输

可以使用飞机空运鲜花、热带水果等,因为飞机的速度很快,所以对于物品的保鲜也有很好的效果。

综上,冷链运输有三种方式,分别是装有冷链集装箱的陆上运输工具,有温控集装箱的水运交通工具,以及运用更高运速的空中运输工具。企业在选择以上三种运输方式的时候,要考虑运输价格,选择一个合适的冷链运输方式。

11.2.3 冷链物流发展的瓶颈

1. 投资成本高

冷链物流的成本来自多个方面。第一个是硬件投资,如冷链所需要的冷库、冷藏车辆都属于重资产投资。第二个是冷链服务标准和规范带来的软成本,满足这些标准和服务是需要一定成本的,包括对于可追溯体系的建设等。中国冷链设施和冷链设备投资严重不足,无法为易腐食品流通系统地提供恒温保障,高投资门槛阻碍了冷链物流的发展。

2. 技术标准缺位

由于食品冷链是以保证易腐食品品质为目的,以保持低温环境为核心要求的供应链系统,因此它比一般常温物流系统的要求更高、更复杂,建设投资也更多。而中国的冷链系统还只是一个早期的冷冻设备市场,掌握的冷链技术在很多食品种类上还不能完全应用,相对于国际先进水平差距很大。同时,中国冷链的实施没有国家或行业的专项标准,只有一些大型食品生产加工企业自己制定了一些标准,因此在监管上也是空白。

3. 产业配套不全

易腐食品的时效性要求冷链各环节必须具有更高的组织协调性。然而,中国冷链产业的整体发展规划欠缺影响了食品冷链的资源整合,供应链上下游之间缺乏配套协调。如在冷库建设中就存在着重视肉类冷库建设,轻视果蔬冷库建设;重视城市经营性冷库建设,轻视产地加工型冷库建设;重视大中型冷库建设,轻视批发零售冷库建设等问题。这些失衡使得中国食品冷链产业还未形成独立完善的运作体系。

4. 冷链物流人才缺失

冷链物流人才的缺失也是目前的痛点之一。一方面,相对传统物流,冷链物流具有交叉性、边缘性等特点,所涉及的领域如冷冻工艺学、供应链管理、信息技术、市场营销、品控安全和电子商务等比较复杂;另一方面,目前中国冷链物流的培训体系不够健全,也导致冷链物流人才培养难度高,人才缺口大。

11.2.4 冷链物流发展的意义

1. 冷链物流发展对消费者的意义

作为一个普通消费者,无论是在综合大卖场、超市还是在传统的菜场购买肉类、乳制品、冷冻的包装食品等一系列需要温度控制来保鲜的产品时,除考虑产品是否货真价实外,有没有考虑到这些产品是如何从生产厂家配送到零售终端的?因为非常温产品在整个供应链中的质量保证是非常重要的,再好的产品如果由于运输和储存问题而造成的不新鲜,影响营养和味道变化是小事,严重的是会对身体健康产生影响,故可以等同于伪劣商品,但是这背后的供应链是广大的消费者所无法了解到的。

冷藏和冷冻食品需要一个完整的冷链物流对货物进行全程的温度控制,以确保食品的安全,包括装卸货物时的封闭环境、储存和运输等,一个环节都不能少。完整的冷藏食品供应链是食品安全不可或缺元素,因此冷链物流的要求比较高,相应的管理和资金方面的投入也比普通的常温物流要大。

2. 冷链物流发展对国家的意义

从微观角度看,实现冷链物流的共同配送,能够提高冷链物流作业的效率,降低企业营运成本,节省大量资金、设备、土地、人力等。企业可以集中精力经营核心业务,促进企业的成长与扩散,扩大市场范围,消除有封闭性的销售网络,共建共存共享的环境。

从整个社会角度看,实现冷链物流的共同配送可以减少社会车流总量,减少城市卸货妨碍交通的现象,改善交通运输状况;通过冷链物流集中化处理,可有效提高冷链车辆的装载率,节省冷链物流处理空间和人力资源,提升冷链商业物流环境,进而改善整体社会生活品质。

3. 冷链物流发展对行业的意义

冷链物流广泛应用于农副产品、食品医药、工业产品等诸多领域,与经济社会发展和人民群众的生活密切相关。

首先,冷链物流是保障食品药品流通安全的关键环节。国家曾强调指出,要用最严谨的标准,最严格的监管,最严厉的处罚,最严肃的问责,加快建立科学完善的食品药品安全治理体系。严把从农田到餐桌,从实验室到医院的每一道防线。冷链物流,实际上是确保食品药品在加工、流通、使用各环节中始终处于可控的温度环境中,是保证产品安全的重要基础。可以说冷链物流对于保障食品药品安全和每一个人的生命安全来说至关重要。

其次,冷链物流也是支撑农业现代化的一个重要基础。据不完全统计,目前我国80%的鲜活农产品在流通环节腐损率达30%,损失额达上千亿元。发展冷链物流不仅能够大幅度地降低我国农产品的流通损耗,促进农民增收,也可以有效提高我国农产品的国际竞争力,全面支撑和带动农业现代化的发展。

最后,冷链物流也是提升居民生活品质的重要保障。随着城乡居民消费水平和消费能力的不断提高,全社会对生鲜产品、农产品的多元化、新鲜度和营养性方面提出了更高的要求,发展冷链物流已经成为提升居民消费品质、减少营养流失、满足人民群众"更优质、更便利、更安全"的要求的重要保障。

📝 **实训任务**

调查我国有哪些大型冷链物流公司，了解我国冷链物流发展现状，分析冷链物流与传统物流的异同点。

任务 11.3　智慧物流

【案例 11.4】

京东物流亮相北京车展，智慧物流成新时代亮点

以"定义汽车新生活"为主题的第十五届北京国际车展在北京拉开帷幕。在"突破科技，引领未来"的展会主题下，京东物流携手福田汽车亮相北京国际会展中心新馆室外南广场商用车展区 W04 展位，他们共同打造的首个智慧物流展区，成为本次车展的一大"惊喜"。

智慧物流展区还原了包含仓储、分拣、装卸、运输、终端配送在内的智慧物流全过程，通过先进的分拣机器人、智能物流运输装备系统和无人机等，向人们描绘了看似充满"未来感"却已成为现实的智慧物流场景。现场展示的两辆崭新的京东物流涂装新能源车欧马可纯电动物流车和欧马可 S5 其实都已经在"服役"当中。福田汽车首批 200 台欧马可纯电动物流车已经交付京东物流，并在北京地区投入使用。司机张师傅对这款新车赞不绝口："新能源车提速快、无明显噪声、无排放，而且明显噪声小，早上送货不会打扰到站点附近的居民"。

在供给侧结构性改革的背景下，我国物流业正处于重要的战略机遇期。随着产业结构的调整和发展方式的转换，物流业在国民经济中的基础性、战略性地位日益凸显，焕发出新的生机和活力。面对物流模式的不断变化，传统物流业的发展方式难以为继，智慧物流逐渐成为物流业转型升级的新动力、新路径。

京东物流经历十余年的不断积累，已经搭建了无界零售趋势下的完整物流基础设施并积累了海量智慧物流基础数据，京东物流通过"无人化作业""数字化运营"和"智能化决策"打造全面智慧化的物流体系。人工智能、大数据、云计算等信息技术的成熟发展，将会深入影响物流的每一个环节，不断降低成本、提高效率，为消费者提供更好的服务。

资料来源：中国智慧物流网

【案例思考】

1. 智慧物流的特点是什么？
2. 京东为何发展智慧物流？

11.3.1　智慧物流的概念

智慧物流是指通过智能软硬件、物联网、大数据等智慧化技术手段，实现物流各环节精细化、动态化、可视化管理，提高物流系统智能化分析决策和自动化操作执行能力，提升物流运作效率的现代化物流模式。

智慧物流基于物联网技术应用，实现互联网向物理世界延伸、互联网与物流实体网络融合创新，提升物流系统的状态感知、实时分析、精准执行能力，进一步达到能够自主决策和学习提升。

智慧物流理念的提出,顺应历史潮流,也符合现代物流业发展的自动化、网络化、可视化、实时化、跟踪与智能控制的发展新趋势,符合物联网发展的趋势。

11.3.2 智慧物流的特点

1. 互联互通,数据驱动

所有物流要素实现互联互通,一切业务数字化,实现物流系统全过程可追溯;一切数据业务化,以"数据"驱动决策与执行,为物流生态系统赋能。

2. 深度协同,高效执行

跨集团、跨企业、跨组织深度协同,基于物流系统全局优化的智能算法,调度整个物流系统中各参与方高效分工协作。

3. 自主决策,学习提升

软件定义物流实现自主决策,推动物流系统程控化和自动化发展;通过大数据、云计算、人工智能构建物流大脑,在感知中决策,在执行中学习,在学习中优化,在物流实际运作中不断升级,即学习提升。

11.3.3 智慧物流的功能

1. 感知功能

运用各种先进技术能够获取运输、仓储、包装、装卸搬运、流通加工、配送、信息服务等各个环节的大量信息,实现实时数据收集,从而各方能准确掌握货物、车辆和仓库等信息,初步实现感知智慧。

2. 规整功能

继感知之后,把采集的信息通过网络传输到数据中心,用于数据归档。建立强大的数据库,分门别类后加入新数据,将各类数据按要求规整,实现数据的关联性、开放性及动态性。通过对数据和流程的标准化,推进跨网络的系统整合,实现规整智慧。

3. 智能分析功能

运用智能模型等手段分析物流问题。根据问题提出假设,并在实践过程中不断验证问题,发现新问题,做到理论与实践相结合。在运行中,系统会自行调用原有经验数据,随时发现物流作业活动中的漏洞或者薄弱环节,从而实现智能管理。

4. 优化决策功能

结合特定需要,根据不同的情况评估成本、时间、质量、服务、碳排放和其他标准,评估基于概率的风险,进行预测分析,协同制订决策,提出合理有效的解决方案,使做出的决策更加准确、科学。

5. 系统支持功能

系统支持集中表现于智慧物流并不是各环节各自独立的物流系统,而是每个环节都能相互联系、互通有无、共享数据、优化资源配置的系统,能为物流各个环节提供强大的系统支持,使各环节协作、协调、协同。

6. 自动修正功能

在前面各个功能的基础上,按照最有效的解决方案,系统自动遵循快捷有效的路线运行,发现问题后自动修正,并且备用在案,方便日后查询。

7. 及时反馈功能

物流系统是一个实时更新的系统,反馈是实现系统修正、系统完善必不可少的环节;反馈贯穿于智慧物流系统的每一个环节,为物流相关作业者了解物流运行情况、及时解决系统问题提供强大的保障。

11.3.4 智慧物流发展的意义

1. 降低物流成本,提高企业利润

智慧物流能大大降低制造业、物流业等各行业的成本,实打实地提高企业的利润。生产商、批发商、零售商三方通过智慧物流相互协作、信息共享,物流企业更能节省成本。其关键技术诸如物体标识及标识追踪、无线定位等新型信息技术的应用,能够有效实现物流的智能调度管理、整合物流核心业务流程,加强物流管理的合理化,降低物流消耗,从而降低物流成本、减少流通费用、增加利润。

2. 加速物流产业的发展,成为物流业的信息技术支撑

智慧物流的建设将加速物流产业的发展。智慧物流集仓储、运输、配送、信息服务等多功能于一体,打破了行业限制,可协调部门利益、实现集约化高效经营、优化社会物流资源配置。同时,智慧物流将物流企业整合在一起,将过去分散于多处的物流资源进行集中处理,可发挥整体优势和规模优势,实现传统物流企业的现代化和专业。此外,这些企业还可以共享基础设施、配套服务和信息,降低运营成本和费用支出,并获得规模效益。

3. 为企业生产、采购和销售系统的智能融合打基础

射频识别技术(RFID 技术)与传感器的普及,给企业的物流系统、生产系统、采购系统与销售系统的智能融合打下基础,并催生了智慧生产与智慧供应链。

4. 使消费者节约成本,轻松、放心购物

智慧物流通过提供货物源头自助查询、跟踪等服务,实现对食品类货物的源头查询,这样消费者能够买得放心、吃得放心,增强消费者的购买信心。

5. 促进当地经济发展,提升综合竞争力

智慧物流集多种服务功能于一体,体现了现代经济运作的需求,即强调信息流与物流快速、高效、通畅地运转,从而降低社会成本,提高生产效率,整合社会资源。

任务 11.4 国际物流

【案例 11.5】

东南亚物流市场成为新增长极

在电子商务急速发展、国际贸易、国际投资迅速增长和基础设施不断完善的大环境的影响下,东南亚物流市场已蓄势待发。

东南亚在过去十年里经历了经济建设与社会进步带来的飞速发展。作为经济稳健上升的发展中经济体,东盟的中产阶层正处于快速扩张期,移动/互联网普及率也不断提高。在人口红利的影响下,线上电商平台的消费显著增长;Tokopedia、Shopee 和 Lazada 等东南亚 B2C 电子商务巨头纷纷开始主导市场。

基于 FDI 的增长与向全球价值链积极跃升的体系,东南亚正在经历快速的城市化。快速城市化推动了基础设施的投入需求,进而产生了更强的跨国连通性以及进一步城市化的连锁效应。基础设施与城市化之间的相互依存关系刺激了东南亚对物流业的需求,也促进了该区域货物和劳动力的流动。

东南亚的物流市场最初一直由第三方物流服务提供商所主导。客户体验和服务水平的需求不断提升着实为第三方物流公司带来了挑战,但同时也为科技型初创企业带来了机遇;尤其是给予了在自动路由/跟踪系统和二线城市物流服务方面的公司良机。

由于客户需求的不断增长,信息技术能力(如送货路线规划和路由)将继续领导产业成长趋势。东盟二线城市缺乏物流基础设施,这也为第三方物流供应商提供了拓展一线城市旅行中心业务的机会。

东盟的外商直接投资(FDI)从 2016 年的 1 230 亿美元增长到了 2017 年的 1 370 亿美元,创下历史新高。FDI 的主要流向行业从传统行业转向了批发和零售贸易;经济全球化加大了跨境流动性和贸易物流需求。

资料来源:中国智慧物流网

【案例思考】

1. 我国物流企业有必要走向全球化吗?
2. 什么是国际物流?国际物流有何特点?

在电子商务时代,国际物流业的发展不断呈现出功能的多元化、服务的个性化以及信息化、自动化、体系化和全球化的诸多显著趋势。国际物流业不仅可以提供运输、仓储方面的服务,还可为客户提供各种各样的增值服务,满足客户的个性化需求,促使国际物流业真正地走向国际化。

11.4.1 国际物流的概念

广义的国际物流包括国际贸易物流、非贸易物流、国际物流投资、国际物流合作、国际物流交流等领域。狭义的国际物流主要指当生产消费分别在两个或在两个以上的国家(或地区)独立进行时,为了克服生产和消费之间的空间间隔和时效问题,对货物或商品进行物流移动的一种商品交流活动,从而完成国际商品交易的最终目的。

国际物流管理是根据国际分工的原则,依照国际惯例,利用国际化的物流网络、物流设施和物流技术,实现货物在国际的流动与交换,以促进区域经济的发展与世界资源的优化配置。国际物流的总目标是为国际贸易和跨国经营服务,即选择最佳的方式与路径,以最低的费用和最小的风险,保质、保量、适时地将货物从某一国的供方运到另一国的需方。

11.4.2 国际物流的特点

1. 环境差异

国际物流的一个非常重要的特点是各国物流环境的差异。不同国家的物流适用法律使国际物流的复杂性远高于国内物流。不同国家的科技发展水平会造成国际物流处于不同科技条件的支撑下,有些地区无法应用某些技术而迫使国际物流系统水平下降。不同国家的标准,也会造成国际接轨的困难,因而使国际物流系统难以建立。不同国家的风俗人文也使国际物流的发展受到很大限制。

2. 系统范围广

国际物流增加了不同国家的要素,带来的直接后果是流通难度和风险增大。但国际物流融入现代化系统技术之后,这一局面会得到改善。

3. 标准化要求较高

要使国际物流畅通起来,标准统一是非常重要的,可以说,如果没有统一的标准,国际物流水平是不可能提高的。欧洲基本实现了物流工具、设施的标准统一,如托盘均采用 1 000×1 200 毫米尺寸的,集装箱采用几种统一规格和条码技术等,大大降低了物流费用,降低了转运的难度。而不向这一标准靠拢的国家,必然在转运、换车底等许多方面要多耗费时间和费用,从而降低了其国际竞争力。

4. 国际化信息系统支持

国际化信息系统是国际物流,是国际联运非常重要的支持手段。国际信息系统建立有难度,一是管理困难,二是投资巨大,再由于世界上有些地区物流信息水平较高,有些地区较低,所以会出现信息水平不均衡因而信息系统的建立更为困难。

11.4.3 国际物流发展的策略

1. 加强国际物流法律法规建设

加强国际物流业在法律制度方面的建设,从而建立起一个规范的行业化标准。现代化的国际物流业的发展一定要有科学合理的法律制度作为保障,不断促进国际物流市场的建设与规范,不断加强对国际物流业的统一化管理,从而建立起一个基于现代化国际物流发展的行业化标准,为国际物流业健康发展创造一个良好的外部环境。

2. 加强对国际物流的重视程度

首先,要提高电子商务国际物流与供应链的认识,加强国际物流基础设施的建设,积极引进、研发、运用先进的国际物流技术提高信息化水平。同时,还要提高各国对于电子商务国际物流与供应链发展的重视,在战略层面上使他们认识到国际物流以及电子商务供应链之间的紧密联系。

再者,要有参与国际化供应链物流的竞争意识,树立经济全球化发展的思想,有魄力开拓经营视野。国际供应链管理的建立基础是双赢,企业要有明确的发展战略目标,有通过参与、合作实现企业自身发展的愿望。

最后，企业要正确把握自身在国际供应链中的合理位置，在同跨国企业进行业务合作时，还要把重心放在培养自己的核心竞争力上，最终提升在供应链管理中的影响力，取得应得的利益分配。

3. 提高国际物流业信息化水平

供应链管理作用的发挥依赖于完备的信息化系统，以及准确高效的信息传递。信息作为重要的资源是国际供应链物流管理的关键，要做好基础数据库的建设和完善，健全自身信息系统。在复杂多变的国际环境中，还要利用产业集群化优势，加快电子商务信用中介体系建设，打造海外仓储，缔结国际物流战略联盟，在信息共享中提高自身的竞争力和抵御风险的能力。

此外，积极应用互联网、国际物流跟踪系统等现代信息技术，不断学习各国先进的国际物流经营理念以及物流技术，同时还要不断探索适合国际物流业健康发展的供应链信息管理模式，通过对服务理念及技术方面的不断更新，实现国际供应链物流管理过程中对信息的搜集、传递以及整理的数字化，提高国际物流业的信息化发展水平。

4. 完善企业组织架构和管理流程

全球化迅速发展，企业积极参与国际竞争，想要在国际舞台站稳脚跟，企业须从修炼内功着手，顺应电子商务发展浪潮，提高企业国际供应链物流管理水平。

首先，要树立全球竞争合作的意识。随着我国经济实力的增强，国内企业在国际供应链物流所占的比例日趋增大，要在走出去的同时积极参与跨境供应链物流的构建，勇于开拓国际市场，将供应链物流向世界范围横向延展，积极参与到国际供应链物流标准的制定当中，合理表达自身诉求，维护自身的竞争地位。

其次，要以全新理念重新认识供应链管理，以市场为导向，将企业一切生产经营活动同市场紧密结合在一起，遵照供应链物流管理的关键环节要求组织经营活动，再造流程管理，将工作重心转移到核心竞争力的培育和维系上来。

5. 创建国际物流网络协同体系

注重对于交通运输以及互联网连接等方面基础设施的建设和合理的布局，积极发动各种社会力量共同建立起一个以物流企业、物流线路和物流中心为主导的现代化国际供应链物流网络。根据不同国家和地区物流节点企业间存在的差异，保证其能够具有协同意识，促进国际电商物流网络更加协调，创建国际物流网络协同体系。

6. 加大国际物流人才培养力度

随着时代的不断进步和发展，国际物流行业也得到了全面的发展，新形势下只有加大国际物流人才的培养力度，才能够更好地促进国际电子商务供应链管理的发展。在当前电子商务的时代背景下，国际物流业是一个有着较强综合性的行业，需要既具备一定电子商务知识，又具备一定国际物流和供应链知识的人才，即既懂得技术，又懂得管理的人才。

7. 积极发展第三方物流，推进第四方物流

第三方物流的物流服务供给方在特定的时间内按特定的价格向需求方提供个性化物流服务。第三方物流采用的是物流劳务的供给方、需求方之外的第三方去完成物流服务的物流运作方式。第三方物流企业提供的集成物流服务以信息技术为主导。然而，第三方物流提供商往往在综合技术、集成技术和全球扩展能力上存在局限性，因此客户对第三方物流提供商的专

业服务缺乏信心,为此第三方物流提供商不得不转而求助于咨询公司、集成技术提供商等,由他们评估、设计、制定及运作全面的供应链集成方案。这种新组织称为"第四方物流"。第四方物流是一个供应链集成商,可提供综合的供应链解决方案。

总之,国际化是电子商务时代背景下国际物流发展的必由之路,要实现国际物流业的全球化发展,就必须要建立起与各国接轨的国际供应链物流体系,通过积极引进先进的国际物流供应链管理理念和管理技术,培养国际物流与供应链专业化人才,推动国际物流行业的健康发展。

实训任务

调查顺丰公司国际业务发展情况,分析顺丰公司发展国际物流业务有何优势,是否存在瓶颈?

课后练习

一、思考题

1. 什么是绿色物流?
2. 什么是冷链物流?
3. 智慧物流发展的意义是什么?
4. 国际物流的特点是什么?

二、实训任务题

调查我国有哪些绿色物流发展政策,了解我国绿色物流发展现状。

三、案例分析题

快递行业的绿色物流计划

大家收到快递后,左手是满心欢喜收到的包裹,右手是随手弃之的包装袋。在快递业务量极速增长的背后,不只是快递包裹量,还有随之产生的快递垃圾量。

"灰色"包裹如何变"绿"呢? 2018年5月实施的《快递暂行条例》也提到了要高度重视行业绿色发展,鼓励经营快递业务的企业和寄件人使用可降解、可重复利用的环保包装材料,鼓励经营快递业务的企业采取措施回收快件包装材料,实现包装材料的减量化利用和再利用。2018年8月修订的《电子商务法》中也明确提出,快递物流服务提供者应当按照规定使用环保包装材料,实现包装材料的减量化和再利用,而且支持绿色包装、仓储、运输,促进电子商务绿色发展。新修订的《快递封装用品》系列国家标准也正式施行,减量化、绿色化、可循环成为快递包装新趋势。

国家在政策上大力倡导绿色物流的同时,菜鸟、京东物流、苏宁物流、通达系等企业也在政策的引导下积极开展绿色工作。菜鸟在绿色物流方面做出的努力不容置疑。菜鸟已经在全国设立约5 000个绿色回收台。京东物流在快递包裹材料、快递运输、始端的仓储操作等方面实现快递的环保工作。苏宁物流在绿色物流方面也做出了很多努力。共享快递盒更加轻便、易于携带、可重复使用,代替了传统的纸质快递箱。快递员送货上门后,将用户的箱子回收。这种包装箱每循环 2 000 次以上,大约可节约 1 棵 10 年树龄的树木。圆通上线 RFID 系统,批量使用可循环的 RFID 环保袋。申通采用可降解的快递袋、避免过度包装、定期回收再利用等措施,使包装耗材降低 10%。韵达将原来网点之间交接的编织袋换成了可多次使用的布袋,并大力推广使用无需纸张的电子包牌。

资料来源:中国智慧物流网

思　考:
1. 物流企业为何要发展绿色物流?
2. 物流企业应如何发展绿色物流?

参考文献

[1] 王常华.供应链管理[M].北京:中国传媒大学出版社,2010.
[2] 马士华.供应链管理[M].北京:机械工业出版社,2014.
[3] 申纲领.采购管理实务[M].北京:电子工业出版社,2014.
[4] 崔介何.物流学概论[M].北京:北京大学出版社,2015.
[5] 覃波.电子商务物流管理[M].北京:北京邮电大学出版社,2017.
[6] 易华,李伊松.物流成本管理[M].北京:机械工业出版社,2017.
[7] 孙克武.电子商务物流与供应链管理[M].北京:中国铁道出版社,2017.
[8] 王卫洁,范玉凤.物流运输管理实务[M].北京:中国人民大学出版社,2018.
[9] 黄中鼎.现代物流管理[M].上海:复旦大学出版社,2019.
[10] 马丁·克里斯托弗.物流供应链管理[M].北京:电子工业出版社,2019.
[11] 梁金萍.现代物流学[M].大连:东北财经大学出版社,2019.
[12] 王道平,霍玮.现代物流信息技术[M].北京:北京大学出版社,2020.
[13] 朱伟生.物流成本管理[M].北京:机械工业出版社,2021.